DUMONT
REISE-TASCHENBÜCHER

Bornholm

W0001844

> In der vorderen Umschlagklappe: Übersichtskarte Bornholm

> In der hinteren Umschlagklappe: Stadtplan Rønne

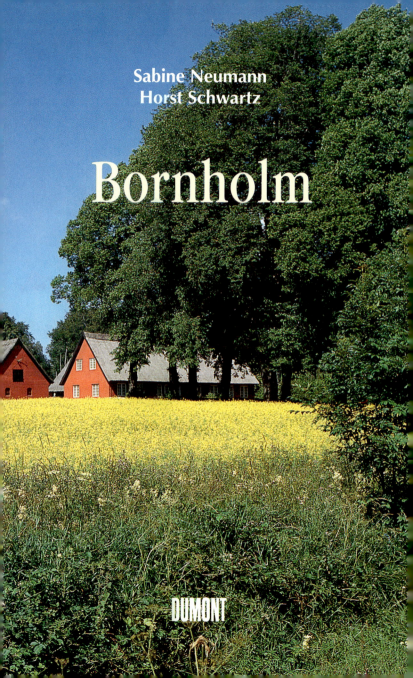

Umschlagvorderseite: Christiansø
Innenklappe vorn: Svaneke
S. 2/3: Bornholmer Gehöft
S. 8: Helligpeder
Innenklappe hinten: Gudhjem
Umschlagrückseite oben: Rutskirke
Umschlagrückseite unten: Mitsommernachtsfeuer

Über die Autoren: Sabine Neumann (1965) und Horst Schwartz (1941) arbeiten als freie Reisejournalisten in Berlin und haben Reiseliteratur zu Berlin, Jütland, Kopenhagen, Malta und Wien veröffentlicht. Bei DuMont ist von ihnen erschienen: ›Richtig reisen‹ Kreta. Dieses Buch widmen sie ihren Bornholmer Freunden Maibritt und Pete, Tess und Ben.

Fremde Kulturen kennenlernen und gastfreundlichen Menschen begegnen – wie sehr genießen wir das auf Reisen. Zu Hause bei uns jedoch wird mancher Ausländer von einer kleinen Minderheit beschimpft, bedroht und sogar mißhandelt. Alle, die in fremden Ländern Gastrecht genossen haben, tragen hier besondere Verantwortung. Deshalb: Lassen Sie es nicht zu, daß Ausländer diffamiert und angegriffen werden. Lassen Sie uns gemeinsam für die Würde des Menschen einstehen.

Verlagsleitung und Mitarbeiter des DuMont Buchverlages

Die Deutsche Bibliothek – CIP-Einheitsaufnahme

Sabine Neumann/Horst Schwartz:
Bornholm/[Sabine Neumann]. – Köln:
DuMont, 1997
  (DuMont-Reise-Taschenbücher)
  ISBN 3-7701-3532-6

© 1997 DuMont Buchverlag, Köln
Alle Rechte vorbehalten
Satz und Druck: Rasch, Bramsche
Buchbinderische Verarbeitung: Bramscher Buchbinder Betriebe

Printed in Germany ISBN 3-7701-3532-6

Inhalt

Land und Leute

Geographie und Geschichte

Landschaft und Geologie	12
›Steckbrief‹ Bornholm	14
Capri des Nordens – Klima und Reisezeit	18
Vögel, Frösche und Gräser – Flora und Fauna	19
Daten zur Geschichte	22
Thema: Wo der Krieg erst nach dem Frieden anfing –	
Bornholm im Zweiten Weltkrieg	30

Wirtschaft, Gesellschaft und Kultur

Fisch, Korn und Feriengäste – Wirtschaft	36
Tourismus und Umweltschutz	39
Thema: Seit 150 Jahren Sommerfrische	40
Bevölkerung und Sprache	43
Gräber, Varpern, Bauta- und Runensteine –	
Zeugnisse der Frühzeit	44
Thema: Ein archäologischer Jahrhundertfund –	
Die Goldgubber von Sorte Muld	46
Vom Licht gelockt – Maler auf Bornholm	48
Architektur	50
Glas und Keramik – Bornholmer Kunsthandwerk	51
Literatur	56
Thema: Hans Henny Jahnn – Ein Deutscher auf Bornholm	57
Konzerte, Theater, Feste	58
Thema: Keine Woche ohne Denne Uges	60
Fisch in allen Variationen – Die Bornholmer Küche	61

Unterwegs auf Bornholm

Rønne – Kleine Stadt am großen Wasser

Stadtrundgang	68
Thema: Vom Strandgut zum Exportschlager –	
Bornholmer Uhren	70
Thema: Bornholmer Nationalhelden –	
Der Freiheitskampf von 1658	75

Entlang der Westküste – Sand, Ton und Granit

Von Rønne nach Hammershus entlang	
der Küste	84
Thema: Tour de Bornholm – mit dem Rad	
gegen den Wind	88
Thema: Bornholms Schanzenanlagen	94
Von Rønne nach Hammershus auf der	
Landstraße 159	95
Die Burg Hammershus	99
Hammeren – Bornholms Nordspitze	104

Die Nordostküste – Traditionelle Sommerfrischen

Von Sandvig nach Tejn	110
Die Olskirke	114
Von Tejn zu den Helligdoms-Klippen	115
Gudhjem	119
Thema: Erst Silber, dann Gold –	
Schmackhafte Bornholmer	120
Abstecher zur Østerlarskirke	125
Thema: Die Bornholmer Rundkirchen	126

Ertholmene – Die Erbseninseln

Rundgang Christiansø	137
Rundgang Frederiksø	143

Von Melsted nach Neksø – Die Bornholmer Riviera

Von Gudhjem nach Svaneke	148
Thema: Der Melstedgård	150
Svaneke	153
Thema: Svaneke – Eine Stadt bewahrt ihr Gesicht	156
Østermarie und Louisenlund	158
Thema: Brændesgårdshaven –	
Ein Vergnügungspark der besonderen Art	160
Von Svaneke nach Neksø	164
Neksø	166

Entlang der Südküste – Bornholms Badeparadies

Die Strände von Balka bis Boderne	172
Thema: Badeparadies von Giftgas bedroht?	176
Das Hinterland der Südküste	180
Die Küste von Boderne bis Rønne	181

Durch das grüne Herz der Insel

Almindingen	188
Thema: Die Tierschau in Almindingen	196
Aakirkeby – Die alte Hauptstadt	198
Von Aakirkeby nach Neksø	200
Thema: Krølle Bølle & Co.	202

Tips und Adressen

Reisevorbereitungen	206
Anreise	207
Unterwegs auf Bornholm	209
Unterkunft	211
Sprachführer	213
Informationen von A–Z	216
Literaturtips, Abbildungs- und Quellennachweis	226
Register	227

Land und Leute

»Das Land ist einfach und ruhig,
von einer klaren, keineswegs
dämonischen Schönheit.
Die menschliche Kultur hat so früh,
noch mit magischen Kräften,
und so andauernd auf den Boden
eingewirkt, daß etwas von der
Sanftmut des Haustieres sich
darüber gelegt hat.«
　　Hans Henny Jahnn (1894–1959)

Geographie und Geschichte

Blühende Rapsfelder und bizarre Felsformationen

Mildes Klima und mediterrane Pflanzen

Vögel, Frösche und Kleintiere

Daten zur Geschichte

Mühle von Årsdale

Landschaft und Geologie

Für die Dänen ist Bornholm weit. So weit, daß die kleine Insel vor der Küste Südschwedens auf dänischen Landkarten immer oben rechts in einem Kasten eingespielt wird. Bis Schweden sind es nur knapp 40 km, bis Kopenhagen aber 145 km Luftlinie, und die Fähren, die Namen Bornholmer Freiheitskämpfer tragen, brauchen für die Strecke mindestens sechs Stunden. Zwischen schwedischer Küste und der dänischen Insel finden Schiffe bei Sturm Geborgenheit, ›Achter Bornholm‹ sagt dazu die Seefahrt. Die Nähe zu Schweden macht sich in der Sprache der Bornholmer bemerkbar, das Bornholmsk klingt weicher, melodischer, klangvoller als Hochdänisch. Schon deshalb verstehen die Dänen auf Jütland, Fünen, Falster und Seeland die Bornholmer im wahrsten Sinne des Wortes nicht besonders gut. Aber sie machen gern bei ihnen Urlaub, denn der Dreiklang von Sand, Wald und Klippen auf Bornholm ist im übrigen Dänemark nirgends zu finden. Sandstrände hat das kleine Königreich zwar mehr als genug, aber einen solchen Traumstrand wie den von Dueodde gibt es nur einmal. Und kein Landkreis in Dänemark ist so waldreich wie das Amt Bornholm. Auch die markanten Klippen sind eine Bornholmer Besonderheit.

Bornholm, wie das ganze Land reich an Kirchen, wurde in aller Welt durch seine Rundkirchen berühmt. Charakteristisch sind auch die Bauernhöfe, die allein auf weiter Flur stehen. Bauerndörfer wie in Deutschland sind die Aus-

Hafen auf Frederiksø

nahme, kleine Orte, die oft sogar Stadtrecht besitzen, prägen das Bild. Die Farben der liebevoll gepflegten Fachwerkarchitektur wiederholen sich in der Blumenpracht der Vorgärten. Die Bornholmer lieben kräftige Farben und greifen gern zum Farbtopf. Jedes Jahr vor Pfingsten, so will es der Brauch, werden die Häuser und Boote frisch angemalt, rot, blau, grün, weiß und gelb, manchmal auch ocker, als müßte das Grau langer Wintertage übertüncht werden. Dabei ist Bornholm vom Klima begünstigt und eine Sonneninsel, die Insel wird auch ›Capri des Nordens‹ genannt (s. S.18).

Auf der kleinen, nur 587 km² großen Insel sind alle skandinavischen Landschaftstypen vertreten: im Nordwesten und Osten Felsen in mitunter bizarren Formationen, dazwischen, vor allem im Osten, immer wieder Geröllküste, Schären im Meer und Sandstrand, im Süden, wo sich die Insel sanft ins Meer neigt, Dünen, im Inselinneren weite Laub- und Nadelwälder, von denen Almindingen der größte ist, Wiesen mit Seen und Teichen, Moore, Acker- und Weideland mit stolzen Gehöften.

Seit altersher haben die Bewohner Bornholms den Klippen an den Küsten der Insel Namen gegeben: Sie wollten die herausragendsten Felsen deuten, als seien die einzelnen Formationen nicht in Jahrmillionen durch Zufall entstanden, sondern in einem willkürlichen Schöpfungsakt. So tragen die imposanten Felsen Bezeichnungen wie ›Löwenköpfe‹, ›Möwenturm‹ und ›Gänserinne‹. Auch den über die Insel verstreuten Bautasteinen wurden Deutungen gegeben, um die unerklärliche Herkunft der Stein-

Gehöft bei Klemensker

›Steckbrief‹ Bornholm

- **Größe:** 587,55 km², fünftgrößte dänische Insel. Die größte Längsausdehnung (Hammeren/N–Dueodde/S) beträgt 40 km, die größte Breite von Rønne/O–Svaneke/W mißt 30 km.
- **Geographische Lage:** Bornholm liegt auf dem 55. nördlichen Breitengrad und dem 15. östlichen Längengrad. Von Kopenhagen ist die Insel 145 km, von der schwedischen Südküste 40 km, von Deutschland und Polen rund 90 km entfernt.
- **Höchste Erhebung:** Rytterknægten mit 162 m
- **Höchster Wasserfall:** auch ganz Dänemarks, Døndalen mit 22 m
- **Längster Fluß:** Øle Å, der in Almindingen entspringt und bei Dueodde ins Meer mündet.
- **Größter See:** Hammersø mit 10 ha Wasseroberfläche
- **Bewohner:** 46 000 Einwohner
- **Hauptort:** Rønne mit 15 000 Einwohnern
- **Religion:** Die überwiegende Mehrzahl der Bevölkerung ist Mitglied der evangelisch-lutherischen Kirche. Kleine Anzahl von Adventisten, Mitgliedern der Apostolischen Kirche, Baptisten, Zeugen Jehovas, Katholiken, Methodisten und Mormonen.
- **Sprache:** Dänisch mit starker regionaler Färbung. Der Bornholmer Dialekt (Bornholmsk) war bis zum Zweiten Weltkrieg weitverbreitet, wird jetzt aber immer seltener gesprochen.
- **Politische Struktur:** Bornholm gehört zu Dänemark, das eine konstitutionelle Monarchie ist. Seit 1972 regiert Königin Margrethe II. Im Einkammer-Parlament *(Folketing)* sitzen 179 Abgeordnete, davon zwei Bornholmer.

setzungen zu erklären. Zum Stein haben die Bornholmer eine ganz besondere Beziehung. Bornholm, das zeigt sich auf Schritt und Tritt, ist eine Steininsel. Stein tritt überall zutage, in der Schloßheide bei Hammershus ebenso wie im Wald von Almindingen, der mühselig auf steinigem Heidegelände gepflanzt wurde. Der Untergrund der Insel besteht zu zwei Dritteln aus Granit und Gneis. Die häufigsten Mineralien im Urgestein – Feldspat, Quarz, Glimmer und Hornblende – sind im Granit und Gneis in unterschiedlichen Mischungsverhältnissen vorhanden.

Viele Andenkenläden auf Bornholm haben ihren Schwerpunkt auf Granit gelegt. Sein herrliches Farbenspiel aber auch die vielseitigen Bearbeitungsmöglichkeiten ma-

Geographie

- **Verwaltung:** Kleinstes der 14 dänischen Ämter (den Landkreisen vergleichbar). Die Verwaltung ist in fünf Gemeinden unterteilt: Rønne (Amtshauptstadt, Verwaltungszentrum), Allinge-Gudhjem, Hasle, Neksø und Aakirkeby. Daneben gibt es eine Reihe von Orten und kleineren Ortsgemeinschaften ohne eigenen Gemeinderat. Der Kreistag mit Sitz in Rønne ist das Parlament der Insel, der Landrat leitet die Amtsverwaltung.
  Die Erbseninseln (Christiansø und Frederiksø sowie einige unbewohnte Schären) mit ihren knapp 120 Bewohnern sind nicht dem Amt Bornholm, sondern direkt dem Verteidigungsministerium in Kopenhagen unterstellt.
- **Wirtschaft:** Bedeutende Wirtschaftszweige auf Bornholm in der Reihenfolge ihrer Wichtigkeit: Landwirtschaft, Fischerei, Tourismus, Kunstgewerbe, Steinbruchindustrie.
- **Erwerbstätigkeit:** Rund 22 000 Menschen auf Bornholm sind erwerbstätig. 66% von ihnen arbeiten im weitesten Sinne im Dienstleistungsbereich: im Handel- und Transport-, im Unterrichts-, Sozial- und Gesundheitswesen und im Tourismus. Die Fertigungsindustrien, darunter auch die Bauunternehmen, beschäftigen 23%, Landwirtschaft, Fischerei, Forstwirtschaft und Rohstoffgewinnung 11% der Erwerbstätigen.
- **Kultur:** Zeugnisse aus der jüngeren Steinzeit, Bronzezeit und Eisenzeit, mittelalterliche Burgruinen, guterhaltene mittelalterliche Kirchen und Rundkirchen. Moderne Malerei vertreten durch die ›Bornholmer Schule‹ (s. S 49). Zahlreiche Museen, darunter das architektonisch avantgardistische Bornholms Kunstmuseum (1993 eröffnet). Noch heute ist Bornholm Anziehungspunkt für Maler, Bildhauer, Keramiker, Glasbläser und Textilkünstler.

chen ihn zu einem interessanten Material für Kunsthandwerker, die daraus Lampenfüße, Aschenbecher, Briefbeschwerer und sogar Schmuck herstellen. In den meisten Geschäften kann man aber auch, wenn man sich nur informieren möchte, ein Säckchen mit den verschiedenen Granitarten kaufen, die in einem Begleitheft ausführlich erklärt werden. Danach lassen sich einige Hauptarten unterscheiden: Im Osten Bornholms kommt in einem 2–3 km breiten Küstenstreifen zwischen Neksø und Svaneke der grobkörnige Svaneke-Granit vor. Große Feldspatkörner verleihen ihm eine graurote Farbe. Wegen seines geringen Härtegrads eignet er sich nicht zur Herstellung von Bodenplatten o. ä., erfreut sich aber bei

Steinschleifern großer Beliebtheit. Mit seinen 800 Mio. Jahren ist der Svaneke-Granit noch erheblich jünger als der 1 Mia. Jahre alte, schwarze Rønne-Granit, die älteste Granitart auf Bornholm. Da dieser sehr hart ist, kann seine Oberfläche blank geschliffen werden. Er wird in einem kleinen Gebiet östlich von Rønne abgebaut und gerne zu Denkmälern, Grabsteinen, Fassaden sowie zu Schotter verarbeitet. Der Hammer-Granit kommt nicht nur rund um Hammershus, sondern auch im Almindinger Wald vor. Er verdankt seine sehr helle und leicht rötliche Färbung seinem hohen Feldspatgehalt mit einem kleinen Anteil Glimmer und Hornblende. Er wird in erster Linie als Baumaterial verwandt. Der Paradisbakke-Granit aus dem Osten der Insel weist eine charakteristische Flammenzeichnung auf, die durch die Vermischung einer dunklen Granitart mit einem an Quarz und Feldspat reichen, hellen Granit entstand. Er wurde u. a. für die Gestaltung der Kopenhagener Rathaushalle und des Schloßhofs von Christiansborg ausgewählt. Der Neksø-Sandstein läßt sich an seiner grauroten Farbe und seiner körnigen Zusammensetzung leicht erkennen. Vielseitig eingesetzt findet man ihn als Schotter, Baustein und Fliese und bei Denkmälern. Bei der oft braunen Zeichnung im Gestein handelt es sich aber nicht, wie häufig angenommen, um Versteinerungen, sondern um eingelagertes oxidiertes Eisen.

Der berühmte Dueodde-Sand, jüngste geologische Erscheinungsform auf Bornholm, ist so fein, daß er bei Strandwanderungen knirscht wie Schnee. Früher hat er die Streusandbüchsen an den Höfen Europas und die Sanduhren in vielen Haushalten gefüllt.

›Capri des Nordens‹ – Klima und Reisezeit

Später als im übrigen Dänemark hält der Frühling auf Bornholm Einzug. Ursache dafür ist die nur langsame Erwärmung der Ostsee, die das Steigen der Temperaturen auf der Insel hinauszögert. Da das Meer andererseits aber als ein hervorragender Wärmespeicher wirkt, bleibt es dafür auf Bornholm bis weit in den Herbst hinein warm. In durchschnittlichen Jahren können Bornholm-Urlauber von Juni bis September im Meer baden. Obwohl es im Sommer bei Tagestemperaturen um 20° C relativ angenehm ist, kann es abends und nachts stark abkühlen. Es ist durchaus normal, im Juni oder Juli im Ferienhaus zu heizen. Oft ist es recht windig, und auch im Hochsommer sind Regentage keine Seltenheit, so daß ein warmer Pullover, feste Schuhe und Regenkleidung ins

◁ Strand bei Hasle

Reisegepäck gehören. Dennoch verzeichnet Bornholm neben den meisten Sonnenstunden weniger Niederschläge als andere Regionen Dänemarks. Als beste Reisezeit empfehlen sich die Monate Juni bis September. Die Winter auf Bornholm sind mild, können aber sehr schneereich sein.

Vögel, Frösche und Gräser – Flora und Fauna

Immer wieder überrascht es Bornholm-Besucher, daß auf der Insel Pflanzen gedeihen, die normalerweise in diesen Breitengraden nicht heimisch sind: Feigen-, Maulbeer-, Mandel-, Aprikosen- und Pfirsichbäume beispielsweise. Auch Weinstöcke wachsen hier, aber die Trauben reifen nicht jedes Jahr. So findet man auf Bornholm überhaupt durch das Nebeneinander von sehr unterschiedlichen Kleinklimazonen auf engstem Raum, in denen jeweils nur bestimmte Pflanzengemeinschaften gedeihen, eine enorme Pflanzenvielfalt. Die Voraussetzungen dafür schaffen die abwechslungsreiche Landschaft – sonnige Südhänge wechseln ab mit feuchtkühlen Mulden, Waldgebiete mit offenem Ackerland, Moore mit nacktem Fels – und der besondere Untergrund. Einen Teil der Pflanzen bezeichnen Botaniker als ›Eiszeitrelikte‹. Sie gedeihen seit der Eiszeit an baumlosen Standorten, wie z. B. das Sonnenröschen und die Sprossende Felsennelke.

Im Frühjahr sind die Waldböden im Osten der Insel, vor allem rund um Østermarie, von einem dichten, weißbläulichen Blütenteppich überzogen. An diesen Windröschen können sich die Bornholmer erst seit etwa 100 Jahren erfreuen. Auch der Bärlauch, dessen an Knoblauch erinnernder Geruch sich den ganzen Sommer nicht verflüchtigt, färbt im Frühjahr den Waldboden weiß. An den Waldrändern und auf Wiesen entfalten Wildkirschen ihre ebenfalls weiße Blütenpracht, nirgendwo sonst in Dänemark wachsen so viele wilde Kirschbäume. Schlüsselblumen sowie gelbe und blaue Anemonen, Klee und Kamille verwandeln die Wiesen in einen bunten Flickenteppich. Mehlprimel und Fettkraut tupfen ganze Landstriche in intensives Rot und Violett. Zu Tausenden bedecken weiße Seerosen (nøkkeroser) die vielen Waldseen der Insel. Im Frühsommer verwandelt der blühende Raps die Felder inselweit in ein Meer von Gelb, im Herbst leuchten überall die roten Vogelbeeren der Eberesche. Über die große Anzahl an Sporenpflanzen, Moosen, Flechten und Pilzen haben sich die Botaniker bisher noch nicht einmal einen Überblick verschaffen können.

Nicht ganz so artenreich präsentiert sich die Tierwelt der Insel. Besonders groß ist der Rehwildbestand. In den Wäldern tummeln

Flora und Fauna

sich Eichhörnchen, Hasen, Igel und Füchse. Die vielen frei herumlaufenden Katzen, so werden die Gäste in Flugblättern ermahnt und aufgeklärt, sollten im Sommer nicht gefüttert werden, da sie dann im Winter, auf sich selbst gestellt, elendiglich eingehen.

In den Heidegebieten, vor allem auf Hammerknuden, leben Kreuzottern, deren Biß giftig ist. Frühjahrsgästen wird das Gequake der kleinen grünen Laubfrösche in allen Teichen in Erinnerung bleiben. Der Seefrosch ist auf Bornholm ebenso beheimatet wie die Erdkröte. Hering, Dorsch und Lachs bevölkern die Gewässer rings um die Insel. Da das Meer nur einen Salzgehalt von 0,8 % aufweist, kommen hier viele der sonst in der Ostsee anzutreffenden Salzwasserfische nicht vor. An den Küsten werden Süßwasserfische gefangen: Hecht, Flußbarsch, Rotauge und Meeresforelle.

Auf Schritt und Tritt erfüllt das Kreischen der Saatkrähen und natürlich besonders der Möwen die Luft. Auch Sprosser, die mit ihrem wohltönenden Gesang auf sich aufmerksam machen, sind auf Bornholm häufiger verbreitet als im übrigen Dänemark. Kraniche, Rauhfußbussarde und Bachstelzen machen auf der Insel während ih-

Flora und Fauna

res Zugs in den Süden und auf der Rückreise Station. Hin und wieder siedeln sich neue Vogelarten auf Bornholm an: die Ringdrossel in den 30er und der Bienenfresser in den 40er Jahren, zu Beginn der 60er Jahre der Schwarzspecht. Die Eiderenten (s. S. 136) mit ihren niedlichen Küken im Schlepptau, die an Bornholms Küsten selbst bei rauher See entlangschwimmen, brüten zum größten Teil auf der Nachbarinsel Christiansø. Die 20 km lange Strecke nach Bornholm, wo das Nahrungsangebot reichhaltiger ist, stellt für viele Küken die erste große Bewährungsprobe dar. Im Vogelreservat Græsholm trifft

Eiderentenerpel

man auf die wie ein Pinguin aussehende Trottellumme.

Eine Besonderheit auf Bornholm ist der sogenannte ›Bombenkäfer‹, nur 1 cm groß, zeigt er eine sehr schöne Panzerfärbung: Fühlhorn, Kopf, Brust und Beine sind rostrot, die Deckflügel glänzen metallisch blau. Eine seiner Drüsen produziert Wasserstoffsuperoxid und den Stoff Hydrochinon. So unglaublich es klingt: Bei einem Angriff schießt der Käfer mit einem hörbaren Knall nach einer blitzschnellen chemischen Reaktion 100° C heißen Wasserdampf und lähmendes Chinon auf den Gegner. Erst um die Jahrhundertwende wurde das merkwürdige Insekt entdeckt. Heute hat sich der Käfer in das Naturschutzgebiet bei Sose im Süden der Insel zurückgezogen.

Möwen an der Küste bei Svaneke

Daten zur Geschichte

Ur- und Frühgeschichte

ab 10 000 v. Chr.
: Seit dem Ende der Eiszeit ist für das damals noch mit dem Festland (heutiges Polen) verbundene Bornholm eine Besiedlung durch Fischer und Jäger nachgewiesen.

4000 v. Chr.
: In der jüngeren Steinzeit entwickelt sich eine bäuerliche Kultur, die sich durch gezielte Eingriffe in die Natur auszeichnet. So werden z. B. Wälder gerodet, um Getreide anbauen zu können. Die Toten werden in Ganggräbern bestattet. Aus anderen Ostseegebieten eingeführter Feuerstein wird zu Werkzeugen verarbeitet.

ab 1800 v. Chr.
: In der Bronzezeit beginnt die bevorzugte Verwendung von Bronze bei der Waffen-, Werkzeug-, Gefäß- und Schmuckherstellung. Die Rohmaterialien für die Bronze müssen von weither herangeschafft werden. Schon damals bestehen Handelsbeziehungen zu Schonen, Öland und den (heute deutschen und polnischen) Festlandküsten. Neben

Lundestenen bei Sose Odde

	dem Ackerbau wird auch Viehzucht betrieben. Skelette, Grabbeigaben und Felszeichnungen sind die archäologischen Überlieferungen aus dieser Epoche.
500 v. Chr.– 800 n. Chr.	Im Gegensatz zum restlichen Dänemark konnten auf Bornholm besonders viele Funde aus der Eisenzeit geborgen werden: neben Gräbern und Bautasteinen auch Fluchtburgen, römische Gold- und Silbermünzen, Silberbarren, die berühmten Goldgubber (s. S. 46) aus der Zeit der Völkerwanderung und ganze Siedlungen.

Wikingerzeit

ca. 800–1050	Über die Wikingerzeit weiß man wenig. Schriftliche Quellen sind nicht erhalten, Wissenschaftler stützen sich bei ihren Hypothesen auf Ortsnamen wie Gudhjem, Grabfunde und Bautasteine. Man vermutet, daß Bornholm für die immer wieder zum Handel nach Rußland segelnden Wikinger ein Hafenstützpunkt gewesen ist. Die Gamleborg in Almindingen hat wohl ein Bornholmer Wikingerkönig anlegen lassen. Höchstwahrscheinlich verlor Bornholm unter dem Wikingerkönig Harald Blåtand (etwa 940–986) die Selbständigkeit.

Die Zeit der Christianisierung

9. Jh.	Erstmals wird Bornholm um 890 in einem Brief eines englischen Reisenden namens Wulfstan an seinen König Alfred den Großen erwähnt. Ungeklärt blieb bis heute, woher der Name ›Burgunderland‹ herrührt, den der Briefsteller benutzt. Es gibt zwei Deutungen: Die eine besagt, daß der Name von den Burgundern (Westgoten) abgeleitet ist, die im Zuge der Völkerwanderung von ihrer Heimat an der Ostsee gen Frankreich zogen. Die andere führt den Namen auf ›Borgunderholm‹ zurück, was ›Burgeninsel‹ bedeutet.
11. Jh.	Mit ›Hulmus‹ tituliert Erzbischof Adam von Bremen die Insel im 11. Jh. in seiner Schilderung der Christianisierung des Ostseeraums. Er nennt sie den »berühmtesten Hafen Dänemarks«, denn zu jener Zeit gehört Bornholm zur Diözese von Lund im südschwedischen Schonen, das damals Teil des dänischen Reiches ist.

Geschichte

Dänische Krone und das Erzbistum von Lund ringen um die Vorherrschaft auf Bornholm

ab 1100
: Im Streit um den dänischen Thron unterstützt Erzbischof Eskil von Lund einen Widersacher von König Svend Grath. Aus diesem Grund setzt der König den Erzbischof gefangen, schließt aber schon bald wieder notgedrungen mit ihm Frieden, weil er auf ihn als Verbündeten angewiesen ist. Bornholm wird immer wieder von den Wenden geplündert.

1149
: Bei einem Friedensvertrag tritt König Svend Grath drei der vier Amtsbezirke Bornholms an den Erzbischof Eskil ab und behält nur das Amt Rønne. Trotzdem mißtraut der König dem Erzbischof und läßt die Lilleborg im heutigen Wald von Almindingen anlegen.

1255
: Erzbischof Jacob Erlandsen läßt die Burg Hammershus gründen oder ausbauen, was genau zutrifft, ist bis heute ungeklärt.

1259
: Angestachelt von Erzbischof Jacob Erlandsen greift Jaromar von Rügen die Lilleborg, Sitz des Königs,

Geschichte

an und macht sie dem Erdboden gleich. Anlaß ist ein heftiger Streit zwischen dem Erzbischof und König Kristoffer I. um die Vorherrschaft auf Bornholm.

1265 Nach der Zerstörung der Lilleborg wächst die Bedeutung der Burg Hammershus. Wer sie besitzt, herrscht über die Insel. König Erik Klipping entreißt Erzbischof Jacob Erlandsen die Burg. Nach dessen Tod vereinbart König Erik Klipping mit dem neuen Erzbischof, einem königstreuen Bruder Jacobs, einen für Lund günstigen Vertrag: Der König gibt dem Erzbischof Hammershus und die drei damit verbundenen Ämter auf Bornholm zurück und begnügt sich mit dem Amt Rønne. Doch die Einigung schafft den traditionellen Streit zwischen Krone und Erzbistum nicht aus der Welt.

1286 Nach der Ermordung des Königs fliehen die geächteten Täter auf die Burg Hammershus in die Obhut des Erzbischofs Jens Grand. Der neue König Erik Menved nimmt den Erzbischof in Lund gefangen, kann ihm aber die Herausgabe der Burg Hammershus nicht abtrotzen.

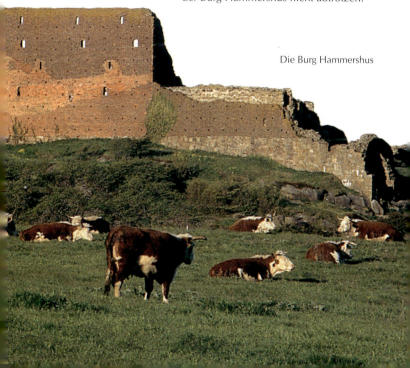

Die Burg Hammershus

1287	Dem Erzbischof gelingt die Flucht nach Bornholm, dort muß er sich aber einem Schiedsspruch des Papstes beugen, der für ihn unangenehm, für das Bistum aber günstig ist: Der Erzbischof wird nach Riga strafversetzt, König Erik Menved muß auch den Amtsbezirk Rønne an das Bistum abtreten. König Erik Menved kann die Forderung des Papstes nicht erfüllen, weil sein ermordeter Vorgänger die Herrschaft über Rønne an einen ausländischen Fürsten verpfändet hat, der wiederum sein Pfand weiterverkauft hat.
1319	Nach einem Streit mit dem Erzbischof-Nachfolger Esger Juul läßt König Erik Menved Hammershus durch Marschall Ludwig Albrektsen erobern. Der Marschall aber rückt die Burg nicht heraus, auch nicht, als der König kurze Zeit später stirbt: Die Burg ist sein Pfand für Gebiete, die dieser ihm als Lohn für seine Feldzüge versprochen hat.
1325–26	Der neue König Kristoffer II. ist dringend auf Hammershus angewiesen, denn einzig durch die Unterstützung des Erzbischofs von Lund, die er durch das Versprechen, diesem die Burg zurückzugeben, erwirkt hat, ist er an die Macht gekommen. Über ein Jahr lang belagert Kristoffer II. Hammershus, bis Marschall Albrektsen nachgibt.

Die 200jährige Herrschaft des Erzbistums von Lund

1327	Erzbischof Karl Galen erhält Hammershus zurück. Zusätzlich erwirbt er auch das Amt Rønne, indem er das Pfand einfach zurückkauft.
1361	König Valdemar Atterdag gelangt in den Besitz der Insel, die er dem Erzbischof sozusagen als ›Dauerleihgabe‹ nur unter der Bedingung zurückgibt, daß die dänische Krone Bornholm jederzeit zurückfordern kann.
1511	König Christian II. macht erstmals nach 150 Jahren von diesem Recht Gebrauch. Als sich der Erzbischof weigert, Festung und Verwaltungsbezirke freiwillig herauszugeben, läßt der König die Burg Hammershus kurzerhand besetzen. Kurz darauf wird der König gestürzt, das ganze Spiel beginnt von neuem.
1536	Mit dem Abschluß der Reformation in Dänemark verliert die Kirche ihren Einfluß auf die Machtverhältnisse auf Bornholm.

Geschichte

Die Lübecker Fremdherrschaft

ab 1500	Die Lübecker überziehen die Insel mit mehreren Plünderungswellen. Der Erzbischof von Lund beschließt, Bornholm gegen ein anderes Lehen zu tauschen.
1525	Frederik I. überschreibt den drängenden Lübeckern die Insel für 50 Jahre, nicht zuletzt, weil sie ihm an anderen Fronten zu Hilfe gekommen sind.
1535	Die massive Ausbeutung durch den lübeckischen Vogt Berent Knop führt zu einem Aufstand der Bornholmer Bauern. Obwohl König Christian III. höchstpersönlich zum Widerstand aufgerufen hat, schickt er keine Hilfstruppen. Die Lübecker brechen den Widerstand der Aufständischen in einer Schlacht bei Aakirkeby. Die Verlierer werden so hart bestraft, daß es selbst dem Lübecker Rat zuviel wird und er den Vogt kurzerhand absetzt. Die Nachfolger regieren zwar milder, doch bleibt die Steuerlast die gleiche.
1576	Frederik II. entzieht dem geschwächten Lübeck das Pfand Bornholm. Hammershus wird Sitz dänischer Lehnsleute.

Der Dreißigjährige Krieg (1618–48)

1645	Kein nennenswerter Widerstand stemmt sich dem schwedischen General Wrangel bei seiner Landung in der Nähe von Neksø entgegen, und auch Hammershus, damals nur von 58 Mann verteidigt, fällt schon nach wenigen Stunden. Allerdings erhält Dänemark Bornholm schon wenige Monate später bei einem Friedensschluß mit den Schweden zurück.

Der Bornholmer Freiheitskampf

1657	König Frederik III. führt einen Rachefeldzug gegen die Schweden, der mit einer vernichtenden Niederlage seiner Truppen endet. Alle Provinzen östlich des Øresund – auch Bornholm – fallen den Schweden zu.
8. Dezember 1658	Auf dem Weg zu Verhandlungen im Rathaus von Rønne wird der schwedische Inselkommandant, Oberst Johan

Printzensköld, von einer kleinen Gruppe Bornholmer Aufständischer gefangengenommen und bei einem angeblichen Fluchtversuch erschossen. Die Schweden ergeben sich (s. S. 75).

28. Dezember 1658   Die Aufständischen schenken Bornholm König Frederik III. und dessen Erben für alle Zeiten.

Die Zeit des Absolutismus

1660   Die Einführung des Absolutismus splittet die Position des Lehnsmanns in die eines Amtmanns (Verwalter) und die ei-

Lille Tårn, Frederiksø

	nes Kommandanten (militärischer Befehlshaber). Auf Bornholm gerät die Gewaltenteilung zur Farce, denn ein Gouverneur bekleidet beide Ämter. Als die Ämter später wirklich getrennt werden, wohnen Amtmann und Kommandant in Rønne, während die Burg Hammershus von einem Vizekommandanten verwaltet wird.
1675–79	Schweden versucht vergeblich, Bornholm zu erobern.
1684	Christian V. läßt Christiansø befestigen und die Verteidigungsanlagen in Rønne ausbauen. Hammershus verliert seine Bedeutung als Festung im Norden, sie dient nur noch als Verwaltungssitz und Staatsgefängnis.

19. Jahrhundert

1801/1807	Nach zwei Seeangriffen der britischen Flotte auf Kopenhagen wird Dänemark in die Napoleonischen Kriege hineingezogen. König Friedrich VI. schließt sich dem Franzosen-Kaiser an. Während der Auseinandersetzungen mit den Briten haben die massiv befestigten Erbseninseln Christiansø und Frederiksø ihre erste und einzige Bewährungsprobe zu bestehen.
1814	An der Seite Napoleons verlieren die Dänen den Krieg. Im Kieler Frieden geht Helgoland an Großbritannien und Norwegen außer Island und die Färöer-Inseln an Schweden.
Ende 19. Jh.	Bornholm wird als Ferienziel entdeckt, die ersten Badegäste aus Deutschland reisen an.

20. Jahrhundert

1914–18	Während des Ersten Weltkrieges verfolgt Dänemark eine strikte Neutralitätspolitik.
9. April 1940	Der deutsche Überfall ist für Dänemark ein Schock. Die Monarchie hatte gehofft, nicht in den Zweiten Weltkrieg verstrickt zu werden, zumal mit dem Dritten Reich ein Nichtangriffspakt geschlossen worden war.
10. April 1940	Landung der deutschen Wehrmacht auf Bornholm. Während des ganzen Krieges werden über Bornholm schwedische Waffen für den dänischen Widerstand ins Land und Flüchtlinge, darunter viele Juden, aus dem Land geschmuggelt. Die anfangs spürbare ›weiche Welle‹ der Na-

Wo der Krieg erst nach dem Frieden anfing
Bornholm im Zweiten Weltkrieg

Als Bornholm am 10. April 1940, einen Tag später als das übrige Dänemark, von deutschen Truppen besetzt wurde, herrschte Ruhe auf der Insel. »Natürlich gab es ab und zu ein paar Verhaftungen«, erinnert sich ein Zeitzeuge, »es setzte auch schon mal Ohrfeigen beim illegalen Verteilen von Flugblättern.« Doch vorerst blieb es dabei.

Die Zahl der Widerstandskämpfer auf Bornholm wird auf 1200 geschätzt, sie waren nur mit wenig Waffen ausgerüstet und sollten sich auf Wunsch der Kopenhagener Zentrale zunächst ruhig verhalten: Bornholm diente der dänischen Widerstandsbewegung als Etappenziel für Flüchtlinge auf dem Weg nach Schweden, deshalb war sie daran interessiert, daß es auf der Insel friedlich blieb. Die von der Gestapo – die übrigens erst im Herbst 1944 nach Bornholm kam – in Dänemark Verfolgten wurden über Kopenhagen nach Bornholm geschafft, hier bei Bauern versteckt und zum geeigneten Zeitpunkt mit dem Schiff ins neutrale Schweden ausgeschleust. Auf dem umgekehrten Weg schickten die Schweden Munition nach Bornholm, die die lokale Widerstandsbewegung an die Widerstandskämpfer in Kopenhagen weiterleitete.

Bornholm blieb während des ganzen Krieges unbefestigtes Etappengebiet der Deutschen. Das änderte sich im Frühjahr 1945, als die Insel auf einmal eine wichtige politische und militärische Rolle einnahm: Der Seeweg über Bornholm war die letzte gebliebene Verbindung zwischen den im Osten abgeschnittenen deutschen Truppen und dem Westen. Zudem flohen in den letzten Kriegsmonaten über zwei Mio. Deutsche über Bornholm aus dem Osten in den Westen. In den letzten Kriegstagen drängten sich neben den auf 2000 Mann verstärkten regulären deutschen Besatzungstruppen noch 20 000 auf dem Rückzug befindliche deutsche Soldaten und mehrere tausend zivile Flüchtlinge auf der Insel.

Das war die Situation, als am 6. Mai 1945 den deutschen Inselkommandanten der Funkspruch mit der Nachricht der Teilkapitulation der deutschen Streitkräfte in den Niederlanden, Nordwestdeutschland und Dänemark erreichte. Gert von Kamptz befahl nach eigener Darstellung sofort Waffenruhe und traf Vorbereitungen zur Übergabe der Insel an die Briten, denn die Teilkapitulation war mit dem britischen

Geschichte

Feldmarschall Montgomery unterzeichnet worden. Doch statt der Briten erschienen am 7. Mai um 10 Uhr sowjetische Aufklärungsflugzeuge, auf die Inselkommandant von Kamptz schießen ließ. Als Antwort kehrten die Maschinen einige Stunden später mit 20 Bombern zurück, die schwere Zerstörungen in Rønne und Neksø anrichteten. Wie durch ein Wunder waren nur 10 Tote zu beklagen, die Bewohner beider Städte, die gerade die Kapitulation feierten, waren nicht vorgewarnt. Ein zweiter Angriff der sowjetischen Maschinen an diesem Tag traf einen Konvoi deutscher Schiffe beim Verlassen des Hafens von Rønne. In Flugblättern forderten die Russen die deutsche Besatzung zur Kapitulation auf und setzten eine Frist bis 10 Uhr des nächsten Tages. Die Deutschen ließen das sowjetische Ultimatum unbeantwortet verstreichen. Aber vorsichtshalber wurde die Bevölkerung von Rønne und Neksø evakuiert. Das zweite Bombardement erfolgte am 8. Mai um 9.45 Uhr, beide Städte versanken in Schutt und Asche. Heute weiß man, daß die Sowjets annahmen, die Engländer hätten am 5. Mai 1945 entgegen der Absprachen Bornholm schon besetzt, um die Insel zusammen mit den Deutschen gegen sowjetische Angriffe zu verteidigen. Von Kamptz wußte nichts von diesen Überlegungen und hielt die Luftangriffe zu Recht für Vorbereitungen einer russischen Landung, die abzuwehren, er fest entschlossen war. Zu diesem Zeitpunkt hatte ihn die Nachricht von der am 7. Mai 1945 erfolgten bedingungslosen Kapitulation aller deutschen Truppen noch nicht erreicht, einen entsprechenden Funkspruch erhielt er erst nach dem russischen Bombardement. Die Russen landeten mit fünf Schnellbooten und 150 Mann am 9. Mai um 15.30 Uhr auf Bornholm. Die Bornholmer Widerstandsbewegung hatte Order aus Kopenhagen, mit den Russen zusammenzuarbeiten und die deutschen Truppen möglichst schnell außer Landes zu bringen. »Mit allem, was über Wasser fahren konnte«, erinnert sich ein Augenzeuge, »setzte man etwa 20 000 Soldaten und Flüchtlinge nach Kolberg über.« Die Transporte liefen vom 11. bis zum 25. Mai. Die Bornholmer waren erstaunt, als die ersten Schiffe zurückkamen: Sie hatten sowjetische Truppen an Bord! Schließlich waren knapp 8000 Russen auf Bornholm stationiert.

Allen Befürchtungen zum Trotz blieben die Sowjets nur bis März 1946 auf der Insel, die sie aber noch lange mit argwöhnischer Sensibilität im Auge behielten. So war unerwünscht, daß Natoeinheiten an Übungen auf Bornholm teilnahmen, und selbst Auftritte amerikanischer Musikkapellen bei der Tierschau in Almindingen führten immer wieder zu diplomatischen Konflikten.

	zis, bei der Königshaus, Regierung und Parlament der Dänen unangetastet blieben, ist nicht zuletzt darauf zurückzuführen, daß die Deutschen auf Lebensmittellieferungen aus dem nördlichen Nachbarland angewiesen sind.
1941	Mit Streiks und Sabotage reagieren die Dänen auf die regelrechte Erpressung ihres Landes, Mitglied im Antikominternpakt zu werden. Die Nazis ersetzen den besonnenen Militärbefehlshaber in Dänemark, General Lüdke, durch den linientreuen General Herman von Hannecken, die Stelle des Reichsbevollmächtigten Cecil von Renthe-Fink nimmt SS-Obergruppenführer Dr. Werner Best ein.
1943	Die Ereignisse eskalieren, als Dr. Best auf Hitlers Weisung den Ausnahmezustand über Dänemark erklärt. Die dänische Regierung und das Kabinett treten zurück, der dänische Reichstag wird aufgelöst und der König unter Arrest gestellt. Für Dänemark gilt jetzt das Kriegsrecht. Da mit der Deportation der dänischen Juden und der deutschen Flüchtlinge zu rechnen ist, entschließt sich Georg Ferdinand Duckwitz von der deutschen Gesandtschaft in Kopenhagen zu einer außergewöhnlichen Aktion. Von Dr. Best, auf den er ohnehin stets mäßigend eingewirkt hat, holt er die Erlaubnis ein, mit dem schwedischen Ministerpräsidenten zu konferieren. Auf Bornholm unterbreitet dieser Duckwitz das Angebot seiner Regierung, alle Juden Dänemarks aufzunehmen. Zur Enttäuschung des Unterhändlers lehnen die Deutschen dies als »Einmischung in die inneren Angelegenheiten« ab. Eine geheime, groß angelegte und perfekt organisierte Rettungsaktion läuft an, bei der auch Georg Ferdinand Duckwitz nach Kräften mitwirkt. Über einen einstigen Kollegen, der jetzt als Hafenkommandant in Kopenhagen Dienst tut, läßt er Schnellboote der Marine ›zur Überholung‹ aufdocken, damit diese die Fluchtboote, zumeist von Fluchthelfern angeheuerte kleine Fischerboote, nicht verfolgen können. Die Dänen stellen für die Aktion Privatautos und Taxen bereit, selbst Feuerwehrautos werden eingesetzt. Bis zum jeweiligen Fluchttermin verstecken nicht nur Freunde, sondern größtenteils auch völlig fremde Dänen viele Juden. Einige Flüchtlinge werden sogar in Krankenhäusern einquartiert, wo Betten für sie reserviert sind.
Mai 1945	Nach der Unterzeichnung der bedingungslosen Kapitulation durch die Deutschen bombardieren russische Flug-

Geschichte

	zeuge am 7. und 8. Mai die Städte Neksø und Rønne. Am 9. Mai wird Bornholm von den Russen besetzt.
5. April 1946	Die russischen Truppen verlassen Bornholm.
1949	Dänemark wird Mitglied der Nato.
1953	Die neue Verfassung erlaubt die weibliche Thronfolge und schafft die zweite Kammer, das *Landsting*, ab. Das *Folketing* ist seitdem die einzige Parlamentskammer.
1972	Margrethe II., 31 Jahre alt, wird Königin von Dänemark. Seit 1967 ist sie mit dem französischen Grafen Henri de Laborde de Monpecat verheiratet, der den Titel Prinz Henrik annimmt. Das Königspaar hat zwei Kinder, Kronprinz Frederik (geb. 1968) und Prinz Joachim (geb. 1969).
1973	Dänemark tritt der EG bei.
1984	300-Jahr-Feier der Festung Christiansø
1991/92	In zwei Volksabstimmungen entscheiden sich die Dänen zuerst gegen, dann für die Maastrichter Verträge.
1993	Seit dem Fall des Eisernen Vorhangs gewinnt die geographische Lage Bornholms im Zentrum Europas wieder an Bedeutung. Der dänische Staat nutzt den ›Vorposten‹ Bornholm intensiv, um den neuen Demokratien in Osteuropa beim Aufbau ihrer Wirtschaft zu helfen. Eines der in diesem Rahmen laufenden Projekte heißt ›Baltische Ausbildungsinsel‹: In den Jahren 1993–96 werden dabei 90 Mio. Dkr für Unterrichts- und Ausbildungsmaßnahmen, die für Osteuropäer auf Bornholm veranstaltet werden, ausgegeben. Um engere Verbindungen zwischen den Wirtschaftsvertretern auf Bornholm und denen aus den übrigen Ostsee-Anrainerstaaten aufzubauen, richtet die Industrie- und Handelskammer der Insel einen Beratungsdienst mit Namen ›Baltisches Haus‹ ein. Außerdem wird 1993 die Stiftung ›Baltisches Medienzentrum‹ ins Leben gerufen, die die Medien in den ehemaligen Ostblockländern durch Fortbildungs- und Kooperationsmaßnahmen unterstützt. Im Sommer kommt Königin Margrethe II. nach Bornholm, um das neue Kunstmuseum auf den Helligdoms-Klippen einzuweihen.
1996	Kopenhagen ist in diesem Jahr ›Kulturhauptstadt Europas‹. Prinz Joachim heiratet im November die aus Hongkong stammende Bürgerliche Alexandra Manley. Sie wird Prinzessin Alexandra.
1997	Aus Anlaß der 25jährigen Thronbesteigung der Königin finden in ganz Dänemark zahlreiche Feste statt.

Wirtschaft, Gesellschaft und Kultur

Wirtschaft

Tourismus und Umweltschutz

Bevölkerung und Sprache

Zeugnisse der Frühzeit

Malerei und Architektur

Kunsthandwerk

Konzerte, Theater, Feste

Die Bornholmer Küche

Listed

Fisch, Korn und Feriengäste – Wirtschaft

Verschwunden sind die vielen Schilder ›Til salg‹ (›Zu verkaufen‹), die noch vor wenigen Jahren an den Türen und Gartentoren vieler Bornholmer Privat- und Bauernhäuser hingen. Es geht mit der Wirtschaft der Insel, die nicht zuletzt durch reduzierte Fischfangquoten in eine Krise geraten war, wieder aufwärts. Weitere Indikatoren für einen Aufschwung sind ein leichtes Sinken der Arbeitslosenzahlen und eine Trendwende bei der Inselflucht: Seit einigen Jahren nimmt die Zahl der Bevölkerung erstmals wieder ein wenig zu.

Schuld an der Misere der Fischerei sind die geschrumpften Dorschbestände und die daraufhin von der EU reduzierten Fangquoten für Dorsch. Da es sich beim Bornholmer Fischfang in erster Linie um Dorschfischerei handelt, haben sie den Wirtschaftszweig in eine tiefe Krise gestürzt. Noch Anfang der 90er Jahre brachten es die Ostseefischer auf 100 000 t gefangenen Dorsch pro Jahr. Die Hälfte davon wurde von Bornholmern aus dem Meer gefischt. Jetzt setzte die EU die erlaubte Fangmenge auf 10 000 t jährlich herunter. In fünf Jahren sank die Zahl der Bornholmer Kutter von über 280 auf 170, vor allem die großen Fangschiffe wurden ausgemustert.

Die Bornholmer Fischindustrie traf es indes nicht so hart, denn noch immer werden 40% des Dorsches, der in der Ostsee ins Netz geht, in Neksø an Land gebracht. Vor allem Fischer aus osteuropäischen Ländern verkaufen ihren Fang an die Bornholmer fischverarbeitenden Betriebe. Dennoch hat auch die Fischindustrie Federn lassen müssen. So ging die Beschäftigungszahl in den letzten Jahren auf unter 1000 Angestellte zurück. Der Gesamtjahresumsatz fiel von 1 Mia. Dkr am Ende der 80er Jahre auf 600 Mio. Dkr. Die Krise der Fischerei beeinflußt die gesamte Wirtschaft der Insel nachhaltig, denn viele Betriebe sind in den Bereichen Verkauf, Ausrüstung und Reparatur eng mit der Fischerei verbunden.

Auch in der Landwirtschaft kriselt es unübersehbar. So konnten die Rentabilitätsprobleme der Bauern auch nicht durch die Vergrößerung der Höfe gelöst werden. Die Fruchtbarkeit der Bornholmer Böden war einst der Grund, weshalb die Bauern früher nur eine kleine Ackerfläche von etwa 10 ha bestellten. In den letzten Jahrzehnten hat sich die durchschnittliche Nutzfläche auf 35 ha vergrößert, die Zahl der Höfe ging jedoch weiter zurück. Zum Hofsterben hat sicherlich noch die Tatsache beigetragen, daß heutzutage viele junge Leute nicht mehr bereit sind, den Hof der Eltern zu übernehmen,

---

Fischer in Svaneke

Wirtschaft

Bauernhof bei Østerlars

oder daß gar keine Nachkommen da sind, denen der Hof zufallen kann. Über Jahrhunderte hinweg waren die meisten Bauernhöfe auf Bornholm kontinuierlich im Besitz einer Familie geblieben. Das traditionelle Erbrecht sah dabei die Übergabe des Hofes an den jüngsten Sohn oder die älteste Tochter vor, Erbteilung wurde nicht praktiziert.

Das landwirtschaftliche Genossenschaftswesen hat in Dänemark eine lange Tradition. Ohne die Kooperativen, die schon in den 80er Jahren des letzten Jahrhunderts gegründet wurden, wäre es um die Bornholmer Landwirtschaft noch wesentlich schlechter bestellt. Sie unterstützen die Bauern beispielsweise bei der Anschaffung von Maschinen, beim Einkauf von Saatgut sowie beim Absatz ihrer Erzeugnisse, sie halten aber auch Fortbildungskurse ab. Für so manchen Bauern erledigt der Zentralcomputer der Genossenschaft mittlerweile die Buchhaltung, registriert die Milchproduktion der Kühe und berechnet die Futtermenge für das Vieh.

Bornholms Landwirtschaftsverein wurde sogar schon 1805 gegründet, er ist der älteste Dänemarks. Gemeinsam mit der Vereinigung der landwirtschaftlichen Familienbetriebe vertritt er die Interessen der Landwirte auf der Insel. Daneben beschäftigt sich noch das Landwirtschaftliche Entwicklungs- und Innovationszentrum (LUIC) mit der Förderung alternativer Verdienstmöglichkeiten für die Bauern. In jüngerer Zeit setzt sich beispielsweise auf Bornholm das Urlaubsangebot ›Ferien auf dem Bauernhof‹ stärker durch.

Tourismus und Umweltschutz

Bisher haben sich die Bornholmer stets an ihren Kreistagsbeschluß gehalten, niemals mehr Besucher auf der Insel zuzulassen, als diese Einwohner zählt, also etwa 46 000. Nur an wenigen Tagen im Jahr, wenn Ausflügler per Schiff zur Stippvisite aus Schweden oder von Rügen herüberkommen, übersteigt die Zahl der Touristen diese Marke. 100 Hotels und Pensionen mit insgesamt 12 000 Betten verteilen sich über Bornholm, dazu kommen etwa 3500 Ferienhäuser. Kein Quartier steht direkt am Strand, und keines überragt die Baumwipfel, auch werden nur vereinzelt Luxusferienhäuser mit Swimmingpool und Sauna angeboten, die anderenorts in Dänemark so gefragt sind. Auf seelenlose Ferienanlagen hat man bis auf wenige Ausnahmen ganz verzichtet, die meisten Ferienhäuser verstecken sich gemütlich im Wald. Gleiches gilt auch für die 12 Campingplätze. In sechs Jugendherbergen und auf zehn einfachen Zeltplätzen bei Bauernhöfen findet eine nicht so fi-

Ferienhaus in Snogebæk

Seit 150 Jahren Sommerfrische

Bornholm ist eine der ältesten ›Sommerfrischen‹ in Europa. Der erste, zunächst noch zaghafte Reisestrom setzte schon zu Beginn des vorigen Jahrhunderts ein! Gut betuchte Dänen waren es, die mit ihren Familien Bornholm als Ferieninsel entdeckten: Ärzte, Anwälte und Lehrer aus dänischen Großstädten, vor allem aus Kopenhagen. Bis zu 30 Stunden dauerte damals die Überfahrt mit dem Dampfer. Die Reise muß in jeder Hinsicht ein Abenteuer gewesen sein – denn welcher Däne kannte schon das ferne Bornholm! Doch nach und nach brachten die Urlaubspioniere auch ihre Freunde mit auf die so südländisch anmutende Insel, diese hatten wieder Freunde im Schlepptau ... Bornholm war auf einmal en vogue. Der erste dänische Reiseführer über Bornholm erschien 1867 als kleine Abhandlung über die größte Sehenswürdigkeit der Insel, die Burgruine Hammershus. Umfassendere Führer gesellten sich noch im selben Jahr dazu. P. Hauberg's Bornholm-Führer, der mit anschaulichen Illustrationen 1879 publiziert wurde, verkaufte sich so gut, daß mehrfach Neuauflagen gedruckt wurden. Zu dieser Zeit informierte die deutschen Touristen schon längst der 1875 erschienene ›Tysk Reiseführer über Bornholm‹, so der Originaltitel. Deutsche Gäste besuchten die Insel erstmals, nachdem 1875 der Steinbruch von Hammeren in deutschen Besitz gelangt war. Deutsche Ingenieure, die im Steinbruch arbeiteten, ließen ihre Familien zum Sommerurlaub nachkommen. Der erste Touristenverein auf Bornholm wurde anno 1895 gegründet.

nanzkräftige Klientel preisgünstige Übernachtungsmöglichkeiten. Von Jahr zu Jahr schwankt die Zahl, aber im Durchschnitt begrüßt Bornholm jährlich 250 000 bis 300 000 Gäste.

Mitte der 80er Jahre hat der Bornholmer Kreistag das Projekt ›Grüne Insel‹ angeregt, das ein ganzes Bündel von Umweltschutzmaßnahmen vorsieht, die in Abstimmung mit der heimischen Wirtschaft – auch der Landwirtschaft! – und betroffenen Einzelpersonen oder Interessengruppen umgesetzt werden. So sind schon zahlreiche Feuchtgebiete wiederhergestellt worden, die für die

Tourismus

Auf das zunehmende Interesse deutscher Sommergäste an der Ostseeinsel reagierte die ›Braeunlichsche Dampfschiffahrtsgesellschaft‹ in Stettin 1900 mit der Einrichtung einer Linienverbindung zwischen Saßnitz auf Rügen und Bornholm, heute für die meisten deutschen Urlauber noch die klassische Anfahrtsroute. Der Passagierverkehr nach Bornholm nahm so rasch zu, daß Braeunlich schon bald zwei Dampfer auf die Fährreise schickte, ›Hertha‹ und ›Imperator‹. 1906 schuf die ›Bornholmer 66er-Schiffahrtsgesellschaft‹, die heute ›Bornholms Trafikken‹ heißt, eine zusätzliche Linienverbindung nach Kolberg. Alle Dampfer liefen den Hafen von Allinge in Nordbornholm an, das noch immer Hauptziel der meisten Bornholmurlauber ist. »Es befinden sich hier eine Anzahl von Hotels und Pensionen«, informierte 1912 eine Zeitschrift ihre Leser, »auch ein deutsches Haus ist vorhanden, das den Verwöhntesten zu befriedigen vermag, obwohl es die gleichen Preise hat, wie sie andernwärts auf der Insel üblich sind.« Der Autor nennt Bornholm sogar »das nordische Capri« und gerät ins Schwärmen: »Bornholm, Du liebliche, an seltenen Naturschönheiten so reiche Ostseeinsel, die mir so viele Male ein Born der Erfrischung war, Du steigst nun wieder einmal ganz unvermittelt in meiner Erinnerung auf mit Deinen wechselnden ländlichen reizvollen Szenerien, deren Schönheit nur der zu begreifen vermag, der sie gesehen!«

Offensichtlich hatten viele diesen Wunsch, denn die Besucherzahlen stiegen rasant. »Ich kenne Bornholm gar nicht anders als mit Touristen«, sagt Axel Gornitzka, Jahrgang 1912, in dessen Familiendruckerei schon 1907 ›Bornholms Turistblad‹ erschienen ist, das in 1000 Exemplaren kostenlos verteilt wurde. Vom Nachfolgeblatt ›Denne Uges‹ aus dem Zeitungshaus ›Bornholms Tidende‹ sind heute schon zwölfmal so viel Exemplare erforderlich, um deutsche Bornholm-Urlauber mit Wissen und Informationen zu versorgen sowie ihnen Anregungen für die Gestaltung ihrer Ferien zu geben.

Flora und Fauna der Insel einen großen Gewinn darstellen. Außerdem konnten mit dem jährlichen Budget für Umweltschutzmaßnahmen und Beschäftigungsprojekte im Umweltschutz bisher schon weit über 200 Seen und Wasserläufe gereinigt und 300 neue Teiche angelegt werden. Aus demselben Topf wurden die Instandsetzung verwitterter Steindeiche, die Pflanzung lebender Hecken sowie die Freiräumung zugewachsener Küstenwege finanziert.

Bornholmer Behörden weisen stolz daraufhin, daß dadurch, daß seit 1995 kein einziger Ort mehr ungeklärte Abwässer ins Meer ent-

Umweltschutz

Windräder bei Hasle

läßt, die Insel über eines der saubersten Küstengewässer in ganz Europa verfügt. Dies hat die ständige Überwachung der Wasserqualität durch die technische Verwaltung des Landkreises ergeben. Alljährlich werden den Flüssen und Seen, dem Meer, dem Grundwasser und dem Niederschlag zahlreiche Proben entnommen und analysiert.

Da die Bäche und Flüsse der Insel von Abwässern der größeren Orte und Städte, die, meist an der Küste gelegen, ihre geklärten Abwässer direkt ins Meer leiten, verschont bleiben, ist auch ihre Wasserqualität sehr gut. Die vielen prächtigen Forellen bestätigen die Reinheit des Wassers, sie werden einzig von der Gefahr bedroht, daß die Wasserläufe im Sommer austrocknen.

Seit über zehn Jahren verfolgt Bornholm einen Energieplan, der die Abhängigkeit der Insel von importierter Energie reduzieren, Arbeitsplätze auf dem Energiesektor schaffen sowie das Recycling von Abfallprodukten verbessern soll. Ähnlich wie auf dem dänischen Festland tragen auch 50 Windräder zur umweltverträglichen Stromerzeugung auf der Insel bei. Einige stehen besonders dicht auf der Strecke Rønne-Hasle kurz vor Hasle.

Weite Gebiete Bornholms stehen unter Landschafts- und Naturschutz, den die Dänen durchaus sehr ernst nehmen. Dies belegt beispielhaft das Schicksal des Hotels Hammershus: Noch vor drei Jahrzehnten beherbergte es auf dem

Gesellschaft

Plateau unterhalb der Burganlage Gäste, ein gemütliches, altes Hotel mit Balkonen und Veranda. Auf Geheiß des Staates, der dafür natürlich eine Entschädigung zahlte, wurde es abgerissen. Nichts sollte den Blick auf Nordeuropas größte Burgruine stören.

Bevölkerung und Sprache

So sehr sich die Bornholmer seit 1658, als sie ihre Insel dem dänischen König zum Geschenk machten, der Krone verpflichtet fühlen, so sehr gingen und gehen sie auf Distanz zum übrigen Dänemark. Ein Beleg dafür ist die Stellung der Bauern: Sie bewahrten immer ihre Unabhängigkeit, die Abhängigkeit von Lehnsherren oder gar Leibeigenschaft hat es auf Bornholm nie gegeben. Nur auf Bornholm konnten Bauern im 17. Jh. Offiziere in der Bürgermiliz werden. Noch heute gelten Bornholmer den übrigen Dänen als besonders schwierig, übertrieben stolz und bemerkenswert dickschädelig.

Andererseits ist vielen Bornholmern das Leben und Denken ihrer Nachbarn auf Christiansø und Frederiksø fremd – sie kennen allenfalls den Gewürzhering *(krydder sild)*, der nur auf Frederiksø zubereitet und mit Ei, Tomate und Brot serviert wird. Ein wenig suspekt sind die Bewohner der Erbseninseln den Bornholmern sogar, weil sie nicht Bornholmer Dialekt, sondern Hochdänisch sprechen.

Bis zum Zweiten Weltkrieg schuf die Sprache auch einen Graben zwischen Bornholmern und den übrigen Dänen: Bis dahin war der Dialekt Bornholmsk noch weit verbreitet, den man heute nur noch selten hören kann. Er entwickelte sich ursprünglich aus dem Ostdänischen, das früher auch in den dänischen Provinzen Südschweden, Schonen, Halland und Blekinge gesprochen wurde. Heute spricht die Inselbevölkerung Dänisch mit starker regionaler Dialektfärbung. Auf die Entwicklung der Sprache hat die Einwanderungswelle vor über 100 Jahren, als notleidende Tagelöhner aus Südschweden und Polen auf Bornholm ihr Glück versuchten, keinen Einfluß gehabt. Aber seitdem gibt es auf Bornholm viele schwedische und polnische Nachnamen. Daneben sind typisch Bornholmer Familiennamen vertreten, die im übrigen Dänemark selten auftreten. Der verbreitetste lautet Kofod, Kofoed oder Koefoed, ist seit über 700 Jahren auf der Insel gebräuchlich und wurde höchstwahrscheinlich von deutschen Kaufleuten nach Bornholm mitgebracht.

Bornholm besitzt als letzten Rest von Eigenständigkeit eine eigene Flagge, ein grünes Kreuz auf rotem Grund. Aber sie ist offiziell nicht anerkannt und taucht heute kaum noch auf. Die Bornholmer hissen, wenn es etwas zu feiern gibt, wie

Archäologie

Auf Bornholm ist immer Zeit für einen Plausch

alle andern Dänen ebenfalls den Danebrog, die traditionelle Flagge Dänemarks.

Gräber, Varpern, Bauta- und Runensteine – Zeugnisse der Frühzeit

Bornholm gilt als der Flecken Dänemarks, in dem archäologische Stätten am dichtesten beieinander liegen. Viele Fundstätten sind Grabanlagen. So gibt es auf der Insel z. B. neun Ganggräber *(jættestue)* aus der jüngeren Steinzeit (4200 und 1800 v. Chr.). Am leichtesten ist die relativ kleine, restaurierte *jættestue* von Arnager in der Nähe des Flugplatzes von Rønne zu finden. Die Menschen der älteren Bronzezeit (1800–1100 v. Chr.) beerdigten ihre Toten auf andere Art: Sie schütteten über den Särgen Erdhügel auf. Gleich sechs solcher Hügelgräber bilden die Grabanlage Tillehøjene in der Blykobbe Plantage. Die Feuerbestattung kam in der jüngeren Bronzezeit (1100–500 v. Chr.) auf: Die Toten wurden verbrannt und unter Steinhügeln, sogenannten *røsern,* beigesetzt. Auf solche Steinhügelgräber stößt man auf Bornholm fast auf Schritt

Archäologie

und Tritt. Seltener sind Schiffssetzungen, wie man in Schiffsform angeordnete Steine über der Verbrennungsstelle nennt. Mehrere solcher Schiffssetzungen liegen im südlichen Bereich der Vestermarie Plantage.

Die Varpern dagegen, die aus der Bronze- oder der älteren Eisenzeit stammen, sind keine Grabhügel, wie oft behauptet wird: Die Steinhaufen dienten einfach als Wegzeichen. Das gilt auch für die drei Varpern bei Ølene, die allerdings tatsächlich aussehen wie Grabhügel. Wie so häufig auf Bornholm sind auch sie mit einer Sage verbunden: Weil ihnen prophezeit wurde, daß ihre drei Söhne eines Tages ihre drei Töchter umbringen würden, schickten Bauersleute die Jungen in die Fremde. Dort vergaßen sie, wie beabsichtigt, ihre Abstammung. Aber sie kehrten eines Tages als Räuber auf die Insel zurück und überfielen und töteten nichtsahnend ausgerechnet ihre drei Schwestern, die auf dem Weg zur Kirche waren. Die Mörder wurden zum Tode verurteilt, und ehe das Urteil vollstreckt wurde, kam die ganze Tragik ihres Verbrechens zum Vorschein. Daraufhin wurden an der Stelle, an der die Leichen der Schwestern gefunden worden waren, jene drei Steinpyramiden errichtet.

Heutzutage glaubt niemand mehr auf Bornholm an diese Sage. Dennoch hält sich seit über zwei

Runensteine in der Eingangshalle der Nylarskirke

Ein archäologischer Jahrhundertfund
Die Goldgubber von Sorte Muld

Bornholms Amateur-Archäologen sind fleißig. Alleine oder in Vereinen organisiert, suchen sie mit Metalldetektoren die Äcker der Insel ab. Ihre Funde sind so reichlich, daß Margrethe Watt, Archäologin des Bornholms Museums, mit dem Registrieren und Auswerten der Funde kaum noch nachkommt: römische Gold- und Silbermünzen, Silberbarren, Münzen und Schmuck aus der Wikingerzeit …

Es waren ebenfalls Amateure, die im Sommer 1985 bei Sorte Muld in der Nähe von Svaneke auf einen der sensationellsten Funde stießen, die je in Skandinavien gemacht wurden. Zunächst fanden sie 10–15 goldene Plättchen, in die Figuren geprägt waren – ein Oberflächenfund, der nur möglich war, weil der Frühjahrsregen die Felder ausgewaschen hatte. Daß die Freizeitarchäologen ausgerechnet auf diesem mehrere 100 m² großen Acker gegraben hatten, hatte seinen Grund: Schon häufig waren hier Einzelfunde gemacht worden, und bereits im Jahre 1569 (!) wurde das Feld ›Goldacker‹ genannt. Die ersten Goldbildnisse, so erzählt man sich auf Bornholm, entdeckte übrigens ein deutscher Geologe, der im 18. Jh. auf der Festung Hammershus einsaß, sich aber auf der ganzen Insel frei bewegen durfte.

Im Herbst des Jahres 1985 startete Margrethe Watt mit einer ersten, kleineren Grabung, ein Jahr später folgte eine zweite. Bei beiden setzte sie ein riesiges Wassersieb ein, in dem mit Hilfe von 200 l Wasser pro Minute die kostbaren papierdünnen Plättchen vom Erdreich freigewaschen wurden. Denn die Goldgubber (Goldgreise) – so werden die kleinen Figuren von den Fachleuten ein wenig ironisch genannt, weil sie häufig Bildnisse alter Männer tragen – sind kaum größer als ein Pfennigstück. Die Archäologen fanden über 2300 Plättchen, für Margrethe Watt »eine unglaubliche Zahl«, denn in ganz Skandinavien waren bis dahin nur 150 solcher Goldmännchen ans Tageslicht befördert worden, seitdem wurden in Lundeborg in Fünen weitere 100

Jahrtausenden der Brauch, daß Passanten die vom Steinhaufen heruntergekullerten Steine wieder aufschichten. Und noch heute schmücken vorbeigehende Bornholmer die Varpern mit Heidekraut.

Nirgendwo in Dänemark gibt es so häufig Bautasteine wie auf Bornholm: Rund 250 wurden gezählt.

gefunden. 100 verschiedene Motive zeigen die geprägten Goldfolien, einige von ihnen tauchen nur einmal auf, andere bis zu 80mal. Erst 1990 fand man durch Zufall einen Prägestempel (Patrize) mit etwa 65 der schönsten Goldfiguren von Sorte Muld. Übrigens wechselt auch bei Stücken, die mit dem gleichen Stempel hergestellt worden sind, die Goldqualität, und je höher der Goldanteil, desto ausgeprägter sind die Abbildungen. Bei einigen wenigen Silberplättchen, die zum Fund von Sorte Muld gehören, ist die Prägung kaum zu erkennen.

So vielfältig die Motive auch sind, sie stellen – wie Betrachter im Bornholms Museum (Saal 4, s. S. 69) leicht feststellen können – fast alle nur die Variation eines einzigen Themas dar: Eine stilisierte Männerfigur mit langem Haar wendet dem Betrachter den breitschultrigen Körper zu, zeigt aber das Gesicht, bartlos und häufig mit auffallend großer Nase, im Profil. Der Mann ist stehend, manchmal auch gehend dargestellt. Seine Kleidung besteht aus einem halblangen, ärmellosen Kaftan, und meist trägt er einen Stock. Bei den wenigen Frauenbildnissen, die geborgen wurden, ist das lange Haar im Nacken zusammengebunden. Etwa zehn Plättchen zeigen Mann und Frau, die einander ihre Gesichter zuwenden und sich umarmen. Die Motive der Goldgubber sind den Archäologen bekannt. Sie sind germanischen Ursprungs, und man trifft sie außerhalb des römischen Limes in England, Skandinavien und auch in Deutschland, dort sogar bis Köln. So hat man beispielsweise in Fürstengräbern solche Figuren aus Bronze gefunden, aber niemals südlich der Ostsee Prägungen in Gold.

Bei der Datierung ist sich Margrethe Watt sicher. Die Goldplättchen wurden 500–600 n. Chr. geprägt, gegen Ende der Völkerwanderung also. Aber die Archäologen sind auf Spekulationen angewiesen, wenn sie den Zweck der Goldmännchen deuten sollen. Da sie so dünn sind, kommen sie als Schmuck kaum in Frage. Margrethe Watt vermutet, daß bei Sorte Muld nicht nur ein Handelsplatz lag – hier wurden auch Perlen und Scherben fränkischer Gläser entdeckt –, sondern auch eine heidnische Kultstätte, die vielleicht dem Gott Odin gewidmet war. Dann hätten die Goldgubber religiöse Bedeutung und wären Weihegaben.

Die länglichen, bis zu 3 m hohen Steine ohne Inschrift stammen nicht aus der Wikingerzeit (800 v. Chr.–1050 n. Chr.), wie häufig zu lesen ist, sondern wurden in der Zeit zwischen 1100 v. Chr. und der Zeitwende, also in der jüngeren Bronze- und älteren Eisenzeit, gesetzt. Über die Gründe ihrer Errichtung rätseln Fachleute noch immer.

Auffallend ist nur, daß die Bautasteine meist an landschaftlich hervorgehobenen Stellen stehen, z. B. auf Hügeln oder Landzungen.

Die größte Bautasteinansammlung der Insel, Louisenlund genannt, zählt insgesamt 70 Steine und liegt an der Straße zwischen Østermarie und Svaneke. Die Bautasteingruppe im Wäldchen Gryet bei Bodilsker kommt immerhin auf fast 60 Steine.

Die Runensteine stehen im Unterschied zu den Bautasteinen einzeln. Auf ihnen sind Runentexte, die entziffert werden konnten, eingemeißelt. Auf dem dänischen Festland wurden Runensteine schon zu Beginn der Wikingerzeit (etwa um 800 n. Chr.) vor allem zum Gedenken an ruhmreiche Männer oder gefallene Krieger errichtet. Auf Bornholm begann sich diese Sitte erst um 1100 n. Chr. durchzusetzen, als sie im übrigen Land schon wieder der Vergangenheit angehörte. Die Inschriften auf den Steinen sind kurz, geben aber wichtige Auskünfte über die geehrten Personen, über ihre verwandtschaftlichen Beziehungen, ihre gesellschaftliche Stellung und ihren Beruf.

Auf Bornholm sind 40 Runensteine bekannt. Das mit 2,67 m Höhe größte Exemplar, Brogårdsten, steht an der Landstraße 159 zwischen Hasle und Allinge. Andere Wikingerzeugnisse, z. B. Überreste von Siedlungen, wurden im Gegensatz zum übrigen Dänemark auf Bornholm nicht gefunden.

Die Felszeichnungen *(helleristninger)* der Bronzezeit, die besonders zahlreich auf dem Felsen Madsebakke bei Allinge zu bewundern sind, zeigen Radkreuze, Schiffe und Umrisse von Füßen. Da neben den Zeichnungen häufig schalenförmige Vertiefungen – eventuell für Opfergaben – auftreten, nehmen die Wissenschaftler an, daß die Darstellungen eine religiöse Bedeutung gehabt haben.

Vom Licht gelockt – Maler auf Bornholm

Das unvergleichliche Licht an den Küsten Bornholms, das vor allem an der Ostküste von besonderer Intensität ist, lockte in den ersten Jahrzehnten dieses Jahrhunderts zahlreiche Maler vom dänischen Festland auf die Insel. Von Licht und Landschaft gleichermaßen inspiriert, widmeten sie sich hier und auf der Erbseninsel Christiansø vor allem der Landschaftsmalerei. Zwei Maler, die den dänischen Modernisten zugerechnet werden, haben diese Periode besonders geprägt: Karl Isakson (1878–1922) und Edvard Weie (1879–1943). Ihre Bilder beeinflußten vor allen Dingen den berühmtesten Maler Bornholms Oluf Høst (1884–1966). In Svaneke geboren, verbrachte er fast sein ganzes Leben auf Hof Bognemark bei Gudhjem. In herausragender Meisterschaft hat Høst die

Stimmungen der verschiedenen Tages- und Jahreszeiten auf Bornholm in seinen Landschaftsbildern festgehalten. Hof Bognemark sowie andere Gehöfte und auch Menschen waren immer wiederkehrende Themen in den vielen Jahren seines Schaffens. Die glühende Farbigkeit in Høsts Malerei erinnert nicht von ungefähr an Cézanne und Matisse. Auch sie zählten zu seinen Vorbildern. Die deutschen Expressionisten, vor allem die Werke von Käthe Kollwitz, haben ihn ebenfalls stark beeinflußt.

Licht und Landschaft faszinierten auch Niels Leergaard (1893–1982), der sich Ende der 20er Jahre auf der Insel niederließ. Seine farbintensiven Werke ›Solupgang‹ (Sonnenaufgang) und ›Grønt landskap ved haved‹ (Grüne Landschaft am Meer) gehören zu den eindrucksvollsten in der Gemäldegalerie des Bornholms Kunstmuseums, in der auch noch Werke von Olaf Rude (1886–1957), Claus Johansen (1877–1943) und Einar Herman Jensen (1915–51) hängen, deren Thema ebenfalls die Landschaft Bornholms war.

In der Kunstgeschichte werden die Bornholmer Maler gern unter dem Begriff ›Bornholmer Schule‹ zusammengefaßt. Die Kunstgeschichtler des Bornholms Kunstmuseums, das die größte Sammlung Bornholmer Landschaftsmalerei besitzt, verweisen aber auf die erheblichen Unterschiede in den Malstilen der einzelnen Künstler und sähen von daher lieber den Begriff ›Bornholmer Inspiration‹ verwendet.

Vorreiter der ›Bornholmer Schule‹ im 19. Jh. war der in Rønne geborene Maler Kristian Zartmann (1843–1917), der auf Bornholm eine freie Malschule gründete, in der auch viele der später zur ›Bornholmer Schule‹ zählenden Künstler studierten. In seinem Frühwerk überwiegen Porträts und Interieurs. Später malte er mediterrane Landschaften in Italien. Michael Ancher (1849–1927), einer der berühmtesten Maler aus der Gruppe der von den Impressionisten inspirierten Skagen-Maler auf Jütland, stammte ebenfalls von Bornholm, hinterließ aber nur wenige Bilder mit Landschaftsmotiven seiner Heimatinsel. Eines seiner Werke, das um 1890 entstand, zeigt die Helligdoms-Klippen – nach einem Foto im Atelier auf die Leinwand gebracht.

Noch immer ist Bornholm eine Insel der Künstler. Einige von ihnen wie die Bildhauer Ole Christensen und Arne Ranslet oder der schon verstorbene Maler Paul Høm sowie die Malerin Tulla Blomsberg-Ranslet genießen internationale Anerkennung. Viele andere wie Hanne Mailand, Inge Lise Westmann, Niels Sylvest, Poul Stoltze, P. A. Gilkær, Mogens Hertz, Pia Ranslet und Paul Hauch-Fausboll, mit denen sich auch die Beschäftigung lohnt, sind nur in Dänemark bekannt. Die gut bestückte, aber keineswegs vollständige Kunstsammlung des Bornholms Kunstmuseums bietet nur einen ersten Eindruck vom Schaffen Bornholmer Künstler der Gegenwart. Mitunter werden in Sommergalerien auf Bornholm Werke zum Verkauf angeboten, wer aber zeitgenössische Malerei der Insel erwerben will, sollte schon die Kunsthändler in Kopenhagen aufsuchen.

Einer darf in diesem Kapitel sicherlich nicht fehlen, obwohl er, nähme man es sehr genau, kein richtiger Künstler ist: Jens Jacob Sabber. Seit Jahren ist er auf seinem Gebiet ein Meister: Er fertigt Scherenschnitte. Wer sich der Psaligraphie verschreibt, muß in unseren Breiten Autodidakt sein, denn die Kunst des Scherenschnitts wird an keiner Hochschule gelehrt. »Die Schere«, so Sabber, »fordert nicht zu naturalistischer Darstellung auf, sondern zu phantasievollen Mustern.«

Ihm kommen meist Dämonen und Trolle mit asiatischem Einschlag in den Sinn, wenn er seine Figuren aus weißem Papier ausschneidet. Anschließend bemalt er sie mit Aquarellfarben, Gouache und Acrylfarben. Wer den Künstler bei der Arbeit beobachten will, muß nicht mühsam sein in den Feldern verstecktes, von einer überdimensionalen Schere gekröntes Haus bei Kelseby suchen, in dem er mit seinen Kindern, 14 Katzen und drei Hunden lebt: Im Sommer arbeitet Sabber in der Galerie Solberg in Rønne.

Architektur

Wie ganz Dänemark ist Bornholm reich an Zeugnissen mittelalterlicher Baukunst. Vier der insgesamt sechs Rundkirchen des Landes, z. T. ausgeschmückt mit herrlichen Fresken, stehen auf der Insel: die Østerlarskirke, die größte und außen wie innen schönste der vier, die Olskirke, die Nylarskirke und die Nykirke. Sie alle haben zumindest eine Zeitlang als Festung gedient. Diese Funktion erfüllte auch zumindest der Turm der mächtigen Aakirke in Aakirkeby, der ältesten der vielen romanischen Kirchen Bornholms. Über die ganze Insel sind Kleinode romanischer Baukunst verteilt, von denen jedes allein die Reise nach Bornholm lohnen würde: die kleine Bodilskirke, die Ibskirke mit Wehr- und Magazinturm, die Knudskirke, die Pederskirke, die Povlskirke, die als einzige keinen Turm besitzt, und nicht zuletzt die auf einem Hügel thronende Rutskirke. Hätten die Inselbewohner nicht am Ende des vorigen Jahrhunderts im Zuge der Erweckungsbewegung einige Kirchen abgerissen, um an ihrer Stelle für die angestiegene Zahl an Gemeindemitgliedern größere zu errichten, wären es noch viel mehr.

Schlösser, die das Landschaftsbild des kleinen Königreichs prägen, suchen Urlauber auf Bornholm vergebens. Von den einstigen Burgen blieben nur Ruinen, aber immerhin: die der Burg Hammershus ist die größte Nordeuropas. Genauso ungewöhnlich im Verhältnis zum Mutterland ist die Tatsache, daß große Architekturleistungen auf der Insel nicht vollbracht wurden, mit Ausnahme vielleicht der 1932 aus roten Ziegeln errichteten, katholischen Rosenkranskirche in Aakirkeby und dem neuen Kunstmuseum, dessen Architektur bei den Einheimischen noch immer heiß umstritten ist. Von den weltberühmten Architekten Dänemarks hat nur einer auf Bornholm gebaut, Jørn Utzon, Schöpfer des Opernhauses in Sydney: Von ihm stammt der Entwurf des eigenwilligen Wasserturms in Svaneke.

Glas und Keramik – Bornholmer Kunsthandwerk

Dänisches Design prägt die Arbeit der vielen Kunsthandwerker, die sich auf Bornholm niedergelassen haben, weil Licht und Landschaft der Insel sie immer wieder inspirieren. Von wenigen Ausnahmen abgesehen, dürfen Besucher ihnen bei der Arbeit über die Schulter schauen, ohne daß dies zum Kauf verpflichtet. Töpfer und Glasbläser sind besonders zahlreich und besonders gut auf Bornholm.

Bornholms Keramiktradition basiert auf einem Irrtum. Nach Kohle suchte der englische Geschäftsmann James Davenport vor 200 Jahren bei Hasle, stieß aber nur auf Mengen von Ton. So gründete er zur Verwertung der Tonvorkommen die erste Keramik- und Fayencefabrik der Insel. Doch bereits sechs Jahre später mußte er den Betrieb aus wirtschaftlichen Gründen schließen. Drei Jahre darauf nahm der Deutsche Johannes Spietz, Meister aus Davenports Fabrik, einen neuen Anlauf mit einer Keramikmanufaktur.

Die Fabriken von Davenport und Spietz gelten als Ursprung der Bornholmer Keramiktradition. Ihre Produkte sind heute geschätzte Antiquitäten und werden nicht nur im ›arbeitenden Museum‹ Hjorth des Bornholms Museums in Rønne, sondern auch im Nationalmuseum in Kopenhagen ausgestellt. Ebenfalls begehrt sind die Werke der drei Söhne von Johannes Spietz, die in das kleine Unternehmen einstiegen. Während der Vater schlichtere Formen bevorzugte, setzten die Söhne auf den damals aktuellen Empirestil.

Bis Anfang 1996 war das 1835 gegründete Unternehmen Søholm die älteste noch produzierende Fabrik auf Bornholm für Haushalts- und Zierkeramik. Nicht alles, was Søholm herstellte, war hehre Kunst. Zum größten Verkaufsschla-

---

Die Povlskirke hat nur einen freistehenden Glockenturm, keinen Kirchturm ▷

Kultur

Pernille Bülow bei der Arbeit

ger entwickelten sich Bierkrüge, die in beträchtlicher Stückzahl bei der dänischen Armee abgesetzt wurden, weil jeder Soldat zum Dienstantritt einen Bierkrug mit dem Enblem seiner Einheit erhält. Es hat dem Traditionsunternehmen nichts genutzt, daß es – gemeinsam mit dem Glasstudio Baltic Sea Glass und der Stoff-Designerin Bente Hammer – der dänischen Königin bei ihrem Besuch auf der Insel die Tafel decken durfte: Es ging in Konkurs. Derzeit ist eine Auffanggesellschaft im Gespräch, die zumindest das bei Urlaubern begehrte ›Åbo‹-Teeservice mit der formschönen Kanne weiterproduzieren will.

Schon bei der Gründung 1859 nannte Lauritz Hjorth seine kleine Manufaktur, die nie über einen mittelgroßen Handwerksbetrieb hinausgewachsen ist, eine Fabrik: L. Hjorth Terracottafabrik. Mit Terrakotten, unglasierten Tonprodukten, bei niedriger Temperatur gebrannt, begründete er den Ruf seiner Werkstatt: detailgetreue, hochwertige Kopien antiker Statuen des dänischen Bildhauers Thorvaldsen im Kleinformat.

Die Söhne Hans und Peter Hjorth experimentierten jahrelang, bis sie endlich eine Tonmischung gefunden hatten, die höhere Temperaturen vertrug. Sie brannten den gelben Ton bei 1250° C und brach-

Kultur

ten ihn zum ›Sintern‹. Durch dieses Verfahren erhielt das Steingut seinen charakteristischen graubraunen Schimmer. Die berühmte Marmorglasur der Hjorth-Produkte gibt es erst seit 1926, eine Unterglasurtechnik, bei der farbige Ornamente vor dem Glasieren aufgetragen werden. Neben traditionellen Vasen und Figuren gehören zum heutigen Sortiment, das im ›arbeitenden Museum‹ verkauft wird, immer noch Apothekertöpfe, die schon seit Generationen nicht nur in Apotheken, sondern auch in Bornholmer Haushalte eingezogen sind.

Namhafte dänische Maler, Bildhauer und Designer haben für die Keramikfabrik Michael Andersen am Lille Torv in Rønne gearbeitet, die Führungen für Urlauber veranstaltet. Das Unternehmen nennt sich ›älteste Keramikfabrik auf Bornholm‹. Das stimmt nicht, denn Jens Michael Andersen gründete es erst 1890, bis dahin stand er bei Hjorth auf der Lohnliste. Zwei Techniken haben seine Firma im Lauf der Jahrzehnte berühmt gemacht, zum einen die Intarsienkeramik, bei der gelber und roter Ton gemischt, d. h. ineinander verknetet und dann mit farbloser Glasur versehen wird, zum anderen die Persiakeramik, die durch ihre in allen Regenbogenfarben schillernde, irisierende Farbe auffällt. Wie der Name verrät, findet dabei eine über 1000 Jahre alte Technik aus Persien Anwendung.

Bornholm lockt Keramiker aus aller Welt an. Dutzende kleiner Keramikwerkstätten, meist Einmann- oder Einfraubetriebe, arbeiten auf der Insel. Mitunter werden die Grenzen zum Kitsch überschritten, aber in die Keramikausstellung in ›Kampeløkken‹, dem früheren Nordbornholm Kino in Allinge, gelangt nur bessere Qualität. Die Spanne der Keramikkunstwerke reicht von den in Farbe und Form strengen Werken Vibeke Berlands, die ihr Atelier im Mühlenhaus von Rutsker eingerichtet hat, bis zu den versponnenen Keramikbildnissen Kirsten Clemanns (s. S. 197). Lisbeth Munch-Petersen, Frau des auf Bornholm berühmten Malers Paul Høm, und ihre Tochter Julie Høm, die in Gudhjem leben und arbeiten, der Keramikkünstler Ib Helge in Hasle, Per Lundager in Rønne mit seiner ansprechenden Gebrauchskeramik, Susanne Rasborg aus Svaneke mit zauberhaften, handbemalten Fayence-Stücken – sie sind nur einige Namen auf der langen Liste der Bornholmer Keramikkünstler.

Die Zahl der Glasbläser ist wesentlich kleiner: Pernille Bülow im Glastorvet (Glasmarkt) in Svaneke, ein kleines Team von jungen Frauen in der Glashütte in Gudhjem in einer ehemaligen Fischräucherei, der bekannte britische Glaskünstler Charlie Meaker mit seiner Glashütte in Snøgebæk und Pete Hunner und seine Frau Maibritt Friis Jönsson, deren Glashütte Baltic Sea Glass bis nach Amerika exportiert. Von den fünf Glasbläsereien, die auf Bornholm in Betrieb sind, fällt

Else Leht Nissens Blå Hytte (Blaue Hütte) bei Aakirkeby aus dem Rahmen: Sie darf nicht besichtigt werden. Das ist schade, denn zu sehen, wie Glas geschmolzen, kunstvoll geblasen und geformt und dann zum Abkühlen in die weniger heiße Glut eines zweiten Ofens getaucht wird, ist eine schöne Urlaubsbeschäftigung an verhangenen Tagen.

Literatur

Der Schriftsteller Martin Andersen Nexø (1869–1954) ist der einzige Bornholmer Literat von Rang und einer der bekanntesten Dänemarks. Der französische Literaturnobelpreisträger Romain Rolland hat den Dichter einmal, sicherlich nicht zu Unrecht, mit Maxim Gorki verglichen. Die bekanntesten sozialkritischen Werke von Andersen Nexø wurden in über 20 Sprachen übersetzt, darunter auch der Roman ›Ditte Menschenkind‹ (1917–21) und vor allen Dingen sein Hauptwerk ›Pelle der Eroberer‹, das zwischen 1906 und 1910 entstand. Die Geschichte in ›Pelle der Eroberer‹, die starke autobiographische Züge trägt, schildert den Lebensweg eines mit seinem Vater von Schweden nach Bornholm ausgewanderten Jungen, der sich der deprimierenden sozialen Zustände in der Zeit um die Jahrhundertwende zum Trotz auf der Insel durchschlägt. Der Roman wurde in den 80er Jahren mit Max von Sydow erfolgreich verfilmt. Weite Teile des Streifens wurden dabei auf Bornholm gedreht. Unvergessen bleibt die Eingangsszene des Films, in der das schwedische Schiff mit seiner Menschenfracht im Hafen von Gudhjem landet.

Eine Büste im Stadtpark von Neksø erinnert an den Dichter, der in Kopenhagen geboren wurde, Martin Anderson hieß und seinen Namen um den Zusatz Nexø erweiterte. Ebenfalls in Neksø an der Ecke Andersen Nexø-Vej/Ferskesøstræde liegt das schlichte Haus, in dem Andersen Nexø ab seinem zehnten Lebensjahr aufwuchs. Heute ist in den unteren Räumen eine buntzusammengewürfelte Gedächtnisausstellung untergebracht: Spazierstock und Stiefel, Pantoffeln und Pfeife, Bilder und Bücher, zum größten Teil Ausstellungsstücke aus Dresden. In der Elbstadt lebte Andersen Nexø seit 1951, nachdem er seit seiner Flucht 1943 vor den Nazis einige Jahre in der Sowjetunion verbracht hatte.

Konzerte, Theater und Feste

Es wäre übertrieben zu behaupten, daß die Bornholmer ein intensives kulturelles Leben pflegen. Konzert- und Theatergastspiele finden selten statt – mit einer Ausnahme: Schon

Hans Henny Jahnn
Ein Deutscher auf Bornholm

»Immer wieder in meinen heimlichen Wünschen finde ich die Sehnsucht nach einem Gutshof, möglichst auf einer Insel, auf Bornholm.« Diese Tagebuchnotiz aus dem Jahre 1933 stammt von Hans Henny Jahnn. Ein Jahr später wurde der Wunsch Wirklichkeit, der Schriftsteller und Orgelbauer kaufte im April 1934 Bondegård, einen der typischen Bornholmer Gutshöfe. Er ließ ihn auf den Namen seines fünfjährigen Mündels Eduard Harms ins Grundbuch eintragen, um die Gerüchte über sein Exil zu zerstreuen, da er in Deutschland weiter publizieren wollte.

Hans Henny Jahnn wurde am 17. Dezember 1894 in Altona geboren. Nach dem Abitur 1914 ging er nach Norwegen, um dem Militärdienst zu entgehen, den er aus pazifistischer Überzeugung ablehnte. 1918 nach Deutschland zurückgekehrt, wurde Hans Henny Jahnn zwei Jahre später mit dem Kleistpreis für das Theaterstück ›Pastor Ephraim Magnus‹ ausgezeichnet, das in Berlin mit Erfolg uraufgeführt wurde. Mit seinen beiden Freunden Gottlieb Harms und Franz Buse zog der Schriftsteller nach Eckel bei Klecken in Harburg, um dort eine Künstlerkolonie zu gründen, ein Projekt, das von zwei Hamburger Großindustriellen unterstützt wurde. Jahnn widmete sich der Baukunst, gründete mit Harms einen Eigenverlag und komponierte Orgelmusik, die er auch selbst herausgab. 1926 heiratete er Ellinor Phillips, drei Jahre später wurde Tochter Signe geboren. Nach dem Tod seines Freundes Harms im Jahre 1931 kehrte Jahnn nach Hamburg zurück und avancierte zum Orgelsachverständigen der Freien Hansestadt Hamburg. Schon seit 1916 hatte er sich für den Orgelbau interessiert und mehrere Orgeln gebaut. In den Jahren von 1925 bis 1929 wurden mehrere Stücke von Hans Henny Jahnn aufgeführt, die stets sehr umstritten waren; dennoch erhielt er ein Schriftsteller-Stipendium der Stadt Hamburg. Einer seiner wichtigsten Freunde jener Tage war der Literaturkritiker Walter Muschg.

Unter dem Vorwand, daß von und zur Wohnung in Blankenese ›verdächtige Transporte‹ erfolgt seien, durchsuchte die SS Jahnns Wohnung im März 1933, fand aber statt der angeblich vermuteten Waffen nur Orgelteile und Bücher. Im Mai verlor der Orgelbauer Arbeit und Wohnung, ging nach Dänemark und spielte mit dem

Gedanken, dort im Exil zu bleiben. Doch als ihm der Polizeipräsident von Altona telefonisch freies Geleit zusicherte, kehrte er zurück. Seine Werke fielen nicht der Bücherverbrennung zum Opfer, und im Sommer 1933 erhielt er Anstellung und Wohnung wieder. Allerdings wurde sein Stück ›Armut, Reichtum, Mensch und Tier‹ mit der Begründung, es sei zu wenig vaterländisch, nicht in die Spielpläne der deutschen Bühnen aufgenommen. In Hans Henny Jahnn reifte endgültig der Entschluß, freiwillig ins Exil zu gehen.

Einen Monat später erwarb er seinen Bornholmer Hof, aber da er die Forderung der dänischen Behörden ablehnte, sich gegen den deutschen Staat auszusprechen, verfügte das dänische Justizministerium Jahnns Ausweisung. Doch schon nach drei Monaten durfte er wieder auf den Bondegård zurückkehren, wo er bald in finanzielle Not geriet, denn er durfte weder in Deutschland noch in Dänemark veröffentlichen. Halt boten ihm Bornholm und sein Hof, auf dem er als Landwirt und Pferdezüchter lebte. In Tagebuchnotizen hielt er die Eigenarten der Insel fest: »Das Meer prägt die Insel. Es ist die zweite Landschaft. Es liegt tief unter den Hügeln. Alle Straßen, die zur Küste führen, münden in den unbeschreiblichen Anblick, daß eine blaue, graue, spiegelnde und stumpfe, verhangene oder windgepeitschte Wasserfläche wie in einem ungeheuren Tal sich unter einem ausbreitet ...«

Kurz vor der Ankunft der deutschen Besatzer wurde Hans Henny Jahnn im März 1940 von den dänischen Behörden gezwungen, seinen Hof an einen Dänen zu verpachten. Er siedelte auf den in der Nähe

seit drei Jahrzehnten wird im Sommer ein Musikfestival veranstaltet, das das älteste des Landes ist. Vor allem in den schönen Kirchen der Insel und im Bornholms Kunstmuseum bei Rø, seltener im Rønne Teater, treten international renommierte Solisten und Kammerensembles auf. Übrigens hat vor Jahrzehnten ein Bornholmer Sänger Weltruhm erlangt: der Kammersänger Vilhelm Herold (1865–1937) aus Hasle (s. S. 90).

Traditionelle Volksmusik war auf Bornholm bis etwa 1920 lebendig und wird allenfalls noch von einigen wenigen Volkstanzgruppen gepflegt. Rar sind die Konzerte von Ann-Cathrin und Henning Larsen geworden, die im Nebenberuf traditionelle Musik der Insel spielen, früher im Ensemble, heute zu zweit vor kleinem Publikum. Damit die Bornholmer Volksmusik nicht in Vergessenheit gerät, hat das Ehepaar schon mehrere Platten eingespielt.

Rege genutzt wird Rønnes Theater von den vielen Amateur-Theatergruppen, die sich auf der Insel

gelegenen, wesentlich kleineren Hof Granly um, den er schon 1935 trotz seiner Geldsorgen zusätzlich gekauft hatte. Während der deutschen Besatzung war Hans Henny Jahnn mit seiner Familie von den Dänen völlig isoliert, worunter er litt: »Das Los, auf dieser Insel wohnen zu dürfen, ist schwer erkauft.«

Als die Gestapo 1944 auf die Insel kam, wurde für den Deutschen die offene Ablehnung der Dänen unerträglich. Zwar durfte er den Hof Bondegård, der bereits 1942 auf seinen Namen überschrieben worden war, wieder übernehmen, mußte aber weiterhin einen dänischen Verwalter akzeptieren. Am 13. Mai verhafteten die Sowjets den Emigranten und seine Familie, ließen aber alle nach kurzem Verhör wieder frei. Im August mußte Jahnn seinen Hof verkaufen, wobei der Erlös beschlagnahmt, später jedoch zum größten Teil zurückerstattet wurde. In den Jahren auf Bornholm entstand sein bedeutendstes Werk, der Roman ›Fluß ohne Wiederkehr‹. Von 1945–1950 pendelte Jahnn noch zwischen Bornholm und Deutschland hin und her, bis er den Hof Granly 1950 endgültig aufgab. In Hamburg wirkte er beim Aufbau des Pen-Clubs mit, wurde Mitglied mehrerer Akademien und erhielt verschiedene Literaturpreise. Hans Henny Jahnn starb 1959 in der Hansestadt, die eine Straße nach ihm benannte. Auf Bornholm dagegen erinnert noch nicht einmal ein Schild am Bondegård an den einstigen Besitzer, für den die Insel so viel bedeutete: »so wird die ausgebreitete Landschaftsschilderung in meinem Werk davon zeugen, wie sehr ich meine engere Wahlheimat Bornholm geliebt habe.«

gebildet haben und deren Mitglieder sich aus allen Altersstufen zusammensetzen. Den Gruppen steht die Bühne in Rønne zu ermäßigten Tarifen zur Verfügung. Hat eine von ihnen die Absicht, in dem Theater zu spielen, darf sie sogar einen Vertreter in den 40köpfigen Aufsichtsrat entsenden. Dieser wiederum wählt sieben Mitglieder als Direktorium, das die Geschicke der Bühne ehrenamtlich leitet. Niemand blickt auf die Amateurgruppen mit Geringschätzung herab. Im Sommer finden auf Burg Hammershus seit einigen Jahren Freiluftaufführungen und Open-air-Veranstaltungen statt.

Wie alle Dänen feiern die Bornholmer gerne, und das laut und heftig. Wer jemals das Volksfest der Tierschau in Almindingen am ersten Wochenende im Juli besucht hat, weiß, wovon die Rede ist. Bei Bier, das in Strömen fließt, amüsieren sich die Erwachsenen noch mehr als die Kinder. Das gilt auch für die vielen Hafen- und Heringsfeste, die im Juli auf der Insel arrangiert werden und bei denen Urlau-

Kultur

Keine Woche ohne Denne Uges

Denne Uges – das heißt ›Diese Woche‹ und ist der Titel einer Informationszeitschrift für Bornholm-Urlauber. In der Hauptsaison erscheint sie wöchentlich, in der Vor- und Nachsaison alle 14 Tage. Ferienhausgästen wird sie kostenlos in den Briefkasten geworfen, die anderen Urlauber finden sie in Hotels, bei den Touristenbüros, in Banken, Museen, beim Zeitungshändler und in Restaurants.

Denne Uges, in einer Auflage von 15 000 bis 20 000 Exemplaren gedruckt und durch Anzeigen finanziert, ist bei Feriengästen sehr beliebt. Sie erhalten darin Anregungen für Ausflüge, Hinweise auf Sport- oder Musikveranstaltungen und einen kompletten Terminkalender. Im redaktionellen Teil werden Berichte über Bornholmer Sehenswürdigkeiten, Künstler, neue Geschäfte und Freizeitangebote abgedruckt. Früher wurde Denne Uges in einem 100 Jahre alten Familienbetrieb getextet, gesetzt und gedruckt, seit ein paar Jahren läuft das Programmheft über die Rotation der Tageszeitung Bornholms Tidende. Dieser Verlag gibt noch zwei Anzeigenblätter heraus, den Ostbornholmeren und den Rytterknægten, letzteres benannt nach dem höchsten Punkt der Insel in Almindingen in Zentralbornholm.

Denne Uges Bornholm wird seit über drei Jahrzehnten auf dänisch und deutsch verfaßt. Junge Journalisten schreiben die Berichte, die ins Deutsche übersetzt werden – nicht immer ganz korrekt, dann aber besonders lustig. So war beispielsweise einmal in einem Vorbericht zu einer Freilichtaufführung zu lesen, daß »ausgekleidete Leute« zu den Mitspielern gehörten, gemeint waren aber natürlich »verkleidete«. Zum Schmunzeln verleiten auch Schilderungen wie folgende, in der die Atmosphäre der Tierschau in Almindingen gepriesen wird: »So gibt es nicht nur Tiere, große Landmaschinen und Gespräche über Landwirtschaft, nein, auch für den Gaumen ist gesorgt, und man kann von morgens bis abends von Messer und Gabel Gebrauch machen.«

ber als Gäste herzlich willkommen sind. Beim Blumenfest in Aakirkeby, Mitte des Monats, zeigt sich die Stadt in einem herrlichen Blumenkleid. Höhepunkt im Festkalender ist der 23. Juni, ›Sankthansaften‹, an dem in vielen Orten die Mittsommernacht mit der traditionellen Hexenverbrennung gefeiert wird. In der Silvesternacht treiben es manche Jugendliche besonders arg, hängen Türen aus, besprühen Autos und demolieren Telefonzellen. An Neujahr sind sie wieder wie alle Bornholmer nach jedem Fest: friedlich, gemütlich – und eine deutliche Spur leise.

Fisch in allen Variationen – Die Bornholmer Küche

Vielen Besuchern erscheint die Bornholmer Küche gewöhnungsbedürftig. Schon zum kräftigen Frühstück *(morgenmad)* wird gern Fisch gereicht, häufig in einer uns fremden Geschmacksrichtung, nämlich gesüßt, z. B. mit Rhabarberkompott. Typisch Bornholmer Gerichte sind allerdings auf den Speisekarten der Restaurants und auch bei den meisten Bornholmer Familien rar geworden, geblieben ist aber die Vorliebe für Fisch. So werden Heringe, Lachs und Dorsch – letzterer auf Bornholm nur ›Fisch‹ genannt – geräuchert, gebraten oder gekocht, mariniert, gesalzen oder gebeizt serviert, allesamt je nachdem mit Salz- oder Bratkartoffeln als Beilage, mit oder ohne Sauce oder auch nur zu einer Scheibe Brot. Lachs stand einst so häufig auf dem Speiseplan der Inselbewohner, daß sich die Knechte angeblich vertraglich zusichern ließen, nicht mehr als dreimal in der Woche Lachs essen zu müssen. Seit jeher wissen Bornholmer auch Schweinefleisch, gepökelt versteht sich, oder zahlreiche Grützengerichte wie Sødergrød (Milchgrütze), Søvva (Biergrütze) und Bommersnæra (Gerstengraupen-Brei, süß-sauer) zu schätzen.

Das Mittagessen *(frokost)* besteht auf Bornholm meist aus dem reichlich belegten *smørrebrød* (wörtlich: Butterbrot). Beliebt ist auch das *frokost*-Buffet mit einer Reihe kalter und warmer Speisen, für das sich Bornholmer viel Zeit nehmen. Die eigentliche Hauptmahlzeit ist traditionsgemäß das warme Abendessen *(middag),* das etwa zwischen 18 und 19 Uhr eingenommen wird. Auch Restaurants erwarten ihre Gäste früh, 19 oder 19.30 Uhr ist die ideale Zeit. Nach 21 Uhr gibt es kaum noch irgendwo warmes Essen!

Reich ist die Auswahl beim Kuchengebäck, Plunder in allen Variationen mit Konfitüre, Äpfeln, Rosinen, Nüssen und Marzipan, mit Zuckerguß oder Schokoglasur; Sahnetorten hingegen werden selten angeboten. Wer nachmittags zum Kuchen in Restaurants Kaffee oder Tee bestellt, bekommt in der Regel eine Kanne auf den Tisch gestellt, aus der er sich für einen Pauschalpreis so viel einschenken darf, wie er mag.

Ansonsten beschäftigen die Restaurants auf Bornholm ausgezeichnete Köche, die die Urlauber gerne mit sehr guten, allerdings international inspirierten Gerichten verwöhnen, die von gefüllter Gans mit Rotkohl und Kartoffeln bis zum amerikanischen Steak reichen.

Unterwegs auf Bornholm

- Rønne
- Die Westküste
- Die Nordostküste
- Die Erbseninseln
- Die Ostküste
- Die Südküste
- Das Inselinnere

Rønne

Stadtrundgang:
Store Torv
Bornholms Museum
Erichsens Gård
Amtmandsgården
Toldboden
Leuchtturm
Nicolaikirche
Rønne Theater
Hovedvagten
Forsvarsmuseet
Rønne Gård
Kastell und Galløkken

In der Altstadt von Rønne

Rønne – Kleine Hauptstadt am großen Wasser

Der elegante, weiße Leuchtturm und der Fachwerkturm der Nicolaikirche sind das erste, was Bornholm-Urlauber erblicken, wenn sich die Fähre dem Hafen von Rønne nähert. Der spontane Eindruck: klein aber fein. Rønne ist nicht gerade das, was sich Reisende unter einer Hauptstadt vorstellen. Die Stadt mit den drei Fischen im Wappen präsentiert sich als freundliche Kleinstadt.

Immerhin wohnt in Rønne jeder dritte Bornholmer. So ist die Kommune mit rund 15 000 Bewohnern die größte der Insel, entstanden im Zuge der Verwaltungsreform von 1970 durch die Zusammenlegung der Stadt Rønne und der Gemeinde Knudsker. Ihre Ausdehnung überrascht, denn ihre 200 Straßen bringen es auf eine Gesamtlänge von über 100 km. Die meisten Häuser sind nur ein Stockwerk hoch, und zu fast jedem Eigenheim gehört ein eigener Garten, in der Innenstadt meist gut hinter den Häusern versteckt.

Rønne ist nicht nur Verwaltungs- und Schul-, sondern auch Einkaufszentrum für die Inselbewohner. Rings um Store Torv und Lille Torv, dem großen und dem kleinen Marktplatz, werben mehr Boutiquen, Blumengeschäfte und Buchhandlungen, Banken und Bäckereien, Supermärkte, Souvenirgeschäfte und Süßwarenläden um die Gunst der Käufer, als man es von einer Stadt dieser Größenordnung erwartet. Die überdurchschnittlich gute Infrastruktur dient nicht nur den Urlaubern, sondern auch den Einheimischen Das zeigt sich besonders im Winter. Während andere Orte zu dieser Jahreszeit wie ausgestorben daliegen, finden Autofahrer auf dem Store Torv nur schwer einen Parkplatz.

Schon immer war der Handel die vornehmste Aufgabe der Stadt; er florierte besonders mit norddeutschen Handelszentren wie Lübeck, Stralsund und Greifswald. Seine Gründung verdankt Rønne der Lage an einem natürlichen Hafenbecken, das aus zwei Riffen gebildet wird. Es wird angenommen, daß um 900 die erste kleine Siedlung auf dem heutigen Kirchplatz entstand. Die Kapelle, die hier Ende des 13. Jh. errichtet wurde, war St. Nicolaus geweiht, dem Schutzherrn der Seefahrer. Schon

Blick auf Nicolaikirche und Hafen

1327 erhielt Rønne die Stadtrechte. Die älteste erhaltene Beschreibung lieferte ein Reisender namens Laurs Olsen im Jahre 1625: »Rønne ist die vornehmste Stadt im Lande (gemeint ist Bornholm und nicht das dänische Reich unter König Christian IV.), hat eine schöne Kirche mit einem passenden und wohleingerichteten Turm; es gibt einen guten Hafen für Boote und kleinere Schiffe, hübsche, wohlgebaute, zwischen den Pfosten ausgemauerte, ziegelgedeckte Häuser ...« 1710 zählte Rønne knapp 1500 Einwohner, ein kräftiger Bevölkerungszuwachs setzte erst Ende des 19. Jh. ein, 1901 waren schon über 9000 Bewohner registriert.

Am Kirchplatz erinnert ein kleines Relief über dem Eingang von Haus Nr. 14 an die schlimmsten Tage der Stadtgeschichte. Vier Keramikplatten schildern die Flucht der Bewohner vor dem sowjetischen Bombenhagel, der am 7.

und 8. Mai 1945 – zwei bzw. drei Tage nach Kriegsende! – über 3000 Gebäude der Stadt beschädigte und mehr als 200 vollkommen zerstörte. Ein besonner Wiederaufbau hat dazu beigetragen, daß die Inselhauptstadt sich heute zu den besterhaltenen historischen Ensembles in Dänemark zählen kann.

Stadtrundgang

Es gibt wahrlich geschichtsträchtigere Inselmetropolen, auch mächtigere, vor allem aber prächtigere. Rønne scheint auf den ersten Blick eine Hauptstadt ohne Glanz zu sein, doch wer mit offenen Augen durch das Zentrum schlendert, stößt auf überraschend viele kleine Glanzlichter. Seit den 60er Jahren schützt ein vom Dänischen Nationalmuseum erarbeiteter Bewahrungsplan, wie er auch für das Städtchen Svaneke vorliegt, 600 Altstadthäuser von Rønne vor entstellenden Umbauten oder gar Abriß. Die malerischsten Altstadtbezirke erstrecken sich westlich der Achse Store Torvgade-Søndergade, wobei das Søndre Kvarter, das Südviertel rings um die Kirche, besonders anheimelnd wirkt. Die meisten der niedrigen Fachwerkhäuser stammen vom Anfang des vorigen Jahrhunderts.

Ihren Rundgang beginnen Rønne-Besucher am besten in der Nähe des Hafens beim **Velkomstcenter** (Stadtplan s. hintere Umschlaginnenklappe). Hier gibt es einen großzügigen Parkplatz in Zentrumsnähe, der (noch) kostenlos und ohne Zeitbegrenzung benutzt werden kann. Der architektonisch durchaus ansprechende Neubau der 90er Jahre des übrigens ersten ›Willkommenszentrums‹ Dänemarks erinnert eher an ein Schwimmbad als an eine der sonst so gemütlichen dänischen Tourist-Informationen. Hier mit umfangreichem deutschsprachigen Informationsmaterial ausgestattet, sind Besucher schnell den Snellemark hinaufgegangen, direkt ins Zentrum der Stadt zum **Store Torv,** dem Großen Marktplatz. Einst diente er als Exerzierplatz. Seine für Rønne ungewöhnlich hohe Bebauung erhielt er erst um die Jahrhundertwende, als man begann, das Areal als Marktplatz und Geschäftszentrum zu gestalten. Der sorgfältig restaurierte große Backsteinbau an der Ostseite des Platzes, Store Torv 1, ist allerdings älter, das ehemalige Verwaltungsgebäude stammt schon aus dem Jahre 1834 und war gleichzeitig Rathaus, Gericht und Gefängnis.

Nur ein paar Schritte sind es von hier zum über 100 Jahre alten **Stammhaus des Bornholms Museums** (Mai–Sept. Mo–Sa 10–17 Uhr, Okt.–April Di, Do, Sa 13–16 Uhr), das mehr als eins der üblichen Heimatmuseen ist. In Dänemark gilt es als eines der besten Provinzmuseen seiner Art. Deshalb sollte ein Besuch des Museums, das an sommerlichen Regentagen übrigens sehr bevölkert ist, den Auftakt eines Rundgangs durch die Stadt und vor allem einer Rundfahrt über die Insel bilden. Unverständlich ist, daß die Ausstellungsstücke der natur- und kulturhistorischen Sammlung nur in Dänisch beschriftet sind, zumindest eine Erklärung in Englisch wäre angebracht. Dennoch, ob man sich für ein Modell der Burg Hammershus interessiert, für völkerkundliche Exponate oder für Kirchenausstattungen vergangener Tage, das zweistöckige Museum erweist sich als Fundgrube! Reiche Funde aus der Vor- und Frühgeschichte künden von der Besiedlung der Insel. Größter Stolz des Museums ist die Sammlung von über 2300 Goldgubbern, kleine Goldblechfiguren aus der Zeit der Völkerwanderung, die vor gut einem Jahrzehnt auf einem Bornholmer Acker gefunden wurden (Raum 4, s. auch S. 46).

Einige Tips für den Rundgang: In Raum 14 sind Stuben, wie sie früher auf der Erbseninsel Christiansø bewohnt wurden, originalgetreu rekonstruiert. Raum 15 stellt altes Blechspielzeug und Puppenstuben, Dampfmaschinen, Keramik und vor allem Bornholmer Trachten aus, die inzwischen aus dem Alltags- und auch Festtagsleben der Inselbewohner praktisch ganz verschwunden sind. Den vielleicht schönsten aller Räume entdecken große und kleine Besucher oben unterm Dach hinter der Schiffsabteilung im zweiten Stock: Raum 16 ist ein echter Kaufmannsladen aus der ersten Hälfte dieses Jh., in dem sogar alte, vergilbte Postkarten aushängen. Zwei reichverzierten Kaufmannskassen ist schwer zu widerstehen, zu gern würde man die vielen Tasten und Knöpfe drücken, wenn man schon keine Schnürsenkel, Schokolade u. ä. erstehen kann. Zu den kostbarsten Schätzen gehört eine exquisite Sammlung der alten, berühmten Bornholmer Standuhren (Raum 17, s. auch S. 70).

In der vom Store Torv Richtung Meer abzweigenden Krystalgade liegt das unter Denkmalschutz gestellte **Gebäude der Keramikfabrik ›Hjorths Stentoj‹** (Hjorths Keramik, Haus Nr. 5, Mai–Sept. Mo–Sa 10–17 Uhr, Okt.–April Mo–Fr 11–17, Sa 10–13 Uhr). Als die beiden Schwestern Marie und Ulla Hjorth den 1859 gegründeten Familienbetrieb vor ein paar Jahren nicht mehr halten konnten, rettete ihn die Übernahme als ›arbeitendes Museum‹ durch das Bornholms Museum vor dem Konkurs. In Ausstellungen wird dort die Entwicklung der Bornholmer Keramik vom 17. Jh. bis heute dokumentiert. So werden wertvolle Steingutservices von Davenport und Spietz gezeigt sowie Terracotta- und Fayence-Produktionen der zahlreichen Keramikmanufakturen, die einst in Rønne produzierten. Ein Schwerpunkt der Ausstellung gilt natürlich der Keramik aus dem Hause Hjorth – von griechischen Vasen und Figuren der Anfangszeit bis zu den weit verbreiteten Apothekerkrü-

Vom Strandgut zum Exportschlager
Bornholmer Uhren

Wenn Väter auf Bornholm ihre Töchter verheirateten, war es Sitte, ihnen eine Bornholmer Standuhr mit in die Ehe zu geben. Heute ist der Brauch nahezu ausgestorben, Bornholmer Standuhren sind eine von Antiquitätenhändlern aus aller Welt begehrte Rarität. Dabei wurden sie früher in Serie hergestellt, sie gerieten buchstäblich vom Strandgut zum Exportschlager. Es war im November 1744, als Inselbewohner fünf englische Standuhren im Strandgut eines an den Bornholmer Klippen zerschellten holländischen Frachtschiffs fanden.

Die zwei Brüder Otto und Peter Poulsen Arboe, beide Drechsler, waren die einzigen Mechaniker auf Bornholm, die sich an die Reparatur der vom Salzwasser schon arg in Mitleidenschaft gezogenen Uhren wagten. Sie reparierten die Uhren nicht nur, sondern kopierten sie auch, vom präzise arbeitenden Uhrwerk bis zum formschönen Gehäuse. Was die Gebrüder Arboe über das Uhrmacherhandwerk wissen mußten, brachten sie sich selbst bei. Am Anfang beschäftigten sie nur zwei oder drei Gesellen in ihrer Werkstatt, aber schon bald verdiente ganz Rønne mit der Herstellung von Uhren seinen Lebensunterhalt. 40 Werkstätten gab es schließlich, die pro Jahr 1500 bis 3000 Uhren ins übrige Dänemark exportierten. Die unerwünschte Konkurrenz von der fernen Insel wurde so mächtig, daß die Kopenhagener Uhrmacherinnung um 1770 beim König Protest einlegte, allerdings ohne den gewünschten Erfolg: Der Königshof begann daraufhin, die wegen ihres handwerklichen Könnens geschätzten Bornholmer Uhrmacher wirtschaftlich zu fördern. Später schickte der König sogar seinen Hofuhrmacher nach Rønne, um die Uhrmacher auf Bornholm mit den neuesten Techniken Schweizer Uhren vertraut zu machen. Das Uhrmacherhandwerk blühte bis in die 70er Jahre des 19. Jh. In den darauffolgenden Jahren begannen amerikanische Hersteller, den Markt mit preiswerten industriell gefertigten Uhren zu überschwemmen. Die meisten Bornholmer Uhrmacherbetriebe mußten daraufhin schließen. Heute werden für echte Bornholmer Standuhren, wie sie im Bornholms Museum zu bewundern sind, astronomische Summen geboten. Alte Standuhren, die auf Bornholm verkauft werden, haben Antiquitätenhändler reimportiert, denn die Uhren, die noch in Bornholmer Wohnungen stehen, sind Erbstücke, die niemand hergibt.

Ein Hauch Nostalgie, Standuhren aus der Werkstatt
Svendborg Petersens

So ist verständlich, daß Aage Svendborg Petersen Hochkonjunktur hat. In seiner Werkstatt im Torneværksvej in Rønne geht es im Sommer zu wie in einem Taubenschlag. Urlauber, die meisten aus Deutschland, schauen bei ihm vorbei, sagen nur mal eben ›Guten Tag‹ oder begutachten mit Akribie das halbe Dutzend Standuhren, das in der Stube steht. Der Uhrmacher Petersen, wie seine beruflichen ›Urväter‹ Autodidakt, ist eine Bornholmer Institution. Seine Werke sind so gefragt, daß seine Kunden oft ein Jahr oder länger auf die Lieferung warten müssen, denn er schraubt keine gewöhnlichen Uhren zusammen, sondern wahre Kunstwerke – den alten, in aller Welt berühmten Bornholmer Uhren nachempfunden.

Sechs Leute arbeiten für ihn und Sohn Bent, früher Mitarbeiter und heute Geschäftspartner. Beschäftigt werden auch Maler und Tischler, denn vom Ziffernblatt bis zur Holzverkleidung wird jedes Teil der Uhren in der eigenen Werkstatt hergestellt. Sogar die Messingteile gießt Aage Petersen selbst. In jeder Uhr, so hat er ausgerechnet, stecken 100 bis 130 Arbeitsstunden. Wie die Gebrüder Arboe unterscheidet er drei Grundtypen der Bornholmer Uhren: ›Mand‹, ›Kone‹, ›Froken‹ – Mann, Frau und Fräulein. Fräuleinuhren sind wegen ihres Formenreichtums die teuersten. Aber noch nie hat sich ein Käufer über den Preis beklagt.

Marie Hjorth bei der Arbeit

gen. So ist auch die große Hjorth-Studiensammlung des Bornholms Museums, die die gesamte Produktion der Manufaktur in chronologischer Reihenfolge erfaßt, vom Stammhaus in der Sct. Mortensgade hierhin, an den Entstehungsort, zurückgebracht worden.

Originalgetreu sind die Werkstätten in Hjorths Fabrik erhalten, so als würde Firmengründer Lauritz Hjorth, der Urgroßvater von Marie und Ulla, sie jeden Augenblick betreten und nach dem Rechten sehen: in Reih und Glied hintereinander aufgebaute Bänke mit Töpferscheiben, die mit den Füßen getreten werden, zwei alte Brennöfen, die früher einmal mit Holz befeuert wurden, und die ein wenig moderneren Gas- und Elektroöfen. Während einige wenige Mitarbeiter, angeleitet von Marie und Ulla Hjorth, weiterhin Hjorth-Keramik produzieren, können Besucher den ›Weg der Tonerde‹ in 15 Stationen nachvollziehen: vom Vorbereiten des rohen Tons über das Drehen und Glasieren bis hin zum Bemalen und Brennen. Auch der Laden der Fabrik ist in das ›arbeitende Museum‹ hinübergerettet worden, hier werden nach wie vor Serienstücke und Unikate verkauft.

Wenden Besucher sich von der Krystalgade nach rechts und biegen in die Storegade ein, stehen sie vor dem wuchtigen **Kommandantgården** (Haus Nr. 42), dem unter Denkmalschutz stehenden früheren Sitz des militärischen Kommandanten der Insel. Das Hauptgebäude entstand in der Mitte des vorigen Jahrhunderts, die Fachwerktrakte linker Hand an der Rosengade sind ein paar Jahrzehnte älter. Der Kommandantgården besitzt einen der typischen, großen, reich bepflanzten Innenstadtgärten von Rønne, die übrigens vorsorglich allesamt unter Naturschutz gestellt wurden, um zu verhindern, daß künftige Generationen die Flächen einer anderen Nutzung zuführen und sie in Parkplätze oder Baugrundstücke umwidmen.

Ein noch bezaubernderer Garten gehört zum besterhaltenen aller Bürgerhäuser in Rønne, dem 1807 erbauten **Erichsens Gård** (Mai–Mitte Okt. Mo–Sa 10–17 Uhr). Er ist Haus Nr. 7 in einer Seitenstraße der Storegade, der schmalen Laksegade. Der flache Fachwerkbau ist eines der schönsten Gebäude der ganzen Insel und steht als Dependance des Bornholms Museum ebenfalls unter Denkmalschutz. Erichsens Gård wurde nach dem Anwalt Thomas Erichsen benannt, der das später von ihm ausgebaute Haus im Jahre 1838 erwarb. Eine seiner Töchter, die schöne Vilhelmine, heiratete den dänischen Maler und Dichter Holger Drachmann (1846–1908), der sich auch als Lyriker (›Lieder vom Meer‹) einen Namen gemacht hat. Ein Porträt der Dichtersgattin, Frau Belli genannt, hängt in der Wohnstube. Kristian Zahrtmann (1843–1917), der als Maler über seine Heimatstadt Rønne und Dänemark hinaus Ruhm erwarb, hat es gemalt. Seine

Erichsens Gård

Schwester Elisabeth wiederum nahm Christian Erichsen, einen Sohn des Hausbesitzers, zum Mann.

Erichsens Gård ist ein Interieurmuseum, dessen Wert sich weniger in den einzelnen Ausstellungsstükken als in der Gesamtwirkung entfaltet. Die eher gediegene als prunkvolle Ausstattung vermittelt einen authentischen Eindruck des Lebensstils der besseren Kreise jener Tage. Die Zimmerwände des Hauses sind bemalt, im *sal* gibt es sogar noch die Originalbemalung aus dem Jahre 1820. Der *sal* öffnet sich zum Garten hin, von dem man sich bei schönem Wetter kaum trennen mag ...

Zurück zur Storegade. Auf dem Weg zum sehenswerten Haus Nr. 36 passieren Stadtbummler rechts die Silkegade, an deren Ende links die **Fiskerstræde** abzweigt. Hier errichtete 1853–54 der Bornholmer Tischler Hans Jørgen Sonne dreizehn schlichte, gleichaussehende Häuser. Um den Eindruck der Geschlossenheit noch zu verstärken, zierte ursprünglich ein durchgehendes Fenstergesims die Häuserfronten. Die Häuser, zu deren Türen kleine Holztreppen hinaufführen, bewohnten – der Straßenname verrät es – Fischer.

Das Haus Storegade 36 ist der um 1700 erbaute **Amtmandsgården,** früher Sitz des Amtmanns, unserem Landrat vergleichbar. Das Haus hat 22 Fächer und ist damit einer der größten Fachwerkbauten der Stadt. Im Vorgängerhaus, das einst an dieser Stelle stand, wurde Jens Pedersen Kofoed geboren, einer der Befreier Bornholms. So nahmen er und seine Mitstreiter am 8. Dezember 1658 nur ein paar Häuser weiter, nämlich in der Storegade 30, den Oberst der schwedischen Besatzungstruppen gefangen. Die Stelle, an der der schwedische Inselkommandant beim Transport in das Gewahrsam unter ungeklärten Umständen erschossen wurde, liegt ebenfalls in der Storegade, kurz hinter der Einmündung Søborgstræde am großen Schulgebäude. Drei **Findlingssteine** wurden als Erinnerung in die Straßendecke eingelassen. Der kleinste trägt die schicksalhafte Jahreszahl 1658, der größte ist Oberst Printzensköld gewidmet, der mittelgroße seinem Hund, der ihn – Legende oder Wirklichkeit – begleitete und mit ihm starb.

Das heutige Gebäude Storegade 30 aus dem 18. Jh. war von 1912 bis 1994 Sitz der kleinen Tageszeitung ›Bornholmeren‹. Sozialdemokraten und Gewerkschaften gründeten sie 1912. Beide Organisationen unterstützten das Blatt finanziell, von dem täglich – außer sonntags – rund 6000 Exemplare gedruckt wurden. Seitdem die Zeitung wegen wirtschaftlicher Schwierigkeiten eingestellt wurde, wird auf der Insel nur noch eine Zeitung vertrieben, die 1866 gegründete, liberalkonservative ›Bornholms Tidende‹. Noch sind an vielen Häusern und Zufahrtswegen überall auf der Insel die Zeitungskästen beider Lokal-

Bornholmer Nationalhelden
Der Freiheitskampf von 1658

Nachdem ein persönlicher Rachefeldzug von Frederik III. gegen die Schweden im Frühjahr 1658 mit dem Verlust aller dänischen Provinzen östlich des Øresund und der Besetzung Bornholms durch schwedische Truppen geendet hatte, entflammte im August desselben Jahres erneut der Krieg zwischen den beiden verfeindeten Nationen. Der schwedische König erhob nicht nur Steuern auf Bornholm, sondern begann auch, junge Männer der Insel als Soldaten einzuziehen. Da formierte sich unter den Inselbewohnern der Widerstand, denn gegen die eigenen Landsleute wollte niemand zu Felde ziehen. Die große Stunde von Jens Kofoed, Povl Anker, Peder Olsen und Nils Gumløse hatte geschlagen. Noch heute werden ihre Namen auf Bornholm mit Hochachtung genannt. Jens Kofoed wird als Held im Aufstand gegen die Schweden gefeiert, doch der eigentliche Kopf der Bewegung war Povl Anker, Pfarrer von Rutsker und Hasle.

Am 8. Dezember 1658 verließ Oberst Johan Printzenskjöld, der Oberbefehlshaber der schwedischen Truppen auf Bornholm, die sichere Burg Hammershus, um mit dem Bürgermeister von Rønne zu verhandeln. Der durchaus um die Verständigung mit den Bornholmern bemühte Printzenskjöld sollte sein Ziel jedoch nie erreichen, denn die Aufständischen nahmen ihn schon im Hof des Bürgermeisterhauses gefangen. Niemand weiß, ob der Oberst beim Transport ins Gefängnis wirklich fliehen wollte, Tatsache aber ist, daß ein hitziger Aufständischer den wehrlosen Gefangenen in der Storegade erschoß. Um ihre Solidarität mit dem Täter zu dokumentieren, sollen auch Kofoed und die anderen Verschwörer weitere Schüsse auf den Toten abgegeben haben. Der Tod des Oberst war nicht geplant, denn die Aufständischen benötigten ihn als Geisel, um die Übergabe von Hammershus durchsetzen zu können. Also steckten sie einen Kumpan in die Uniform des Toten, ritten zur Burg und forderten ihre Räumung. Ihren Führer als vermeintliche Geisel vor Augen verließen die schwedischen Besatzungstruppen anstandslos die Festung. Am 28. Dezember 1658 überreichte eine Abordnung der Bornholmer Befreier König Frederik III. eine Schenkungsurkunde, in der sie dem König und seinen Erben ihre Insel übertrugen – ein geschickter Schachzug, durch den die dänischen Könige für alle Zeiten in die Pflicht genommen wurden.

blätter angebracht, ein roter für die ›Bornholmeren‹, ein grüner für ›Bornholms Tidende‹. An der Farbe des Zeitungskastens, der der Landbevölkerung vom jeweiligen Verlag kostenlos gestellt wurde, damit die Zeitung jeden Mittag trocken zugestellt werden konnte, ließ sich die politische Gesinnung des Nachbarn ablesen. Ganz Pfiffige hängten deshalb einen roten und einen grünen Kasten auf.

Von der Storegade lohnt sich ein Abstecher über die Rådhusstræde zur Toldbudgade. Haus Nr. 1 ist **Toldboden,** das Zollamt, eines der ältesten und zugleich besterhaltenen Gebäude der Stadt. Das Holz für das 29 Fächer umfassende Fachwerkhaus wurde 1648 in Kopenhagen zurechtgehauen. Das Zollamt diente auch als Lagerhaus, denn damals wurden Steuern meist in Naturalien entrichtet. Praktisch, wie die Dänen nun einmal sind, machten sie den Speicher gleichzeitig zum Depot für die Verpflegung der dänischen Ostseeflotte. Bis ins 17. Jh. hinein wurden die Abgaben an die Burg Hammershus geleistet. Als deren Bedeutung nachließ und der Inselamtmann und -kommandant seinen Sitz in Rønne nahm, wurde der Bau des Zollamts erforderlich, das diese Funktion bis 1897 behielt. Die Mauer am Hafengiebel des Zollamts ziert eine alte Gallionsfigur mit dem Titel ›Der Teufel zwischen zwei kläffenden Höllenhunden‹.

An der Havnebakken steht der schlanke, achteckige **Leuchtturm,**

der alle ankommenden Fährgäste schon von weitem grüßt. Der kleine Eisenturm wurde 1880 konstruiert. Von der hochliegenden Havnebakken aus kann man sich einen guten Überblick über die großen Hafenanlagen von Rønne verschaffen. Während im südlichen Teil Tanker, Frachtschiffe und Fischerboote festmachen, legen an den Kais des Westhafens und am Dampskibskajen des Nordhafens die Fährschiffe an. Rønne ist auch häufig Ziel von Kreuzfahrtschiffen auf ihrer Nordlandtour.

Stattlich wirkt die dem Hl. Nikolaus geweihte **Kirche von Rønne,** zweites Wahrzeichen der Stadt und eine der ältesten Kirchen der Insel. Der heutige Bau, so historisch er auch anmutet, entstand erst in den Jahren 1915–18 durch einen Umbau, der beinahe schon ein Neubau war. Vom ursprünglichen, im 13. Jh. errichteten und 1360 nach Westen erweiterten Kirchenbau existiert an der Nordseite lediglich noch ein spätromanischer Mauerrest mit einem schönen Spitzbogenportal. Hier ist im Innern noch ein Überbleibsel der Freskomalerei gerettet, mit der die Kirche im 16. Jh. ausgeschmückt worden war. Der aus Feldsteinen im unteren und Fachwerk im oberen Teil erbaute Westturm ist eine genaue, aber vergrößerte Kopie des Originalturms aus dem 16. Jh., der 1915 abgerissen wurde. Vom Originalinventar der Nicolaikirche sind ein spätgotischer Abendmahlkelch, ein gotisches Taufbecken aus Kalkstein von der Insel Gotland und eine Empore aus dem frühen 18. Jh. erhalten.

Im teilweise idyllischen Gassengewirr rund um den Kirchplatz versteckt sich das älteste noch bespielte Theater Dänemarks, das 1823 hier errichtete **Rønne Teater** (Teaterstræde 2/Ecke Østergade). Erbauer des kleinen Theaters, das sich äußerlich kaum von den umliegenden Wohnhäusern unterscheidet, war ein ›Dramatischer Verein‹, zu dessen Gründungsmitgliedern Caspar Henrik (›Ritter‹) Wolffsen gehörte, Kaperkapitän, Schnapsschmuggler und später Zollinspektor für die ganze Insel. Bis zu seinem Tod im Jahre 1836 stand er über 70mal auf der kleinen Bühne des Theaters. Vor drei Jahrzehnten waren Bühne und Zuschauerraum derart ramponiert, daß nur eine gründliche und entsprechend teure Restaurierung unter Aufsicht des Kopenhagener Nationalmuseums das alte Theater zu retten vermochte. Diesem Umstand verdankt es noch heute die typische Einrichtung eines Musentempels aus dem 19. Jh. Allerdings hatten die Bauherren die übliche Interieur ein wenig vereinfacht und Bornholmer Gegebenheiten angepaßt. So fällt die Eingangshalle oder besser das Eingangszimmer zum Theater bemerkenswert schlicht aus: eine weißgetünchte Holzdecke, eine kleine Kasse, ein Tresen, an den Wänden Bilder von Schauspielern aus vergangenen Zeiten. Im gleichen Stil ist das Foyer gestaltet. Im Vergleich dazu hatten die Theaterfreunde des Dramatischen Vereins den Zuschauerraum, der nur 260 Besucher faßt, geradezu verschwenderisch ausstatten lassen. Roter Plüsch dominiert, die Farben sind gedämpft, und Schnörkelmalerei ziert die Wände. Nicht nur in den kleinen, schummrigen Logen empfinden Zuschauer die Atmosphäre als anheimelnd. Zur Gemütlichkeit des kleinen Theaters trägt auch bei, daß moderne Technik verpönt ist. So gibt es beispielsweise keine Lichtmaschinerie, wie sie Theater von heute üblicherweise besitzen, sondern nur zwei Scheinwerfer zur Beleuchtung der Bühne. Der Bühnenvorhang hebt sich wie ein Segel, das gerafft wird. Die Kulissen sind die ältesten im Lande und entsprechend bröckelig, nur drei Exemplare stehen zur Wahl: ein Saal, eine große Stube, ein Wald. Aber sie passen gut in die kleine Guckkastenbühne, über der eine Inschrift den Besuchern rät: ›Lerne Weisheit von den Auftritten des Lebens‹.

Die Østergade mündet in die Søndergade, an der die **Hauptwache** (Hovedvagten) liegt, ein auffallend schlichter Bau. Das Mehrzweckgebäude, das als Quartier der Bürgermiliz auch die Arrestzellen beherbergte, entstand 1743/44 aus Steinen der nutzlos gewordenen Burg Hammershus, die seinerzeit – leider – für so manche Hausmauer abgetragen wurde. Erst ein Kommandant namens Hoffmann beendete 1814 die Unsitte, die

Burg als Steinbruch zu mißbrauchen. Heute erfüllt die Wache einen friedlichen Zweck, im Sommer öffnet hier und auf dem Vorplatz ein Café. Den Fußgängerdurchgang an der Straßenseite gibt es erst seit 1940, doch schon seit zwei Jahrzehnten gibt es Überlegungen, ihn wieder zu schließen und das denkmalgeschützte Haus in seinen Originalzustand zurückzuversetzen. Der mit Kopfsteinen gepflasterte Platz an der Hauptwache ist dank des **Rønne Gård** einer der schönsten der ganzen Stadt. Dieser ebenfalls unter Denkmalschutz stehende Backstein-Fachwerkbau trägt den Namen des Kaufmanns Peder Hans Rønne, der ihn 1813 erbauen ließ. Sein markantes Merkmal, die *kikkenborgen* (Guckburg), ein kleiner Aussichtsturm mit Blick auf den Hafen, war früher in Rønne recht verbreitet. Heute findet man den kleinen Fensterturm nur noch einmal an anderer Stelle, auf einem Haus namens Johnsens Gård in der Storegade Nr. 15.

Ein etwa 15minütiger Fußmarsch führt von der Søndergade über die Søndre Allé bis zum **Forsvarsmuseet,** dem Verteidigungsmuseum (Mai–Okt. Di–Sa 10–16 Uhr), das dokumentiert, daß die ›gute alte Zeit‹ alles andere als friedlich war. Das Museum am südlichen Stadtrand ist in der Nähe der Zitadelle in ehemaligen Wehrdepots untergebracht, die 1816 und 1841 als Hauptmagazin, Labor für den Feuerwerker und Lafettenhaus errichtet worden waren. Auch für ihren Bau wurden Ziegel der Ruine Hammershus mit den Zeichen Lübecker Ziegeleien verwendet. Der ›Empfang‹ im Kugelhof, ehemals Lager für Kanonenrohre und Kugeln, ist martialisch: eine Kanone, ein Panzer, Motoren und durch Hitzeeinwirkung verformte Propeller von abgeschossenen Flugzeugen. Doch der Besuch des Museums lohnt sich auch für diejenigen, die sich nicht für derartige Exponate begeistern, denn das Museum zeigt eine Fülle lokalhistorischer Dokumente, Waffen und Ausrüstungsgegenstände von der Wikinger- bis zur Neuzeit. Aus einer Museumsschrift erfährt man, daß Bornholm seit den Wikingertagen eine eigene Wehr besaß, an der alle Männer der Insel beteiligt waren, als Soldaten oder im Alter als Schanzengräber. In der von Christian IV. reorganisierten Wehr dienten bekannte Bürger und Bauern der Insel als Offiziere, und auch Unteroffiziere und einfache Soldaten mußten auf der Insel geboren sein, um sie verteidigen zu dürfen. »Geworbene Soldaten wurden auf Bornholm nie ständig eingesetzt«, heißt es erklärend. Ausgezeichnet dokumentiert wird die Besatzungszeit unter den Deutschen von 1940–45 und unter den Russen von 1945–46.

Die benachbarte Zitadelle, auch **Kastell** genannt, ist in das Verteidigungsmuseum integriert. Der wuchtige Rundbau mit seinem Kranz schmaler Schießscharten und den großen, rings um den Bau verlaufenden Kanonenluken wurde 1688–89 als Bestandteil der geplanten, aber nie vollendeten Festung Rønne erbaut. Christian V. wollte hier den Hauptstützpunkt der dänischen Flotte etablieren, nachdem Dänemark die Stützpunkte in Südschweden verloren hatte. Die bereits 1684 errichtete Festung auf der Insel Christiansø sollte nach seiner Planung lediglich als vorgeschobener Stützpunkt dienen. Als Vorbild für den markanten Rundturm – Überreste eines zweiten stehen auf Christiansø, ein dritter in Frederikshavn auf Jütland – wurden Verteidigungstürme aus dem Mittelmeerraum herangezogen. Das schindelgedeckte Kegeldach wurde erst 1750 aufgesetzt und verleiht dem weißgetünchten Turm das Aussehen einer Rundkirche. Interessant sind die Deckenbalken in dem 20,5 m hohen Turm. Die Lübecker brachten sie 1530 zum Bau der Burg Hammershus von Pommern nach Bornholm. Die Schießscharten in den 3,5 m dicken Mauern sind als Zwillingsschießscharten mit zwei Öffnungen nach außen, aber nur einer nach innen so geschickt angelegt, daß man in jede Richtung schießen konnte. Als der damalige Kommandant 1699 im Kanonenraum, in dem heute nur noch vier Kanonen stehen, alle zehn Geschütze zur Probe gleichzeitig abfeuern ließ, hob sich durch den Luftdruck das gesamte Zitadellendach, um mit großem Getöse auf die Stützbalken zurückzufallen. Schon hatte das Kastell als Befestigung ausgedient!

Noch im selben Jahr wurden Küstenschanzen unterhalb der Zitadelle angelegt. Die Batterie Kanonen auf rotbemalten Lafetten (Untergestelle) kann heute noch besichtigt werden. Der Galgen dagegen, der einst auf dem **Galløkken** genannten Areal neben dem Kastell stand,

Hafenschmiede

Rønne

wurde längst abgebaut. Wo einst Hexen verbrannt wurden und Generationen von Milizsoldaten exerzierten, liegen heute ein Freilichttheater, ein Campingplatz, die Jugendherberge und eines der schönsten Spaziergebiete von Rønne.

Information: Bornholms Velkomstcenter, Nrd. Kystvej 3, 3700 Rønne, ✆ 56 95 95 00 und Fax 56 95 95 68. Auch die Servicebüros der einzelnen Ferienhaus-Vermietungen sind gleichzeitig Informationsbüros.

Hotels: Fredensborg, Strandvejen 116, ✆ 56 95 44 44 und Fax 56 95 03 14, modern, dennoch behaglich, ganzjährig geöffnet, ausgezeichnete Restaurants (Di 5 Stâuerna und Fisken, s. u.); Griffen, Kredsen 1, ✆ 56 95 51 11, Fax 56 95 52 97, Mittelklasse, größtes Bornholmer Hotel, am Meer gelegen, mit beliebtem Restaurant, Nachtclub; Hoffmann, Ved Kystvejen, ✆ 56 95 03 86, Fax 56 95 25 15, stadtnah, Mittelklasse; Ryttergården, Strandvejen 79, ✆ 56 95 19 19, Ferienhotel; Sverre's Small Hotel (zwei Häuser), Sct. Mortensgade 48 und Snellemark 2, ✆ 56 95 03 03, winziges gemütliches Stadthotel in zentraler Lage

Jugendherberge: Vandrerhjem, Arsenalvej 12, ✆ 56 95 13 40, Fax 56 95 01 32, schöne Lage am Südrand der Stadt in Meeresnähe

Camping: Galløkken Camping, Strandvej 4, ✆ 56 95 23 20, am Südrand der Stadt in der Nähe des Kastells im Grünen; Nordskovens Camping, Antoinettevej 2, ✆ 56 95 22 81, direkt am Nordrand der Stadt im Grünen, strandnah; Sandegårds Camping, Haslevej 146, ✆ 56 95 29 90 am Nordrand der Stadt Richtung Hasle, sehr einfacher Bauernhof-Campingplatz

Restaurants: Di 5 Stâuerna, im Hotel Fredensborg (Adresse s. o.), mehrfach ausgezeichnet, verwendet vorzugsweise Bornholmer Erzeugnisse; Fisken, im Hotel Fredensborg (Adresse s. o.), eines der besten Fischrestaurants der Insel; Fyrtøer, St. Torvegade 22, ✆ 56 95 30 12, Fax 56 95 31 77, Spezialität: Gerichte auf Bornholmer Granit; Perronen, Munch Petersensvej 1, ✆ 56 95 07 33, im früheren Bahnhof, für den schnellen Hunger, gute Salate

Cafés: Café 18, Krystalgade 18, ✆ 56 95 10 16, modernes, ansprechendes Café, am Abend Treff für junge Leute; Gustav, Store Torv 8, ✆ 56 91 00 47; Rothe, Snellemark 41, ✆ 56 95 02 42, klassisch, gemütlich, leckerer dänischer Kuchen!

Einkaufen: *Design* (Haushaltswaren): Inspiration, Lille Torv 1; *Keramik:* Michael Andersen, Manufaktur, Lille Torv 7, (verkauft auch Søholm-Keramik); Hjorths Fabrik, Krystalgade 5, (Serienstücke und Unikate); Per Lundager, Søndergade 21, (Spezialität: Krüge mit Namen); *Kunsthandwerk und Kerzen:* Joker, Torvegade 4 (Massenware); Sørine, Lille Torv 9, (Ausgewähltes, auch Textilien); *Lebensmittel:* Netto, Store Torv 3 (preiswertester Supermarkt der Insel)

Aktivitäten: *Bowling:* Bowlingcenter Rønne, Torneværksvej 18, ✆ 56 91 18 48; *Golf:* Bornholms Golf Klub, 18 Löcher, Par 68, Restaurant, von Rønne etwa 4 km auf der Straße in Richtung Aakirkeby, ✆ 56 95 68 54; *Segeln:* Søndre Bådehavn, Segelhafen im älteren Teil des Hafens (unterhalb der Kirche); Nørrekås, moderne Marina nördlich vom Fährhafen

Fahrradverleih: Cykel-Centret, Søndergade 7, ✆ 56 95 95 71; Bornholms Cykeludlejning, Havnegade 11, ✆ 56 95 13 59

Die Westküste

Von Rønne nach Hammershus

Die Burg Hammershus

Hammeren – Bornholms Nordspitze

Abendstimmung bei Jons Kapel

Sand, Ton und Granit – Entlang der Westküste nach Hammer Odde

Gut 20 km Luftlinie beträgt die Strecke von der Inselhauptstadt Rønne bis zum nördlichsten Punkt der Insel, der Landspitze Hammer Odde. Entlang der Landstraße 159 liegen die Nykirke, die kleinste Bornholmer Rundkirche, und ein einzigartiger Tierpark. Wer die kleine Straße entlang der Küste durch den Wald wählt, entdeckt versteckte Naturschönheiten und Orte, die vom Tourismus fast unberührt geblieben sind. Ein Besuch der Burg Hammershus ist bei jedem Wetter eindrucksvoll.

Von Rønne nach Hammershus entlang der Küste

Diese Tour eignet sich besonders zum Radfahren, da der Radwanderweg von Rønne nach Allinge an der Küste entlangführt. Verläuft er – vor allem im ersten Drittel – nicht direkt am Meer, so schlängelt er sich durch Wälder und Heidegebiete. Auch Autofahrer können diesen Tourenverlauf wählen, da große Teile der Strecke auf der Küstenstraße zurückgelegt werden. Da die Küstenstraße nicht durchgängig ist, müssen Autofahrer allerdings immer wieder auf die Landstraße 159 zurückkehren, um den nächsten Tourenpunkt zu erreichen.

Etwa 3 km hinter Rønne biegt nach links von der Landstraße 159 der Skovlyvej ab, wo gleich nach 200 m zu beiden Seiten der schmalen Straße sechs **Tillehøjene** genannte Hügel liegen. Der Name ›Tillhügel‹ erinnert an die Sage vom Riesen Till, andere Erzählungen sprechen von einem Zwerg, der hier sein Quartier gehabt haben soll. Bei Grabungen, an denen sich 1824 auch der damalige Kronprinz Christian, später König Christian VIII., beteiligte, fand man vom Riesen oder Zwerg zwar keine Spur, aber statt dessen gut erhaltene Gräber aus der älteren Bronzezeit (1800–1100 v. Chr., s. auch S. 44).

Die Hügel liegen in einem Wald namens **Blykobbe Plantage,** in dem alle in Nordeuropa heimischen Baumarten angepflanzt worden

Nach Hammershus entlang der Küste

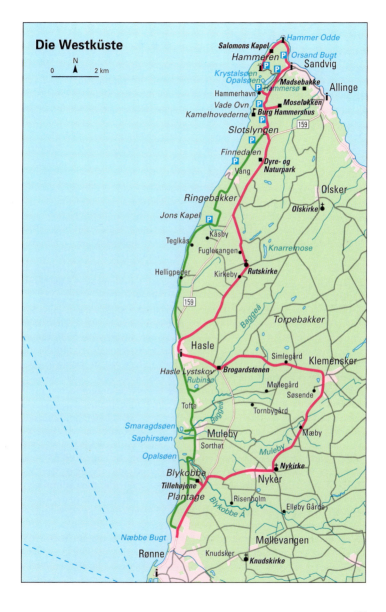

sind. Er bildet den südlichen Zipfel eines etwa 7 km langen Waldgürtels, der sich entlang der Küste von Rønne bis Hasle erstreckt. Der Wald wurde 1820 auf der Steilküste angelegt, um den Sandflug zu stoppen und ist ein hervorragendes und gut ausgeschildertes Wandergebiet. Unterhalb der Steilküste liegt ein wildromantischer kilometerlanger Strand. »Wenn der Wind von der See kommt, ist das Baden lebensgefährlich«, warnen Schilder, »lassen Sie es also!«. Der Hinweis liefert den Grund, warum Badelustige auch dort, wo öffentliche Strände ausgewiesen sind, nur ein paar Schritte zu gehen brauchen, um einen einsamen Liegeplatz zu finden. Diese Küste Bornholms ist wegen der Unterströmungen berüchtigt, vielen Urlaubern ist das Baden hier einfach zu gefährlich, und außerdem fällt das Ufer schon nach wenigen Metern steil ins Meer ab. Vom Traumstrand Dueodde im Süden der Insel verwöhnte Urlauber werden den Dünengürtel vermissen.

Ein paar 100 m nördlich der Tillehøjene treffen Rad- und Autofahrer auf eine Idylle: das mitten im Wald und am verwunschenen Flüßchen Blykobbe Å gelegene **Hotel Skovly.** Auf der **Blykobbe Å,** die sich hier in einer großen Schleife durch das üppige Grün windet, lassen sich mit Booten, die im Hotel gemietet werden können, herrliche Ausflüge unternehmen. In Höhe des Örtchens Sorthat liegt eine Tongrube, aus der noch gefördert wird. Eine zweite Tongrube in Strandnähe, bei der erst Ende der 60er Jahre mit der Förderung begonnen wurde, bildet heute das Becken des **Saphirsees.** Wegen der schlechten Qualität des Tons wurde die Grube schnell wieder aufgegeben.

Bei Muleby liegt versteckt im Wald die Hasle Klinker & Chamottestensfabrik, die ihre Produkte in viele Länder Europas liefert. Die Tonfabrikation der Insel im industriellen Stil beschränkt sich auf Ziegel und ähnliche Erzeugnisse. Auch die Ziegel, mit denen die Burg Hammershus im 16. Jh. zur Zeit der Lübecker Herrschaft aufgestockt wurde, waren aus Bornholmer Ton gebrannt, und zwar in einer Ziegelei in der Nähe von Olsker. Spazierwege führen zum Saphirsee. Eine weitere ehemalige Tongrube, in der wegen des hohen Grundwasserpegels die Förderung eingestellt werden mußte, bildet auf dem südlichen Fabrikgelände den kleinen **Smaragdsee.** Der dritte See im Bunde, der rechts der Straße kurz vor Hasle liegende **Rubinsee,** ist der schönste. In den Jahren 1942–48 wurde hier Kohle gefördert – nicht viel, nur 30 000 t, und nicht von guter Qualität. Der Abstecher zum Rubinsee lohnt sich, denn der See liegt romantisch in einem Wald, den die Bornholmer wegen seiner vielen verwunschenen Plätze **Lystskov** (Lustwald) nennen.

Nach Hammershus entlang der Küste

Von Herold und Heringen – Hasle

Ein malerischer, kleiner Hafenort ist das Städtchen Hasle, obwohl häufig so beschrieben, niemals gewesen. Knapp 2000 Menschen leben im Ort, die Gemeinde Hasle, zu der auch noch die Dörfer Nyker, Klemensker und Rutsker gehören, kommt auf 6500 Einwohner. Bis zum Anfang des vorigen Jahrhunderts besaß Hasle nicht einmal einen vernünftigen Hafen, die Bevölkerung ernährte sich in erster Linie vom Gemüseanbau. Erst 1830 wurde ein Hafen angelegt, der in den Jahren 1874–77 mit starker finanzieller Unterstützung des lokalen Ziegelwerks erheblich ausgebaut wurde. Die jetzige, nochmals erweiterte Anlage wurde 1987 in Betrieb genommen. Obwohl ihr seitdem ein Jachthafen angeschlossen ist, läßt sie das vermissen, was die Dänen über alles schätzen und *hygge* nennen: Gemütlichkeit.

Ganz in der Nähe des Hafens liegt die **Museumsräucherei Hasle**. Sie besteht aus fünf nebeneinanderliegenden Räuchereien, von denen eine zu einem kleinen Museum umgestaltet wurde, das Urlauber über die Kunst des Heringsräucherns informiert. Die Museumseinrichtung stammt von 1897, dem Entstehungsjahr der Räucherei. In einem anderen Gebäude aus dem Jahr 1916 wird heute noch Fisch geräuchert. Das Gelände bietet im

Die Heringsräucherei in Hasle lädt zum Verweilen ein

Tour de Bornholm
Mit dem Fahrrad gegen den Wind

Tourenräder, Mountainbikes, Rennräder, Kinderräder – vier von fünf Autos, die im Hafen von Rønne von der Fähre rollen, transportieren Fahrräder auf dem Dach. Die Fährgesellschaften lassen sich inzwischen das Zusatzgeschäft nicht mehr entgehen und verlangen Gebühren für die sperrigen Aufbauten. Wer kein Rad mitbringt, leiht sich auf der Insel eins. Die ›Tour de Bornholm‹ ist zur liebsten Urlaubsbeschäftigung geworden.

Das war nicht immer so. Erst seit 10–15 Jahren haben die Bornholmer Fahrradverleiher *(cykeludlejning)* Hochkonjunktur, seitdem ist die Zahl der Verleihgeschäfte sprunghaft gestiegen. Selbst Hotels stellen ihren Gästen Räder zur Verfügung. Tandems sind der große Renner und Anhänger – für Picknickkörbe, Regenkleidung und den strampelmüden Nachwuchs. Seit 1981 haben die Behörden systematisch den Ausbau des Radwegenetzes betrieben. Den Radlern stehen auf Bornholm mittlerweile 200 km Radweg zur Verfügung. Verläuft ein Weg entlang der Autostraßen, fahren die Radler sicher auf ihrer eigenen Spur. In den Städten sind die Radspuren an kritischen Stellen auf dem Asphalt blau markiert. Große Teile der eigens angelegten Radwege führen jedoch weitab vom allgemeinen Straßenverkehr durch Felder, Wiesen und Wälder, was der Stillegung der Inseleisenbahn zu verdanken ist. ›De Bornholmske Jernbaner‹ wurden 1968 nach fast 70jährigem Einsatz abgeschafft, da der Betrieb unrentabel geworden war. Geschickt glich die Trasse Steigungen aus und führte durch landschaftlich besonders schöne Gebiete, so daß es nahelag, die Streckenführung in Radwanderwege umzuwandeln. Für die stillgelegten Bahnhöfe haben die Bornholmer ebenfalls originelle Verwendung gefunden: Der Bahnhof von Gudhjem wurde zu einem Museum, die Station in Sandvig zur Pension umgebaut. In Rønne kann man im alten Bahnhof in einem kleinen Restaurant mit dem passenden Namen ›Peronnen‹ (Bahnsteig) speisen. Wer wissen will, wie Bornholms Lokalbahn einmal ausgesehen hat, findet an den Wänden nostalgische Fotos.

Die Radfahrer von heute verhalten sich auf Bornholm – wie in ganz Dänemark – auffallend selbstbewußt im Straßenverkehr. Kein Wunder, denn sie werden von Autofahrern als gleichwertige Partner anerkannt. Urlauber, die auf Bornholm mit dem Auto unterwegs sind, merken das

Nach Hammershus entlang der Küste

schnell und passen sich den Gepflogenheiten an. Alle nehmen Rücksicht aufeinander, und deshalb ist das Radfahren auf Bornholm selbst im Stadtverkehr kein Abenteuer. Familienausflüge, bei denen schon Dreijährige – behelmt, wie in Dänemark üblich – mit ihren Eltern um die Wette radeln, sind keine Seltenheit.

Besonders ortsunkundigen Freizeitradlern kommt die ausgezeichnete Beschilderung zugute, die die Orientierung erleichtert. Das Schild ›*Krydsende Cyklister*‹, das Autofahrer auf kreuzende Radwege hinweist, ist eine Art Bornholmer Wahrzeichen. Genaue Kilometerangaben sind eine Selbstverständlichkeit. Mit der gleichen Akribie ist der Tourenplaner ›Radwege auf Bornholm‹ verfaßt, eine Broschüre der Bornholmer Amtsverwaltung, die – auch in Deutsch – von den Touristenbüros und Buchhandlungen verkauft wird und bequem in die Tasche paßt. Gewarnt seien die Radurlauber jedoch vor einem weitverbreiteten Mißverständnis: Die Insel ist kein plattes Land, nicht etwa mit dem Münsterland oder den Niederlanden zu vergleichen! Bornholm ist ein Eiland zwar ohne Berge, aber mit vielen Hügeln. »Immer eine Steigung und den Wind von vorne!« lautet denn auch der Stoßseufzer trainierter Radfahrer.

Freien viel Platz zum Speisen und Verweilen an langen Tischen, während die Kinder auf dem Spielplatz umhertollen. Die Räucherei hat sich zum beliebten Picknickziel entwickelt. (Mai–Oktober, tgl. 10–18 oder 19 Uhr, Oktober 10–15 Uhr, Räuchern 8–11 Uhr, ✆ 56 96 44 11)

Hasle hat es dennoch schwer, bei Urlaubern in Erinnerung zu bleiben. Das Städtchen ist alles andere als ein verträumter Ferienort, obwohl sich zwischen viele moderne Bauten noch einige sehr ansprechende alte Fachwerkhäuser mischen. In einem der besterhaltenen Höfe, dem Karetmagergården (Stellmacherhof) in der Havnegade, hat das Hasle Turistbureau Quartier bezogen. Der Innenhof bietet einen geeigneten, stilvollen Rahmen für Markttage, Ausstellungen oder Schauspielaufführungen.

Schönster Bau der Stadt ist die um 1400 aus Feldsteinen errichtete **Kirche** am Ende der kopfsteingepflasterten, steilen Rådhusgade. Heute ist das Langschiff weiß getüncht und steht in bemerkenswertem Kontrast zur Vorhalle aus Backsteinen, die auch Waffenhaus genannt wird, weil die Kirchgänger früher hier ihre Waffen ablegen mußten, und zum roten Fachwerkturm. Ebenso unkonventionell gingen die Dachdecker ans Werk, denn die Turmspitze ist mit Holzschindeln gedeckt, das Langschiff mit roten Dachpfannen und das Seitenschiff mit Schieferplatten. Zur Ausstattung der Kirche gehören ein sehenswerter, in naiver Manier bemalter, aus Holz geschnitzter Flügelaltar aus der Mitte des 15. Jh. und eine hölzerne Kanzel aus der Zeit um 1600. Im Schatten der kleinen Kirche steht der Marevadsten, ein um 1100 n. Chr. beschrifteter Runenstein. Auf dem benachbarten Friedhof liegt der Königliche Kammersänger Vilhelm Herold begraben, auf ihn sind die Hasler heute noch sehr stolz.

»Willkommen in der Gedenkstätte von Hasles weltberühmtem Sohn«, heißt es in der **Vilhelm-Herold-Gedächtnisausstellung,** die in einem kleinen Raum im Obergeschoß der Bibliothek von Hasle eingerichtet wurde, übrigens genau an der Stelle, an der früher Herolds Elternhaus stand. Sie nennt sich etwas großspurig ›Theater- und Musikhistorische Sammlung‹, denn außer einigen schönen alten Grammophonen wurden hier kaum mehr als zahlreiche Erinnerungsstücke an den Opernsänger zusammengetragen, der am 19. März 1865 in Hasle geboren wurde und am 15. Dezember 1937 ebendort starb. Abgerundet wird die Begegnung mit Vilhelm Herold durch ein akustisches Erlebnis: Während der Besucher das Leben des Tenors Revue passieren läßt, erklingt seine schöne Stimme, ein wenig schnarrend zwar, von Phonographenwalzen und Schellackplatten, seinerzeit der Technik letzter Schrei. Herold war einer der ersten Sänger überhaupt, die sich auf Schallplatten verewigen ließen. Das Luxus-

Grammophon in Vitrine 3 ist Teil seines Honorars für die erste Plattenaufnahme im Jahre 1904. Der Sänger, der auch ein begabter Bildhauer war – am Eingang des kleinen Museums ist die von ihm modellierte Büste seiner Mutter zu sehen –, arbeitete als Lehrer in Rønne, bis er im Alter von 26 Jahren am Theater der Stadt als Sänger debütierte. Es folgten, wie in der Ausstellung zu erfahren ist, 707 Auftritte auf dänischen Bühnen, bei denen er 29 Rollen gesungen hat. Darüber hinaus gab er ungezählte Gastspiele in den großen Opernhäusern der Welt. An seinem 50. Geburtstag trat Herold von der Bühne ab und verbrachte die weiteren 22 Jahre seines Lebens als Gesangslehrer.

Vilhelm Herold ist nicht der einzige Vorzeigesohn der Stadt. Einige der wichtigsten Männer beim Befreiungsschlag gegen die Schweden im Jahre 1658 stammten ebenfalls aus Hasle: Jens Kofoed, der in Rønne geboren wurde, aber in Hasle aufwuchs, Povl Anker, der Pfarrer, Peder Olsen, der Bürgermeister, und Nils Gumløse, der Landrichter von Hasle. Ihnen ist auf dem Marktplatz vor dem Rathaus ein Gedenkstein gewidmet. Von den damals nur 60 Familien des Ortes stellten zehn einen Anführer des Aufstands! Die Bronzebüste neben dem Gedenkstein stellt König Christian X. dar, der das Land von 1912 bis 1947 regierte, also auch während der schweren Zeit der deutschen Besatzung.

Von Hasle nach Hammershus über Helligpeder, Jons Kapel und Vang

Radfahrer nehmen direkt am Ortsende von Hasle den ausgeschilderten Radweg zum am Meer liegenden Dörfchen Helligpeder. Autofahrer biegen gut 2 km nördlich von Hasle von der Landstraße 159 nach links in eine schmale Straße ein, die hinunter zum Meer führt. Sie parken am besten vor dem Ort Helligpeder am Straßenrand und gehen weiter zu Fuß. Die schmale Küstenstraße ist einer der schönsten Rad- und Spazierwege der Insel, übrigens Teil des alten die Insel umgebenden Systems von Rettungsstegen. Von ihnen aus wurden in Not geratenen Schiffsbesatzungen Rettungsseile zugeworfen oder mit Harpunen hinübergeschossen. Im Wasser, trotz entsprechender Hinweisschilder nicht gut zu erkennen, liegen Schanzen aus dem 15. und 16. Jh. (s. S. 94).

Helligpeder und der Nachbarort **Teglkås** sind gemütliche Fischerorte im Puppenstubenformat, jeweils mit einigen Häuschen, vor denen die Fangnetze zum Trocknen aufgehängt sind, einem kleinen Hafen aus der Mitte des vorigen Jahrhunderts, einem Kiosk und einigen stillgelegten kleinen Fischräuchereien. Die freistehende Räucherei in Teglkås mit dem weißleuchtenden Doppelkamin und der phonetischen Inschrift ›Tailkaas 1900‹ ist die wohl meistfotografierte der In-

sel. Hinter Teglkås endet die Straße an einem Parkplatz bei **Gines Minde.** Das einzige, sonnengelb gestrichene Haus ist nach seiner einstigen Bewohnerin Gine Kure benannt, die es stets als geselligen Treffpunkt für die Bevölkerung dieses Teils der Insel offenhielt.

Reizvoll ist die Wanderung zu Fuß oder mit dem Rad über Gines Minde hinaus nach **Jons Kapel,** einem 22 m hohen, bizarr geformten Felsen. Fußgänger nehmen den Rettungssteg, der Weg ist ein wenig anstrengend und führt recht steil, mitunter über Treppen, bis zu einem kleinen Plateau oberhalb von Jons Kapel. Aber heute haben es Wanderer gut, sie steigen die vielen Stufen der steilen, schier endlos erscheinenden Holztreppe – im oberen Verlauf trennt ein Mittel-

Teglkås

Wohnhaus, die Felsspitze seine Kanzel. Jon muß sehr laut gesprochen haben, denn seine Gemeinde konnte seinen Worten einzig von der Uferböschung hoch über ihm lauschen.

Radfahrer müssen ihr Gefährt hinter Gines Minde ein ganzes Stück den Berg hoch schleppen und gelangen zu einem stark frequentierten Parkplatz noch weiter oben. Er ist Treffpunkt der Autoreisenden, Radwanderer und Spaziergänger. Hier stand früher das altehrwürdige, um die Jahrhundertwende errichtete Hotel Jons Kapel, das 1988 nach mehrjährigem Leerstand bis auf die Grundmauern abbrannte. Auto- und Radfahrer lassen ihr Gefährt hier stehen, um nach einem kurzen Fußweg zur Treppe hinunter zum Jons-Kapel-Felsen zu gelangen.

Nach dem Besuch von Jons Kapel durchquert der Radweg das 135 ha große Naturschutzgebiet **Ringebakkerne.** Der zauberhafte Weg führt an der 93 m hohen Felsformation Store Ringebakker und an stillgelegten, z. T. mit Wasser gefüllten Steinbrüchen vorbei und endet in einem höher gelegenen Ortsteil von **Vang,** einem Fischerdorf, das sich an die Steilküste schmiegt.

Die Hauptstraße von Vang schlängelt sich in mehreren Kehren an einem Gartencafé vorbei steil

geländer munter hinabsteigende von schnaufend emporkommenden Ausflüglern – recht bequem zum Wasser hinunter. Bei schlechtem Wetter können die Holzstiegen glitschig sein!

Mönch Jon, der Namenspatron, soll vom Felsen aus den heidnischen Bornholmern das Evangelium gepredigt haben. Die Höhle im Felsen war angeblich sein

Bornholms Schanzenanlagen

Zwischen Hasle und Helligpeder sind im Wasser in Ufernähe immer wieder flache Steinwälle zu erkennen. Sie sind Reste von Schanzenanlagen, die zu einem gewaltigen Aufrüstungsplan gehörten. Als der Nordische Siebenjährige Krieg zwischen Dänemark und Schweden ausbrach (1563–1570), ließ der Lübecker Hauptmann auf Bornholm, Schweder Kettingk, eine Bürgermiliz aufstellen, die Burg Hammershus verstärken und zusätzliche Schanzen entlang der Küste anlegen, die längste von ihnen zwischen Neksø und Balka. Diese Verteidigungswälle haben auf Bornholm eine bedeutende Rolle gespielt, und nur an wenigen Stellen Dänemarks wurden derart viele gebaut. Zu Beginn des vorigen Jahrhunderts wurde rund um die Insel durchschnittlich alle 400 m eine Schanze gezählt, nördlich von Hasle sogar alle 150 m. Sie wurden als lange, niedrige Erdwälle aufgeschichtet, die dicht an der Wasserkante lagen. Ihre Aufgabe war es, das die Insel verteidigende Fußvolk vor dem Beschuß durch feindliche Schiffe zu schützen und den Inselverteidigern im Nahkampf vorteilhafte Positionen zu sichern. Zum Meer hin waren die Schanzen als Gras- oder Torfwälle mit geraden Frontseiten getarnt, nach hinten hatten sie gebogene Flanken. Geschützstandplätze wurden aus Steinen erbaut.

Das System der Küstenschanzen funktionierte nur in Kombination mit einem ausgeklügelten Alarmsystem. Näherte sich der Feind an einer Stelle der Küste, mußte die Besatzung der dortigen Schanze dem ersten Ansturm standhalten. In der Zwischenzeit alarmierten Feuerzeichen, reitende Boten und das Geläut der Kirchenglocken die Miliz. Und dann halfen ja noch die ›Unterirdischen‹, die nach Bornholmer Überlieferung (s. S. 202) stets in die Kämpfe eingriffen...

zum Sport- und Fischerhafen hinunter, der von einer reizenden Fachwerkhäuserzeile stilvoll abgeschlossen wird: alte Bootshäuser, über deren Toren noch die Namen der Schiffe geschrieben sind. Mit Ausnahme einer kleinen, denkmalgeschützten Wassermühle von 1811 gibt es in Vang keine touristischen Sehenswürdigkeiten. Dennoch lieben viele Bornholm-Besucher, vor allem Segler, das ruhige Fischernest wegen seiner idyllischen Lage. Ihnen bietet sich vom Hafen aus ein ausgesprochen schöner Blick auf den in Terassen angelegten Ort. Früher ging es in Vang lebhafter zu, als die Steinbruchfirma Vang Stenhuggerier zwischen 1896 und 1967 immerhin 80 Bewohnern Arbeit gab. Die Steinmetzen schufteten unter extremem wirtschaftlichem Druck: Zerbrach ihnen ein Stein beim Behauen, erhielten sie keinen Lohn dafür, egal wie lange sie schon daran gearbeitet hatten. Zur Erinnerung an ein »edles, altes Handwerk und die Männer des Handwerks«, wie die Inschrift lautet, sammelten die Bewohner Vangs 1984 einige dieser achtlos ans Ufer gekippten Steine auf und stellten sie kreisförmig zu einem eigenwilligen Denkmal zusammen.

Hinter Vang führt der Radweg durch das romantische **Finnedal** und das nicht weniger verwunschene Wandergebiet **Slotslyngen** (Schloßheide) Richtung Hammershus. Hier müssen Radfahrer Kondition beweisen, denn der Weg geht mehrfach auf und ab. Kurz vor der Burgruine kreuzt er – weiter nach Allinge führend – den schmalen Autofahrweg, der kurz hinter dem Tierpark (s. S. 98) von der Landstraße 159 Richtung Burg abbiegt. Wer als Radfahrer Hammershus besichtigen will, muß der Autostraße folgen. Aber jedermann sollte sich Zeit für einen Spaziergang durch die Schloßheide nehmen! Verschiedene Fußwege, die vereinzelt Blicke auf die Ruine freigeben, erschließen die wildromantische Landschaft mit Heide und Felsen, auf denen Schafe grasen, mit Wäldern, Seen und Mooren. Niemand wird es verwunderlich finden, daß es auch den ›Unterirdischen‹ (s. S. 202) und Trollen rund um Hammershus gefällt, wie die Namen Troldsbjerg und Troldsmyr (Trollmoor) vermuten lassen. Liegt Nebel über Slotslyngen, glauben einige, Elfen tanzen zu sehen, und die Burg liegt wie ein verwunschenes Märchenschloß im Hintergrund.

Von Rønne nach Hammershus auf der Landstraße 159

Diese Tour führt zu einigen interessanten Sehenswürdigkeiten im Hinterland der Westküste. Die Landstraße 159, die schnellste Verbindung zwischen Rønne und dem Norden, kann bequem mit dem Auto befahren werden. Sie wird auch viel von Radfahrern genutzt. Immer wieder lohnen auch kleine Abstecher an die Küste, die allerdings für Radfahrer wegen der beachtlichen Höhenunterschiede mühselig sind.

Empfehlenswert ist auf jeden Fall ein Abstecher von der Landstraße nach Nyker (Abzweigung rechts 3 km hinter Rønne). Schon von weitem erblickt man das Wahrzeichen des Dörfchens: die **Nykirke** (Neukirche), eine der vier Rundkirchen Bornholms. Ihr ist am wenigsten anzusehen, daß die Rundkirchen einst als Wehrkirchen und Fluchtburgen errichtet wurden: Zumindest als Wehrturm ist sie nicht zu Ende gebaut worden, als einziger

Nykirke

fehlt ihr das dritte Stockwerk. Die Kirche hat keine Stützmauern und trägt auch nicht den Namen eines bestimmten Heiligen, denn sie ist eine Allerheiligenkirche. Viele Bornholm-Besucher halten sie für die schönste Rundkirche. Auf jeden Fall ist sie die kleinste und, wie ihr Name verrät, wohl auch die jüngste. Dabei liegt ihre Entstehungszeit kaum weniger lange zurück als die der drei anderen Rundkirchen, sie sind allesamt im Kern vor 1150 entstanden.

Auch in der Nykirke ist die schwere Mittelsäule, die das Hauptschiff trägt, mit einem gemalten Fries verziert, dessen frühgotische Fresken farbenfroh restauriert worden sind. In dreizehn Bildfolgen wird die Leidensgeschichte Christi erzählt; die Figuren sind einfach, fast primitiv, aber gerade deswegen so eindrucksvoll. Weitere freigelegte und konservierte Freskenfragmente sind über den gesamten Innenraum verteilt. Bemerkenswert sind der schlichte, spätromanische Taufstein aus gotländischem Kalkstein, ein Kronleuchter aus dem 16. Jh. und ein Stundenglas von 1690 neben der Kanzel. Letztere zieren vier Holzschnitzarbeiten aus der Werkstatt des Flensburger Künstlers Hinrich Ringerinck, die um 1600 entstanden sind.

In der Vorhalle steht neben einem Runenstein ein Grabstein für den im März 1648 gestorbenen Pfarrer Jens Nilsøn. Sein Name ist auch auf den Pfarrtafeln aufgeführt, die sämtliche Pfarrer von der Reformation bis heute mit Dienstjahren und Sterbejahr auflistet – darunter (Nr. 8) Pfarrer Hans Predbjørn, den der Tod am 24. März 1687 auf der Kanzel ereilte. Die Pesttafel an der gegenüberliegenden Seite zählt die Toten jeder Bornholmer Pfarrei in den beiden Pestjahren 1618 und 1654 auf. Vor dem Eingang der Kirche liegt links ein romanischer Grabstein aus Granit.

Der Glockenturm der Nykirke wurde im üblichen Bornholmer Stil als getrennt stehendes Gebäude 1640 errichtet. Die drei kleinen hölzernen Friedhofstüren haben die Zeiten überdauert. Früher waren sie überall üblich, weil ihr einfacher, aber sinnvoller Mechanismus sicherstellt, daß die Türen sich immer wieder von alleine schließen. Das südliche Türchen wurde 1678 gezimmert.

Auf den ersten Blick halten Ortsfremde den Langbau neben dem Kirchfriedhof für das Pfarrhaus, doch das liebevoll restaurierte Fachwerkhaus, einst Dorfschmiede, ist heute das **Atelier der Stoffkünstlerin Bente Hammer.** Sie entwirft farbenfrohe Stoffmuster und hat sich als Designerin von sportlich-eleganter Damenmode sowie von Tischwäsche einen Namen gemacht. Das Pfarrhaus liegt übrigens hinter Büschen verborgen auf der anderen Straßenseite gegenüber der Kirche. Daß der Wohnsitz von Pfarrer Jesper Hornstrup eher einem Bauernhof gleicht, hat einen triftigen Grund: Früher mußten die Pfarrfamilien auch Vieh züchten und Landwirtschaft betreiben, um mit dem spärlichen Verdienst über die Runden zu kommen.

Auf der Weiterfahrt nach Hasle ist die Schleife über **Klemensker** kein großer Umweg mehr. In diesem bis auf riesige Molkereianlagen eigentlich uninteressanten Ort befindet sich der einzige noch originale Landstraßen-Kro (Krug) der Insel, eines jener Traditionsgasthäuser, die einst auf königlichen Befehl im Abstand von Tagesetappen die Landstraßen säumten, um Unterkunft und Verpflegung Reisender sicherzustellen. Klemens Kro, über 300 Jahre alt, liegt, wie in Dänemark üblich, in der Nachbarschaft der überraschend großen Dorfkirche, der **Klemenskirke.** Für ihren Bau war 1881/82, als im Zuge der Erweckungsbewegung die Kirchengemeinden einen starken Zuwachs erfuhren, eine zu klein gewordene, romanische Kirche abgerissen worden (s. S. 50). Bemerkenswert sind bei der Innenausstattung neben einer alten Bornholmer Standuhr zwei moderne Altarbilder des berühmten Bornholmer Malers Paul Høm. An der Kirche stehen drei Runensteine, die beim Abriß des romanischen Vorgängerbaus geborgen wurden.

Der größte und schönste aller Bornholmer Runensteine, der **Brogårdsten,** steht nicht weit von Klemensker entfernt an der Landstraße 159 von Rønne nach Hasle. Er ist 2,67 m hoch und 2 t schwer. Ursprünglich stand er auf einem Hü-

97

gel, Ende des 18. Jh. wurde er als Brücke über das hier verlaufende Flüßchen Baggeå verwendet. 1868 entfernte man ihn wieder und stellte ihn an seinem heutigen Platz auf. Die entzifferte Inschrift lautet sinngemäß: »Svenger ließ diesen Stein für seinen Vater Toste und für seinen Bruder Alvlak und für seine Mutter und für seine Schwester errichten.« Auffallend ist, daß die Frauen nicht namentlich erwähnt werden.

Bevor Urlauber gleich hinter **Hasle** (s. S. 87) landeinwärts den Abstecher zur Rutskirke wählen, sollten sie noch an die Küste hinunterfahren, um zwischen **Helligpeder** und **Teglkås** spazierenzugehen (s. S. 91). Die **Rutskirke** thront 130 m über dem Meeresspiegel auf der zweithöchsten Erhebung der Insel. Die Lage des Gotteshauses, das ausnahmsweise nicht nach seinem Schutzheiligen, dem hl. Michael, benannt wurde, war von strategischer Bedeutung, was die an einen Festungswall erinnernde Kirchenmauer beweist. In romanischer Zeit wurden zuerst Schiff und Chor mit Apsis, etwas später der Westturm und eine Vorhalle im Süden gebaut. 1886 riß man den Turm ab, ersetzte ihn durch den heutigen Bau, verlängerte das Gotteshaus um ein paar Meter und entfernte die Vorhalle wieder. Sehenswerte Fresken sind an mehreren Stellen erhalten, und besonders schön ist die ornamentale Malerei in der Apsis. Der freistehende Glockenturm der Rutskirke soll der älteste auf Bornholm sein. Auch vor der nächsten Sehenswürdigkeit an der Küstenstraße, Bornholms Dyre- og Naturpark, bietet sich noch ein Abstecher an die Küste an, und zwar zum zauberhaften Örtchen **Vang** (s. S. 93). Mit einem Park hat **Bornholms Tier- und Naturpark** nichts zu tun: Ein stillgelegter Steinbruch beherbergt den kleinen Zoo, der unter Bornholm-Urlaubern immer mehr Freunde gewinnt. 60 Arten umfaßt die Liste der Tiere, die Besuchern am Eingang ausgehändigt wird. Känguruhs und Nasenbären halten sich beispielsweise in dem Gelände versteckt, in dem Gräben und Granitblöcke nach Möglichkeit Zäune und Gitter ersetzen, Zebras, Watussirindern und Emus gefällt es ebenso. Attraktion des in Zoofachkreisen nicht unbekannten Tierparks ist eine Kreuzung zwischen Zebradame und Eselhengst, Ebra oder Zesel genannt. Leider fehlen an den vielen Gehegen, Volieren und im Freigelände Hinweistafeln mit Erklärungen in Deutsch. (Sommersaison tgl. von 10–17 Uhr, außerhalb der Saison telefonisch erfragen, ✆ 56 48 15 65)

Wer kurz hinter dem Tierpark von der Hauptstraße Richtung Allinge links nach Hammershus abbiegt, gelangt – kurz hinter der Burg – rechter Hand zu einem Parkplatz mit dem Hinweis ›**arbeitendes Steinbruchmuseum**‹ **Moseløkken**. Bis dorthin führt ein etwa 2 km langer Spazierweg. Moseløkken ist einer der wenigen Steinbrüche der Insel, in dem noch Granit gewonnen wird. Selbstgemalte Schilder weisen Besucher nachdrücklich daraufhin, daß sie den eigentlichen Steinbruch nicht betreten dürfen. Im Moseløkkehus, das aus verschiedenen Bornholmer Granitsorten am Rande des Steinbruchs errichtet wurde, können sie eine Ausstellung über ›Bornholms Steinindustrie damals und heute‹ besuchen. Anschaulich demonstriert Verner Olsen mit Gehilfen, wie Granit einstmals mit Werkzeugen und Muskelkraft bearbeitet wurde. Besucher können sich auch selbst an einem Stein versuchen! (Mai–Okt. Mo–Fr 10–12 und 13–16 Uhr, ✆ 56 48 00 01)

Die Burg Hammershus

Über das Leben auf der Burg Hammershus und deren wechselhafte Geschichte informiert eine kleine, didaktisch gelungene Ausstellung im Neubau am Weg zur Burg. Nicht nur für kleine Museumsbesucher ist ein mannshohes Burgmodell anschaulichster Geschichtsunterricht. Mit winzigen Figuren, vom Gesinde bis zu den Rittern, sind darin Szenen aus dem Burgalltag nachgestellt. Wer lang genug sucht, entdeckt den König auf dem Plumpsklo. Videofilme und Diaaufnahmen dokumentieren die vorsichtigen Restaurierungsarbeiten an der Burgruine.

Noch vor zwei Jahrzehnten stand an der Stelle des Museums- und Restaurantneubaus das Hotel Hammershus, das auf Geheiß des Staates – natürlich gegen eine Entschädigung – abgerissen wurde. Nichts sollte den Blick auf Nordeuropas größte Burgruine stören (s. S. 42).

Daß von Burg Hammershus überhaupt noch etwas erhalten ist, verdanken die Bornholmer einer umsichtigen Maßnahme: Schon 1822 wurde die Burganlage unter Denkmalschutz gestellt. Bis dahin wurde die Burg, die 1743 aufgegeben worden war, von den Inselbewohnern eifrig als Steinbruch mißbraucht. Die Anfänge der Festung liegen im Dunkeln. Historiker vermuten, daß mit dem Bau etwa 1250 im Auftrag des Erzbischofs von Lund (ehem. dän. Provinz in Südschweden) begonnen wurde. Die Burg wurde so stark befestigt, daß sie zahlreiche Belagerungen überstand, die längste dauerte 18 Monate. Als die Lübecker zwischen 1526 und 1576 die Rechte zur wirtschaftlichen Nutzung Bornholms erhielten, bauten sie Hammershus weiter aus. Jene Bauphase können auch Laien anhand des verwendeten Baumaterials, Ziegel mit Lübecker Siegel, leicht erkennen. Die militärische Bedeutung von Hammershus schwand im Laufe des 17. Jh. mit der Entwicklung weitreichender Artilleriegeschosse. Weitere 100 Jahre diente die Burg dann noch als Garnison und Staatsgefängnis.

Besucher dürfen fast die gesamte Schloßanlage ohne Einschränkung betreten. Auf Tafeln sind die Gebäudereste und ihre ehemaligen Funktionen so gut erklärt, daß sich jeder zurechtfindet. Aufstiege mit Kinderwagen sind recht beschwerlich, obwohl die schmalen Fußwege inzwischen zu Gehwegen erweitert worden sind. Ein **Obelisk**, der 1912 vor der Schloßbrücke aufgestellt wurde, erinnert an die endgültige Befreiung Bornholms von der schwedischen Herrschaft im Jahre 1658 (s. S. 75). Die Inschrift lautet: »Das Volk zerbrach sein fremdes Joch hier, wo die Klippe die See bricht. Freies Volk spricht die Sprache der Väter, denn Bornholm ist Dänemarks Insel.«

Schon der Aufstieg über buckeliges Pflaster und der Gang über die **Schloßbrücke,** die früher eine Zugbrücke war, sind ein Erlebnis. Durch zwei Burghöfe gelangt man in den ältesten Teil von Hammershus, zur inneren Burg mit dem Hauptturm, dem recht gut erhaltenen **Manteltårn.** Sein Tor, das mit einem Fallgitter und einer 9 cm starken Flügeltür verschlossen werden konnte, war ursprünglich der einzige Zugang zur Burg. Die Schlitze für das Fallgitter und die Türangeln sind noch zu sehen. Die drei unteren Stockwerke des Manteltårn sind aus Granit und zeigen deutlich, wie hoch der erste Turm reichte. Erst die Lübecker stockten den Bau mit Ziegeln auf. Zuletzt war er sechs Stockwerke hoch und trug ein doppeltes Satteldach wie die Aakirke in Aakirkeby (s. S. 199). Im inneren Burghof führte eine gemauerte Freitreppe zum zweiten Stockwerk des Turms hinauf, die weiteren Etagen wurden durch Innentreppen erschlossen. Im zweiten Stockwerk befand sich die Schreibstube der Burg, das dritte nahmen Wohnräume ein. In einem Raum im vierten Stock saßen 1660/61 der Königsattentäter und ehemalige Reichshofmeister am Hofe Frederiks III. Corfitz Ulfeldt und seine Gattin Leonora Christina, die Schwester des Königs, sowie deren Kammerdiener in Haft. Doch der Hausarrest geriet unter dem Gouverneur Adolph Fuchs zu einer Kette von Demütigungen, und so entschloß sich das Ehepaar zu einer spektakulären Flucht. An Laken, die sie aneinandergebunden hatten, ließen sie sich 13 m tief in den Schloßhof hinunter und stiegen von dort die Klippen zum Meer hinab. Auf der Suche nach Fluchthelfern schleppte die Gräfin ihren kranken und schwachen Gatten bis nach Sandvig, wo sie zu ihrem Unglück bei Sonnenaufgang erkannt und erneut inhaftiert wurden, diesmal allerdings in getrennten Zimmern. Mit der Auflage dem Staat einen Teil ihres Vermögens abzutreten, wurden sie neun Monate später freigelassen.

Seit dem späten Mittelalter lehnt an der Nordseite des inneren Burg-

◁ Burg Hammershus

Hammershus

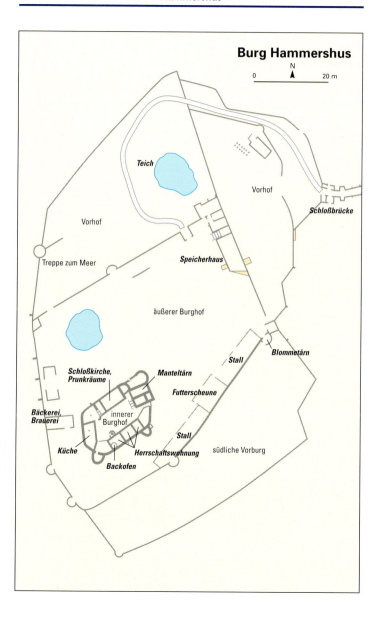

hofs ein Backsteinbau gegen die Ringmauer, der die Schloßkirche und im Stockwerk darüber die Prunkräume der Burg beherbergte, das Königszimmer und den Königssaal. Hier stieg Christian IV. bei seinen Besuchen auf Hammershus ab. Im großen Westflügel befanden sich im Untergeschoß wahrscheinlich die Küche und im Obergeschoß verschiedene Wohnräume. Der herrschaftliche Wohntrakt war vom Manteltårn in den Südflügel verlegt worden, in dessen unteren Geschoß noch der Backofen der Küche zu sehen ist. Die Wohnräume im oberen Stockwerk konnten nur über einen Treppenturm erreicht werden. Als die Bausubstanz der Gemäuer immer schlechter wurde, suchten sich die Lehnsherren außerhalb der Burg Unterkunft und richteten hier Mannschaftsquartiere für die Soldaten ein.

Den Schloßhof um die innere Burg umgibt eine mächtige Festungsmauer, die nach Westen, teilweise auch nach Osten hin noch in gutem Zustand ist. Im Laufe der Jahrhunderte wurden innerhalb dieser Mauer zahlreiche Gebäude errichtet, von denen einige noch heute ein anschauliches Bild des Lebens auf der Burg vermitteln. Am besten erhalten ist der **Blommetårn** in der Südostecke des Geländes mit seinen markanten Treppengiebeln. Fälschlicherweise wird er auch Ulfeldts Turm genannt, obwohl der Graf hier niemals eingesessen hat. In der Nordostecke des Schloßhofs nahm das Speicherhaus, der größte Bau der Burg, den Zehnten auf, die in Naturalien, vorwiegend Getreide, geleisteten Abgaben der Bornholmer. An der Festungsmauer im Süden liegen die Reste einer Futterscheune mit ehemals angrenzenden Ställen. Neben diesen stand früher ein Feldstein mit der Abbildung des sogenannten St.-Laurentius-Rostes. Der Heilige, im Jahre 258 auf einem Rost zu Tode gefoltert, war Schutzpatron des Doms von Lund. Seit 1966 ist der Stein in eine Wand im inneren Burghof eingemauert.

Hammeren – Bornholms Nordspitze

Von Hammershus führt eine kleine Straße in einem Bogen hinunter ans Meer zum Fischerei- und Sporthafen **Hammerhavn**. Die Hafenanlage wurde Ende des letzten Jahrhunderts zu Füßen des Hammeren angelegt, um den in dieser Region gebrochenen Granit abtransportieren zu können. Heute starten im Sommer von hier kleine Boote zu Ausflugsfahrten entlang der bizarren Klippenküste unterhalb der Ruine Hammershus. Höhepunkte der Fahrten sind die Grotten **Våde** und **Tørre Ovn** (Nasser und Trockener Ofen) und natürlich die eigenwillige Felsformation mit dem Namen **Kamelhovederne** (Kamelköpfe), nicht zu verwech-

Hammeren

Kamelhovederne

seln mit **Løvehovederne** (Löwenköpfe), eine Felspartie direkt in der Klippenwand.

Nicht mehr weit ist es von Hammerhavn nach Sandvig, von wo aus man den riesigen Granitbuckel im Norden der Insel, Hammeren oder Hammerknuden genannt, erwandern kann. Bester Ausgangspunkt für die Erkundung des 200 ha großen Areals, das sich 80 m über den Meeresspiegel erhebt, ist das Freibad Østersøbadet am Ortsrand von Sandvig, wo ein besonders schöner, streckenweise südländisch anmutender Rundweg beginnt, auf dem einem Gegenwind allerdings sehr zusetzen kann. Er passiert den 1895 errichteten **Leuchtturm** *(fyr)* **von Hammerodde,** der leider nicht besichtigt werden kann, und verläuft entlang der Küste weiter zur denkmalgeschützten Ruine von **Salomons Kapel,** einer kleinen Kapelle aus dem 14. Jh.

Hinter Salomons Kapel können Wanderer den Weg zum Ornebjerg (Adlerberg, 68 m) und weiter zur höchsten Erhebung (82 m) des Hammeren fortsetzen. Dort oben steht der 1872 errichtete, 21 m hohe **Leuchtturm von Hammeren.** Über eine schmale, kurvenreiche Zufahrtsstraße, die am Hammersø und dem gleichnamigen Hotel nach links von der Straße Hammershus–Sandvig abzweigt, läßt er sich auch mit dem Auto anfahren. Da er besichtigt werden kann, ist er ein beliebtes Ausflugsziel. Seine Linse aus Kristallglas wurde 1870 in Paris gegossen und verstärkt

Hammeren

Leuchtturm von Hammerodde

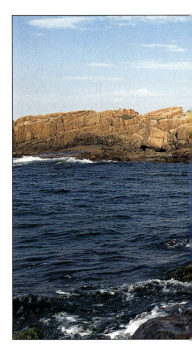

noch heute das Licht einer 1000-Watt-Birne um das 300fache – ihr Blinklicht strahlt 20 Seemeilen weit. Eine halbe Stunde vor Sonnenuntergang wird das Leuchtfeuer, das bis kurz nach Sonnenaufgang brennt, eingeschaltet. Bei Stromausfall erfolgt eine automatische Umstellung von Strom auf Gas, wobei das Gaslicht nur ein Drittel der Stärke des elektrischen Blinklichts erreicht. Längst werden die Leuchttürme in Hammeren, Hammerodde, Svaneke und Dueodde nicht mehr von einem Leuchtturmwärter, sondern zentral von einer Station in Hammerodde aus gesteuert.

In ehemaligen Steinbrüchen sind zwei Seen in der Nähe des Leuchtturmes von Hammeren entstanden: der **Krystalsøen** (Kristallsee) und der größere **Opalsøen** (Opalsee). Die Steinbrucharbeiten, die Hammerknuden an einigen Stellen arg in Mitleidenschaft gezogen hatten, wurden erst 1970 endgültig eingestellt. Seitdem steht das ganze Gebiet unter Naturschutz. Ein dritter See, der **Hammersø,** ist natürlichen Ursprungs und mit knapp 700 m Länge und 13 m Tiefe Bornholms größter See.

Information: Hasle Turistbureau, Karetmagergården, Havnegade 1, 3790 Hasle, ✆ 56 96 44 81, Fax 56 96 41 06

Hotels: Herold, Vestergade 65, 3790 Hasle, ✆ 56 96 40 24, einfach, ordentlich; Hammersø, Hammershusvej, Sandvig, 3770 Allinge, ✆ 56 48 03 64, Fax 56 48 10 90, Familienbetrieb, am Hammersø; Hasle Feriepark, H. C. Sierstedsvej 2, 3790 Hasle, ✆ 56 96 45 22, Fax 56 96 52 30, einfach, im Grünen; Skovly, Nyker Strandvej 40, 3700 Rønne, ✆ 56 95 07 44, Fax 56 95 48 23, idyllisch gelegen

Jugendherberge: Hasle Vandrerhjem, Fælledvej 28, 3790 Hasle, ✆ 56 96 41 75

Camping: Hasle Familie Camping, Fælledvej 30, 3790 Hasle,

Hammeren

✆ 56 96 42 02, Fax 56 96 42 31, im Grünen, nicht weit vom Strand

Restaurants: Klemens Kro (auch Hotel), Klemens Storegade 12, Klemensker, ✆ 56 96 63 00 und Fax 56 96 63 01, typischer Landgasthof, rustikal; Le Port, Vang 81, 3790 Hasle, ✆ 56 96 92 01, Fax 56 96 92 71, französische Küche

Cafés: Cafeteria Slotsgården, Ausstellungshaus Burg Hammershus, einfach, zweckmäßig

Einkaufen: Bente Hammer (Textilien), Hovedgade 32, Nyker, ✆ 56 96 33 35; Vibeke Berland (Keramik), Rutsker Mühle, Borrelyngvej 28, 3790 Hasle, ✆ 56 96 90 30

Feste: Heringsfest am 2. Juli-Wochenende in Hasle

Aktivitäten: *Segeln:* Häfen für Segler in Hasle und Vang; *Küstenfahrten ab Hammerhavn:* nur bei gutem Wetter, ✆ 56 48 04 55

Strände: kilometerlanger Sandstrand zwischen Rønne und Hasle, bei Wind Baden sehr gefährlich.

 Fahrradverleih: Hasle Cykelforretning, Storegade 21, 3790 Hasle, ✆ 56 96 40 60

Die Nord-ostküste

Von Sandvig nach Tejn

Die Olskirke

Von Tejn zu den Helligdoms-Klippen

Gudhjem

Abstecher zur Østerlarskirke

Gutshof bei Østerlars

Traditionelle Sommerfrischen – Die Nordostküste von Sandvig bis Gudhjem

Die Urlauber, die auf Ferien in Bornholms Nordosten schwören, schätzen die Geselligkeit der traditionellen Sommerfrischen Sandvig und Allinge. Die Küste zwischen Tejn und Gudhjem säumen markante Felsformationen, nirgendwo auf der Insel ist das Zusammenspiel von Licht und Wasser, Wind und Felsen eindrucksvoller. Das Naturschauspiel lockt seit über 100 Jahren Maler an. Ihre Werke sind im Neubau des Bornholms Kunstmuseums an der Küste bei Rø zusammengetragen. Auch das Bilderbuch-Städtchen Gudhjem zieht seit jeher Künstler an.

Von Sandvig nach Tejn

Allinge und Sandvig sind besonders stark vom Tourismus geprägt, schon allein durch die vielen Hotels, die größtenteils vor dem Ersten Weltkrieg gebaut wurden. Die Hotelanlagen ziehen sich inzwischen über Allinge hinaus bis Sandkås und Tejn, so daß die vier Orte fast nahtlos ineinander übergehen.

Selbst wenn Kritiker diese Entwicklung beklagen, müssen sie einräumen, daß es eine Entwicklung mit Augenmaß ist: Große Werbetafeln und aufdringliche Hinweisschilder sind verpönt, zwischen den einzelnen Häusern gibt es immer noch genügend Fläche mit viel Grün, und jedes hat seine eigene Note.

Es sind nicht die Sehenswürdigkeiten, die **Sandvig** bei Feriengästen so beliebt machen, denn vom schmalen, aber schönen Sandstrand – übrigens der einzige der Insel mit kompletter Ausstattung von Umkleiden bis zu Liegestühlen und Strandaufsicht – und einem Wellenbad einmal abgesehen, hat der Ort keine Attraktionen vorzuweisen. Vielmehr sind es die engen Straßen und geduckten Häuser im typischen Bornholmer Fachwerkstil, Hotels und Pensionen, die schon ein wenig Patina angesetzt haben, zahlreiche Restaurants und Cafés, allesamt bemerkenswert geschmackvoll ausgestattet und äu-

Von Sandvig nach Tejn

ßerst gemütlich, sowie die vielen kleinen Geschäfte, die den Charme des Städtchens ausmachen und ihm die Atmosphäre eines Seebades im Puppenstubenformat verleihen. Obwohl sich der Tourismus in Sandvig stärker konzentriert als in der Schwesterstadt Allinge, wirkt der Ort weitaus beschaulicher.

Sandvig ist so klein, daß ein Rundgang nicht viel Zeit in Anspruch nimmt. Das kleine, trutzige Gebäude am Hafen ist das frühere Rathaus. Der Spaziergang durch die Rådhusstræde und Strandgade landeinwärts führt zum Landemærket, dem Marktplatz, an dem mehrere stattliche, 200 Jahre alte Bau-

Von Sandvig nach Tejn

ernhöfe liegen. Schließlich sollten Stadtbummler über die Skolestræde und Strandgade, vorbei an besonders schönen Fachwerkhäusern, dem Hammershusvej noch einen Besuch abstatten. Dort fällt eine Zeile von 20 gleichförmigen Reihenhäusern auf, die um 1890 vom Hammeren-Steinbruch für die – meist aus Schweden stammenden – Arbeiter errichtet wurde.

Hinter Sandvig fährt man auf der Hauptstraße durch ›Mellembyerne‹ (Zwischen den Städten), wie das dichtbebaute Gebiet zwischen Sandvig und Allinge heißt. Bei den Tennishallen rechts der Straße weist ein Schild mit der Aufschrift ›**Madsebakke**‹ auf die größte Ansammlung von Felszeichnungen *(helleristninger)* ganz Dänemarks hin. Die Felszeichnungen aus der Bronzezeit (1800–500 v. Chr.) sind nicht die einzigen auf Bornholm, aber bei weitem die schönsten. Sie zeigen Umrisse von Füßen, Radkreuze, zahlreiche schalenförmige Vertiefungen und zwölf deutliche Abbildungen von Schiffen (s. S. 48).

Am Ortseingang von **Allinge** haben sich Bornholmer Künstler und Kunsthandwerker eine Attraktion ganz besonderer Art einfallen lassen: Die Mitglieder des Vereins Bornholmer Keramiker, dem auch Glasbläser angehören, haben im ehemaligen Kino in der Havnegade die ständige Verkaufsausstellung Kampeløkken (✆ 56 48 17 66) eingerichtet. Urlauber, die Freude an Kunsthandwerk aus Ton und Glas in dänischem Design haben, können sich hier einen Überblick über die Bornholmer Keramik- und Glaskünstler und deren Stilrichtungen verschaffen. Die Werke werden zu Herstellerpreisen verkauft. Ausdrücklich sind die Besucher eingeladen, auch die Werkstätten der Mitgliedsbetriebe aufzusuchen und den Keramik- und Glaskünstlern bei ihrer Arbeit zuzuschauen.

Der Ort Allinge, den eine freundliche Kleinstadt-Atmosphäre prägt, verfügt über ein Rathaus, das als solches nicht mehr genutzt wird, seit die Verwaltung in einen großzügigen, modernen Neubau in Tejn umgezogen ist, eine Polizeistation, eine Bibliothek in einem restaurierten Haus mit Turm, Banken, viele Geschäfte, zwei Häfen und eine sehenswerte Kirche. Letztere erhielt ihr heutiges Aussehen im Jahre 1892, als das spätgotische Langschiff um Chor und Querschiff erweitert wurde. Der Turm, dessen Kern aus der Renaissance stammt,

Radkreuz

Von Sandvig nach Tejn

Madsebakke

wurde im oberen Teil ebenfalls im vorigen Jahrhundert erneuert. Kostbarstes Ausstattungsstück der Kirche ist die reichgeschnitzte Kanzel aus der Mitte des 17. Jh.

Von der Kirche ist es nicht weit bis hinunter zum Kæmpestranden am Meer: Dort liegt Arne Jakobsens Nordbornholms Røgerie, eine der größten Räuchereien der Insel, die auch den Winter über arbeitet und täglich frisch geräucherte ›Bornholmer‹ und andere Fischspezialitäten verkauft. Urlauber finden in Allinge an Bademöglichkeiten nur einen kaum erwähnenswerten Ministrand.

In **Sandkås,** einem gesichtslosen Ort ohne Zentrum südlich von Allinge, gibt es wieder bessere Bademöglichkeiten. Von Felsklippen geschützt erstreckt sich eine unterschiedlich breite Sandbucht über mehrere 100 m. Wie an vielen Stränden Bornholms warnen auch hier wegen gefährlicher Unterströmungen Schilder nachdrücklich vor dem Baden, wenn der Wind vom Meer her weht.

Im nächsten Ort, dem ehemaligen Fischerdörfchen **Tejn,** wurde der privat von einem Hafenverein betriebene Hafen vor einigen Jahren zum drittgrößten Fischereihafen der Insel ausgebaut. Spannend ist es, die Wartungs- und Reparaturarbeiten an aufgedockten Fischkuttern zu verfolgen. Von diesen haben nur noch zwei Dutzend Tejn zum Heimathafen, die bedeutende Fischindustrie des Ortes, seit ein paar Jahren zu einem Großunternehmen zusammengeschlossen, ist deshalb auf Zulieferung durch ortsfremde Fischer angewiesen. Hafen und Ort wirken modern, die typischen Bornholmer Fachwerkhäuser sucht man hier vergebens. Einzige Attraktion ist eine kleine Bockwindmühle, die versteckt oberhalb des Dorfes liegt. Das Alter der unter Denkmalschutz stehenden Mühle, die bis in die 40er Jahre hinein in Betrieb war, wird auf 200 Jahre geschätzt. Dabei brachte sie vor 150 Jahren einen Umzug hinter sich: Sie stand erst in Årsballe, wo sie auch gezimmert wurde.

Die Olskirke

Die Olskirke

Von der Küste bei Tejn lohnt ein Abstecher landeinwärts zur nur knapp 2 km entfernten Olskirke (Mo–Sa 9–12 und 14–17 Uhr, Eintritt). Die dem heiligen Olaf geweihte Rundkirche hat von allen vier Rundkirchen der Insel den geringsten Durchmesser, weshalb das Gotteshaus im Vergleich zu den anderen dreien höher erscheint. Trotz der auch hier nachträglich angesetzten Stützpfeiler wirkt die Olskirke noch schlank und gleichzeitig auffallend wehrhaft. Die neun Öffnungen im oberen Geschoß waren ursprünglich keine Fenster, sondern Schießscharten. Der Turm konnte außerdem von einer hölzernen Galerie aus verteidigt werden, die in Krisenzeiten oberhalb der Schießscharten an Balken aufgehängt wurde; 22 Balkenlöcher sind noch deutlich zu sehen, zwei weitere befinden sich unter der östlichen Luke über dem Chor.

Den hölzernen Giebel der Vorhalle, Waffenhalle genannt, weil hier alle Kirchenbesucher ihre Waffen niederlegen mußten, ziert eine moderne Schnitzarbeit: Die hölzerne Olafstatue wurde in den 50er Jahren angefertigt. Aus der gleichen Zeit stammt der Altar mit der figürlichen Darstellung der Osterbotschaft, eine Keramikarbeit des heimischen Künstlers Gunnar Hansen. Die sehr schöne Holzkanzel ist ein Werk der Frührenaissance, wurde aber erst im 18. Jh. mit Darstellungen von Kreuzigung, Himmelfahrt und den Evangelisten bemalt. Der Taufstein ist romanisch. Fresken – keine figürliche Darstellungen, sondern Rankenornamente – sind nur noch an der Gewölbedecke im Schiff erhalten.

Vor dem Altar beginnt eine sehr schmale, steile Treppe, die zu den beiden oberen Stockwerken führt. Nur von außen ist zu erkennen, daß das Treppenhaus an die Außenwand der Rundkirche angesetzt und mit einem eigenen kleinen Dach versehen wurde. Faszinierend ist, wie die dünne Mittelsäule im 1826 restaurierten ersten Stockwerk aus dem Gewölbe des Kirchenschiffs förmlich herauswächst. Das zweite Stockwerk erlaubt einen Blick auf die imposante, hölzerne Dachkonstruktion. Das Kegeldach ist wie bei allen Rundkirchen eine spätere Zufügung. Auch die Olskirke besitzt einen frei stehenden Glockenturm, dessen unterer Teil aus Stein gemauert wurde. Der obere Abschluß wurde aus Holz gezimmert und zusätzlich mit Brettern verkleidet.

Von Tejn zu den Helligdoms-Klippen

Zurück zur Küstenstraße liegt ein paar Kilometer südlich von Tejn **Stammershalle** – man liest häufig auch die Bezeichnung Stammers-

Helligdomsklipperne

halde –, ein offenes Felsen- und herrliches Picknickgelände mit weitem Blick über das Meer. Schon unsere steinzeitlichen Vorfahren erkannten die Schönheit dieses Platzes, denn Funde von Gerätschaften aus Feuerstein beweisen, daß er schon zur Mittelsteinzeit (7500 bis 5500 v. Chr.) bewohnt war. Über Jahrtausende hinweg diente Stammershalle auch als Begräbnisstelle.

Wie so häufig auf Bornholm ist auch mit diesem Platz eine Sage verbunden: Die schöne Klippenlandschaft soll einst den Wikinger Stammer zur Vernunft gebracht haben, der an Land gekommen war, um zu plündern, was es nur zu plündern gab. Er schwor seinem bisherigen Lebensweg als Seeräuber ab und wurde zum braven Bornholmer Bürger. Eigenhändig soll er als Zeichen seiner Wandlung die drei Bautasteine gesetzt haben, die in Stammershalle schräg aus dem Boden ragen.

2 km weiter südlich liegt rechts der Straße ein Parkplatz, von dem ein nur 2 km langer, bequemer Spaziergang durch **Døndalen,** häufig auch Dyndal genannt, das Donnertal, zum größten Wasserfall Dänemarks führt. Die ganze Pracht der 22 m tief hinabstürzenden, das tief eingeschnittene Tal mit lautem Getöse erfüllenden Wassermassen genießen Besucher aber nur im Winterhalbjahr oder nach sehr starken Regenfällen. Als eines der ersten in ganz Dänemark wurde das verwunschene Tal 1970 zum Naturschutzgebiet erklärt, bis dahin war es Privatbesitz und gehörte zu zwei Höfen in der Nachbarschaft. 500 verschiedene Pflanzen, etwa ein Drittel der Pflanzenvielfalt Dänemarks, wachsen hier. Für Botaniker ist das Frühjahr der ideale Zeitpunkt für einen Besuch. Ein Zwiebel- oder Knoblauchduft durchzieht in dieser Jahreszeit das ganze Tal und macht sich häufig auch oben auf der Autostraße bemerkbar. Er wird von einer Zwiebelart (Ramsløg) verbreitet, deren intensiver Geruch alle anderen Düfte überlagert. Der Spazierweg verläuft am Talboden zu beiden Seiten des Flüßchens Døndal Å. Am ›Amts-

Von Tejn zu den Helligdoms-Klippen

Bornholms Kunstmuseum

mandstenen‹, der tiefsten Stelle der Schlucht, führt eine (beschwerliche!) Treppe hoch hinauf zu einem Aussichtspunkt, dem das ganze Tal zu Füßen liegt.

Zwischen Tejn und Gudhjem erstreckt sich eine imposante Fels- und Klippenküste. Zu den eindrucksvollsten Felsformationen, den **Klippen von Helligdommen** (Helligdomsklipperne), führt ein knapp 1 km langer Weg vom Døndalen-Parkplatz, Spaziergänger erreichen den Küstenwanderweg aber auch unterhalb des Bornholms Kunstmuseums, beim Park- und Picknickplatz ›Bornholmer Pladsen‹, der ein wenig südlich des Museums an der Landstraße liegt, oder über einen kilometerlangen Spazierweg ab Gudhjem. Der ehemalige Rettungsweg schlängelt sich auf und ab, manchmal auf Stegen über das Wasser, und eröffnet immer wieder überraschende Ausblicke auf die bis zu 22 m hohen Felstürme. Am besten lassen sich die in der Klippenlandschaft versteckten Höhlen vom Boot aus bewundern. Im Hafen von Gudhjem und unterhalb der **Libertsklippen** nördlich der Felsformationen startet der Ausflugskutter ›Thor‹ zu regelmäßigen Besichtigungsfahrten. Die Touren des 70 Passagiere fassenden Oldtimerschiffs von 1913 werden auch in Deutsch kommentiert. Beeindruckend ist die Fahrt dicht an den **Tørre Ovn** (Trockener Ofen), eine Grotte, die 23 m in den Felsen hineinreicht.

Der **Våde Ovn** (Nasser Ofen), in den kleine Boote sogar hineinfahren können, ist 17 m tief. Vom Flugplatz des nahegelegenen Ortes Rø startet bei gutem Wetter mehrfach täglich ein Sportflugzeug zum grandiosen Rundflug über die Klippen.

Übersetzt heißt Helligdomsklipperne übrigens Heiligtumsklippen: Auf ihnen soll einmal eine der Dreifaltigkeit geweihte Kapelle gestanden haben. In einer Höhle unter dem größten Felsen sprudelt eine Quelle, zu der die Bornholmer im Mittelalter pilgerten, weil sie dem Quellwasser heilende Kräfte zuschrieben.

Das Wasser der Helligdomsquelle spielte bei der Konzeption des Museumsneubaus, der zu Beginn der 90er Jahre an der Stelle des altehrwürdigen, leider aber baufälligen Hotels Helligdommen oberhalb der Klippen errichtet wurde, eine große Rolle. Gegen die Baupläne der dänischen Architekten Johan Foghs und Per Følner für das **Bornholms Kunstmuseum** hat sich angeblich die halbe Bevölkerung der Insel in einer Unterschriftenaktion ausgesprochen, auch heute noch ist der avantgardistische Bau längst nicht allgemein akzeptiert. Der von einem massiven Turm gekrönte, in drei Ebenen angelegte Gebäuderiegel paßt sich an das Gefälle der Steilküste an. Das Innere des Baus, für den nur natürliche Materialien wie Ziegel, Granit, Sandstein, Holz und Zink verwandt wurden, durchzieht ein Mittelgang, an den sich die Ausstellungsräume zu beiden Seiten anschließen und durch den in einem dünnen Rinnsal das hochgepumpte Wasser der Helligdomsquelle bergab fließt.

Ein Bild des Malers Michael Ancher von 1879, das die Helligdoms-Klippen zeigt, ist nur eine der vielen Kostbarkeiten des Museums, dessen Kunst- und Kunsthandwerksammlung – letztere übrigens die größte außerhalb Kopenhagens – in engem Bezug zu Bornholm steht. In Wechselausstellungen werden Keramik- und Glaskunstwerke, Malereien und Skulpturen von Kunsthandwerkern und Künstlern der Insel vorgestellt. Der Schwerpunkt der Dauerausstellung liegt auf Werken der Modernisten der sogenannten Bornholmer Schule (s. S. 48 f.; Mai–Sept. Mo–Sa 10–17 Uhr, Okt.–April Di, Do, Sa 13–16 Uhr).

Wem es nach soviel Kunst nach einem Spaziergang gelüstet, kann sich den Wunsch gleich in Museumsnähe erfüllen: **Rutsker Højling,** die Hochheide von Rutsker, ein ansprechendes Wandergebiet, ist über Rø zu erreichen. Wer nicht gerade ein Flug- oder ein Golffan ist – Golfspieler schätzen die beim Flugplatz liegende Anlage wegen ihrer z. T. durch Wald und Fels verlaufenden Bahn –, wird sich in **Rø** selbst nicht lange aufhalten: Allenfalls die beiden Windmühlen, die eine nur mit Flügelstummeln, die andere mit intaktem Flügelbaum, und die kleine Dorfkirche sind sehenswert. Mittelalterlichen Vorbildern nachempfunden, wirkt die 1888 eingeweihte Kirche wie eine kleine Festung. Auch sie entstand im Zuge der Erweckungsbewegung. Aus dem abgerissenen romanischen Vorgängerbau wurden lediglich Altar und Kanzel in die farblich sehr geschmackvoll abgestimmte Innenausstattung übernommen.

In dem Naturschutzgebiet Rutsker Højling führt ein schöner Wanderweg zu den vier **Wackelsteinen** (Rokkestenen). Um die Enttäuschung vorwegzunehmen: Die Findlingsblöcke wackeln längst nicht mehr. Ebenso reizvoll ist eine Wanderung durch die etwas weiter südlich gelegene **Rø Plantage,** ein Waldgebiet, das in den Jahren 1956, 1967 und 1981 von verheerenden Stürmen heimgesucht wurde, so daß der Baumbestand heute von Fichtenanpflanzungen dominiert wird. Die Sturmschäden waren so stark, daß Sägewerke mit der Verarbeitung des Bruchholzes nicht nachkamen. Um die Baumstämme zu konservieren, wurde im Spaltental ›Sønder Borgedal‹ ein See angelegt, heute ein sehr idyllischer Platz.

Zurück zur Küste stehen auf dem Weg von den Helligdoms-Klippen nach Gudhjem kurz vor Gudhjem am linken Straßenrand drei Bautasteine, **Hestestene** (Pferdesteine) genannt. Der Sage nach sind die drei treue, zu Stein gewordene Pferde, die ewig auf die See hinausblicken, weil dort ihr Besitzer sein Leben ließ.

Gudhjem

Die Maler, die nach 1911 Bornholm für sich entdeckten, erhoben neben der Erbseninsel Christiansø den kleinen Ort Gudhjem zur Künstlerkolonie. Sie waren begeistert vom südlichen Gepräge des Städtchens, vom Licht und von seiner einzigartigen Lage. Gudhjem wurde terrassenförmig vom Meer den fast 50 m ansteigenden Hügel Bokul hinaufgebaut – eine Stadtanlage, die für den Autoverkehr eine Serpentinenstraße, übrigens die einzige Dänemarks, erforderlich machte.

Der sichere und günstig gelegene Hafen, der sich vorzüglich als Standort für den Heringsfang und -handel eignete, war der Grund dafür, daß Gudhjem im Mittelalter zu einer Art Handelsfiliale der Hansestädte aufstieg. Die Stadtprivilegien, die Gudhjem damals besaß, gingen in der Mitte des 17. Jh. verloren. Im Pestjahr 1653 starb fast jeder zweite Bewohner, aber die Bedeutung als Fischerort wuchs schon bald wieder an, weil sich viele Bewohner der dänischen Provinzen Südschwedens – Skåne, Blekinge und Halland – in Gudhjem niederließen. Ihre Heimat war, wie Bornholm, beim Frieden von Roskilde 1658 an Schweden gefallen. Noch im selben Jahr erhob sich Bornholm als einzige der abgetretenen Provinzen gegen die Fremdherrschaft und wurde wieder dänisch (s. S. 75). Der Hafen von

Erst Silber, dann Gold
Schmackhafte Bornholmer

Was wäre Bornholm ohne Bornholmer! Sie sind groß, schön anzusehen, bei alt und jung begehrt, und mit grobem Salz schmecken sie am besten. Die goldgelb geräucherten Heringe sind seit 100 Jahren eine Spezialität der Ostseeinsel, deren Namen sie tragen. Aber die Inselbewohner erfanden ihren Exportschlager nicht selbst! Schottische Söldner importierten im vorigen Jahrhundert die Sitte des Heringsräucherns aus ihrer Heimat auf die östlich bei Bornholm liegenden Erbseninseln Christiansø und Frederiksø. Die einheimischen Fischer schauten ihnen die Tricks und Kniffe ab und begannen, Heringe daheim in ihre Küchenkamine zu hängen. So ist es nicht verwunderlich, daß die erste kommerzielle Heringsräucherei der Gebrüder Koch 1886 in Gudhjem eröffnete, jenem Ort im Osten Bornholms, von dem aus die Versorgung der Insel Christiansø erfolgte. Schon bald reihten sich entlang der Küste unzählige Räuchereien mit ihren charakteristischen, weithin erkennbaren Kaminen, die wie eckige, auf den Kopf gestellte Trichter aussehen. Von Gudhjem aus traten die Bornholmer einst ihren Siegeszug durch Nordeuropa an.

Wer sich zum Gaumen- den Augenschmaus nicht entgehen lassen will, besucht schon frühzeitig eine Räucherei, wenn dort mit der Arbeit begonnen wird. Zuerst werden Mengen von silbern glänzenden Heringen paarweise an den Kiemen verhakt und über Stangen gehängt. Dann werden die aufgereihten Fische in den Räucherkamin geschoben, um nach dreieinhalb Stunden als goldgelbe Bücklinge wieder herauszukommen. Am besten schmecken Bornholmer, wenn sie noch warm sind und der Räucherduft in der Luft liegt. Wegen ihres Fettgehalts paßt ein Stück Roggenbrot gut dazu. Die meisten Räuchereien haben im Freien, einige auch zusätzlich in einem Saal, Tische und Bänke aufgestellt. Mitunter erläutert ein Plakat, wie Bornholmer zünftig gegessen werden: »Als erstes wird der Kopf abgetrennt, dann der Schwanz. Danach wird der Hering in der Mitte aufgemacht, die Hauptgräten werden entfernt und dann die kleineren Gräten, und schließlich wird Salz hineingestreut …« In jeder Räucherei liegen Papierservietten bereit, und inzwischen gibt es überall Waschbecken, Handtücher und Seife. Aber selbst nach gründlicher Reinigung haftet der Geruch noch eine Zeitlang an den Händen. Viele Räuchereien bieten deshalb Plastikbesteck an, gewiefte Genießer bringen ihre eigenen Messer und Gabeln mit, außerdem Butter, Stullen und Getränke.

Warum die goldenen Bornholmer, wie Kenner behaupten, die besten Bücklinge von Nord- und Ostsee sind, läßt sich mit einer ganzen Reihe von Gründen erklären. Ostseeheringe haben z. B. eine andere Fettzusammensetzung als ihre Vettern im Atlantik. Beim Räuchervorgang verlieren sie bis zu 40 % ihres Gewichts. Wichtig ist auch das zum Räuchern verwendete Holz. Bornholmer Räuchereien schwören auf Erlenholz, das den Bücklingen das besondere Aroma verleiht. Sie beziehen es aus dem Wald von Almindingen, in dem heute – im Gegensatz zu früher – so viele Erlen wachsen, daß sie getrost abgeholzt werden können. Ein weiteres Geheimnis liegt im Rauch und in der Art, wie er entsteht: Mit Wasser, das sie über die Holzscheite gießen, und mit nassen Lappen, die sie mit Stangen über das Feuer halten, sorgen Helfer für eine ständige und gleichmäßige Rauchentwicklung. Der helle, aus den Schornsteinen aufsteigende Rauch ist weithin sichtbar und verbreitet einen angenehmen, würzigen Duft. Das Räuchern der Bornholmer ist das Hauptgeschäft, aber auch Aal, Lachsforelle und Lachs hängen in den Kaminen. Für jede Fischart gelten andere Tricks. Lachs beispielsweise wird 15 Stunden über Buchenspan geräuchert – kalt, damit er schnittfest bleibt.

Nur noch knapp ein Dutzend Räuchereien sind heute auf Bornholm in Betrieb, darunter die schöne ›Museumsräucherei‹ in Hasle. Bei Einheimischen ist die kleine Räucherei von Årsdale sehr beliebt. Nur zwei der Räuchereien arbeiten das ganze Jahr über, die übrigen haben nur in der Urlaubssaison von Mai bis Oktober geöffnet. Die wenigsten übrigens exportieren nach Deutschland, Schweden und natürlich ins übrige Dänemark, die meisten Betriebe räuchern die schmackhaften Bornholmer ausschließlich für den Direktverbrauch.

Gudhjem

Gudhjem

Blick auf Gudhjem

Gudhjem gewann durch den Ausbau der Festung auf Christiansø in den Jahren nach 1684 weiter an Bedeutung, weil die gesamte Versorgung der Garnisonsinseln über ihn abgewickelt wurde.

Die Stadtrechte hat Gudhjem nie wiedererlangt. Heute leben hier 900 Menschen. Den Fischern stehen zwei **Häfen** zur Verfügung. Der große Hafen mit den drei Bekken wurde nach 1850 angelegt, aber bereits 1872 durch eine Sturmflut derart zerstört, daß die Bauarbeiten wieder von vorne anfangen mußten. Da es sehr gefährlich war, den Hafen bei starkem Ostwind anzulaufen, entschlossen sich die Fischer 1889 zum Bau eines Nordhafens am Nørresand in der Bucht von Salene, der erst 1906 fertiggestellt wurde. Ihn können zwar nur kleinere Schiffe anlaufen, dafür aber bei jedem Wind und Wetter, was ihn schon häufig zum rettenden Hafen für Ostseesegler werden ließ, die Gudhjem ohnehin gerne ansteuern.

Daß Gudhjem der malerischste Ort der Insel ist, hat sich bei Bornholm-Besuchern herumgesprochen. Tagtäglich wälzt sich eine Blechlawine die engen Straßen hinunter bis zum großen Parkplatz am Meer, den die Stadtväter leider nicht außerhalb des Ortes anlegen ließen. Hier breiteten früher die Fischer ihre Netze zum Trocknen aus. Wer hier die berühmten Bornholmer Bücklinge im Freien verzehrt – eine einzige Räucherei ist in Gudhjem noch in Betrieb, in einer zweiten in der Nachbarschaft hat die Glasbläserin Pernille Bastrup ihr Studio eingerichtet –, muß in der Hochsaison neben Meeresrauschen und Möwengeschrei auch Autolärm und Abgase in Kauf nehmen. Mag die von der Hauptverkehrsstraße in den Ort hinunterführende Brøgade auch noch so historisch gewachsen erscheinen: Hier und auch in weiteren Gassen mußten an verschiedenen Stellen die Bauern- und Fischerhäuser um ein Fach verkleinert werden, um sie für Autos passierbar zu machen! Manch' Souvenirgeschäft und Schnellimbiß passen nicht ins idyllische Bild, in Gudhjem geht man unverkennbar mit der Zeit, übrigens der ›genauesten‹ ganz Dänemarks: Gudhjem liegt exakt auf dem 15. Längengrad, an dem sich unsere Mitteleuropäische Zeit (MEZ) orientiert.

Bei allen Konzessionen an den Tourismus hat sich Gudhjem viel von seinem ursprünglichen Charme erhalten. Farbenfroh bemalte Fachwerkhäuser, Vorgärten und Blumenschmuck, winklige Gassen, die Lage am Hang – das alles fügt sich zu einem unverwechselbaren, oft gemalten und fotografierten Idyll. **Sct. Jørgensgård,** ursprünglich ein Bauernhof und nach 1880 Kaufmannshof, ist seit den 30er Jahren Jugendherberge, ohne Zweifel eine der schönsten im ganzen Königreich. Auch die **Windmühle** oberhalb des Ortes, nach ihrem Erbauer im Jahre 1893 Kullmanns Mølle genannt, ist nicht nur ein besonders stattliches, sondern auch sehr schönes Exemplar. 1959 wurden die Mühlenflügel, sechs Jahre später der Dieselmotor der Mühle stillgelegt.

Auffallend schlicht wirkt das Äußere der aus mächtigen Granitquadern errichteten **Kirche,** die sich mit schiefergrauem Dach und viereckigem Turm hoch über Gudhjem erhebt. Drei Jahre nach ihrer Fertigstellung 1893 wurde die benachbarte Sct. Annæ-Kapelle abgerissen, obwohl sie ein romanisches Kleinod vom Ende des 13. Jh. war. Auf dem Friedhof hinter der ›neuen‹ Kirche sind von ihr noch Mauerreste von 1 m Höhe zu sehen, die merkwürdigerweise stehengeblieben sind. Auf dem Friedhof liegt auch das Grab des Malers Oluf Høst (s. S. 48). Nur kurz erfüllte der **Bahnhof von Gudhjem,** der jenseits der Hauptverkehrsstraße liegt, seine Funktion: Er wurde 1916 eingeweiht, aber schon 1948 wieder geschlossen. Zwei Jahrzehnte später weckte ihn ein Verein aus dem Dornröschenschlaf und richtete in ihm ein Heimatmuseum mit einer ansprechend arrangierten lokalhistorischen Sammlung und vielen Werken Bornholmer Künstler ein. Spezialität des Museums sind Bornholmer Trachten. In einem Erweiterungsbau werden viel beachtete Wechselausstellungen mit Gegenwartskünstlern veranstaltet (Ostern–Mitte Sept. Mo–Sa 10–17, So 14–17 Uhr).

Wer in einem der traditionsreichen Hotels in Gudhjem absteigt, findet schöne Spazierwege vor der Tür – zum Beispiel den Fußweg am Meer entlang nach Melsted und den Spazierweg durchs **Holkadalen** zum herrlich gelegenen Waldsee **Gråmyr.** Der Bau der Brücke über das Holkatal war vor dem Zweiten Weltkrieg unter der Bevölkerung und vor allem den in Gudhjem lebenden Künstlern derart umstritten, daß er erst nach dem Krieg in den 50er Jahren durchgeführt werden konnte.

Abstecher zur Østerlarskirke

In wenigen Minuten mit dem Auto oder Rad zu erreichen, ist die südlich im Landesinneren stehende Østerlarskirke, die größte und außen wie innen schönste Rundkirche (tägl. 9–17 Uhr, Eintritt). Sie ist dem hl. Laurentius gewidmet, Schutzpatron des Bistums Lund, dem Bornholm früher angehörte. Die volkstümliche Bezeichnung für den Heiligen lautet Lars, der Name der Kirche bedeutet folglich ›Larskirche im Osten‹. Zum ursprünglichen Bau um 1150 gehören das Rundschiff, der Chor und die außen unverputzte Apsis. Die sieben schweren Stützpfeiler und die später veränderte Vorhalle wurden wohl erst im späten Mittelalter hinzugefügt. Wie bei allen anderen mittelalterlichen Kirchen heißt die Vorhalle auch in der Østerlarskirke Waffenhaus (s. auch S. 115). In der Vorhalle steht ein Runenstein mit nachgemalten Runen, ein zweiter hat vor dem Eingang seinen Platz. Als Abschlußstein der nördlichen Tür, der sogenannten Frauentür – durch diese betraten die Frauen die Kirche –, dient ein dritter Runenstein, der erst bei den Renovierungsarbeiten im Jahre 1955 entdeckt wurde.

Wie bei den anderen Rundkirchen wird das Gewölbe des Kirchenschiffs von einem Mittelpfeiler getragen; in der Østerlarskirke ist er so mächtig, daß sein durch sechs Rundbögen zugängliches Inneres einen eigenen Raum (›Ofen‹) bildet. Bei der Restaurierung 1955 wurde im ›Ofen‹ eine Taufkapelle eingerichtet. Der Taufstein stammt aus der mittelalterlichen Andreaskirke in Rø.

Über den Arkaden des Mittelpfeilers wurde schon bei einer früheren Restaurierung um die Jahrhundertwende ein 2 m hoher, recht blasser Freskofries aus dem 14. Jh. freigelegt, der zu den bedeutendsten mittelalterlichen Malereien Dänemarks zählt. Er zeigt das Leben Jesu und – mit über 150 Figuren! – das Jüngste Gericht. Die Kanzel der Kirche wurde im Jahre 1595 gefertigt. Ihre holzgeschnitzten Figuren stellen Evangelisten dar, u. a. einen Matthäus mit Flügeln. Ungefähr zur gleichen Zeit ist der Renaissancealtar mit geteiltem Bildfeld entstanden, eine auf Born-

Die Bornholmer Rundkirchen

Nirgendwo auf Bornholm existiert eine Aufzeichnung über einen Überfall auf eine der Bornholmer Rundkirchen, kein zeitgenössischer Bericht, kein Gemälde, kein Gedicht, kein Grabstein für einen tapferen Verteidiger, nichts. Dennoch hat sich die Überzeugung durchgesetzt, daß die vier berühmten Bornholmer Rundkirchen Wehrkirchen waren, Gotteshäuser und Festungen in einem. Bei ihrer Erbauung im 12. Jh. sahen sie längst nicht so schmuck aus wie heute. Das aus schweren Granitquadern errichtete, 2 m dicke Mauerwerk war genauso wie die Friedhofsmauern heute unverputzt. Die mit schwarzen Schindeln gedeckten Kegeldächer wurden erst in der Neuzeit aufgesetzt. Ein Außenseiter bleibt der Schriftsteller Hans Henny Jahnn, wenn er in seinem Bornholmer Tagebuch (1939) die Rundkirchen als »vorgeschichtliche Bauten, die in die christliche Geschichte eingegangen sind«, bezeichnet. Für ihn wurden sie als Sonnentempel erbaut: Der Unterraum war der Wintersonne geweiht, die Obergeschosse der Sommersonne. Die Annahme, daß es sich von Anfang an um Befestigungsbauten gehandelt habe, die die runde Form geradezu fordern, habe, laut Jahnn, die Beurteilung der Rundtürme in die Irre geführt. Jahnn: »Beweisbar ist, daß die Tempel zum Teil in christlicher Zeit als Befestigungsanlagen verwandt worden sind. Weitere Ermittlungen versagen.«

Waren die Rundkirchen also ursprünglich Sonnentempel statt Wehrkirchen? Für die Besucher von heute spielt das keine große Rolle, denn alle vier Rundkirchen – Østerlarskirke, Olskirke, Nylarskirke und Nykirke – dienten zumindest eine Zeitlang als Festung. Heute erwecken die Kirchen einen friedlichen Eindruck und faszinieren weniger durch ihre Wehrhaftigkeit als durch ihre Architektur, die sich harmonisch in die Landschaft einfügt. Alle vier Rundkirchen sind aus heimischem Granit erbaut, dessen Witterungsbeständigkeit sie ihren bemerkenswerten Erhaltungszustand verdanken. Lediglich für dekorative Partien, Portale und Fensterfassungen z. B., wurde Kalkstein verwendet. Eine genaue Datierung der Bauten ist nicht möglich, aber es wird geschätzt, daß die Kirchen im Kern alle vor 1150 entstanden sind. Wie die meisten anderen mittelalterlichen Kirchen auf der Insel tragen sie den Namen des Heiligen, dem sie einst geweiht wurden. Der sonst in Dänemark seit der Reformation übliche Brauch, Gotteshäuser nach dem benachbarten Dorf zu benennen, fand auf Bornholm keine Anwendung, weil es zu jener Zeit auf der Insel gar keine Dörfer gab.

Østerlarskirke

Die Østerlarskirke

holm häufig anzutreffende Altarform. Im Zuge der Restaurierung erhielt der Altar 1955 zwei moderne Gemälde des bekannten Malers Paul Høm (s. S. 49), die allerdings gewiß nicht zu seinen besten Arbeiten zu rechnen sind. Eine schmale Treppe führt vom Chor hinauf in die beiden oberen Stockwerke des Rundturms. In der zweiten Etage, die früher kein Dach trug, läßt sich noch gut der Wehrgang erkennen. Auch der separat stehende Glockenturm mit einem besonders schönen Holzaufbau darf von Kirchenbesuchern bestiegen werden. Seine beiden Glocken, 1640 und 1684 gegossen, kommen aus Lübeck. Ein Schild mahnt vorwitzige Urlauber: »Verwendung von den Glocken verboten.«

Information: Gudhjem Turistbureau, Åbogade 7, 3760 Gudhjem, ✆ 56 48 05 70, Fax 56 48 04 70; Nordbornholms Turistbureau, Kirkegade 4, 3770 Allinge, ✆ 56 48 00 01, Fax 56 48 02 26

Hotels: *Allinge:* Byskrivergården, Løsebækgade 3, ✆ 56 48 08 86, kleines Hotel mit modernen Zimmern in einem alten Fachwerkhof, direkt am Meer
Gudhjem: Pension Koch, Melstedvej 15, ✆ 56 48 50 72, Fax 56 48 51 72, einfacheres, aber gepflegtes Haus mit sehr viel Atmosphäre; Therns Hotel & Jantzens Hotel, Brøddegade 31 & 33a,

Nordostküste

Sandvig

✆ 56 48 50 99, Fax 56 48 50 69, zwei traditionsreiche, nebeneinander liegende Familienhotels im Zentrum mit einer Rezeption und einem Restaurant (Therns Hotel), unterschiedlich große Zimmer, modernisiert.
Sandkås: Abildgård, Tejnvej 100, ✆ 56 48 09 55, Fax 56 48 08 35, solides Hotel in aufgelockerter Reihenhausbauweise, bekanntes Restaurant, Do skandinavisches Buffet; Friheden, Tejnvej 80, ✆ 56 48 04 25, Fax 56 48 16 65, modernes, aber gemütliches Hotel, das zu den besten der Insel zählt, sehr beliebtes Restaurant; Sandkås, Tejnvej 74, ✆ 56 48 08 95, Fax 56 48 08 72, moderneres, einfacheres Hotel, freundliche Atmosphäre
Sandvig: Romantik, Strandvej 68, ✆ 56 48 03 44, Fax 56 48 06 44, renoviertes Hotel im alten ›Sommerfrische‹-Stil, direkt am Felsstrand; Nordland, Strandpromenade 5, ✆ 56 48 03 01, Fax 56 48 22 01, Pension mit dem Charme der guten, alten Zeit; Strandhotellet, Strandpromenaden 7, ✆ 56 48 03 14, Fax 56 48 02 09, modernes, komfortables Hotel mit renommierten Restaurant

Jugendherberge: Gudhjem Vandrerhjem ›Sct. Jørgens Gård‹, Ejnar Mikkelsensvej 14, 3760 Gudhjem, ✆ 56 48 50 35, Fax 56 48 56 35; Sandvig Vandrerhjem ›Sjøljan‹, Hammershusvej 94, 3770 Allinge, ✆ 56 48 03 62

Camping: *Allinge:* Lyngholt Familiecamping, Børrelyngvej 43, ✆ 56 48 05 74, Fax 56 48 01 74, großer, begrünter Platz im Norden der Insel, nicht weit von Ruine Hammershus und Schloßheide
Gudhjem: Sannes Familiecamping, Melstedvej 39, ✆ 56 48 52 11, Fax 56 48 52 52, gut ausgestattet, schön an der Felsküste bei Melsted gelegen; Sletten Camping & Vandrerhjem, Melsted Landgade 45, ✆ 56 48 50 71, Fax 56 48 52 56, auf Naturgelände (Fels und Grün) bei Melsted
Sandkås: Sandkås Camping, Poppelvej 2, ✆ 56 48 04 41 und Fax 56 48 02 26, im Grünen gelegen
Sandvig: Familiecamping, Sandlinen 5, ✆ 56 48 04 47, Fax 56 48 04 57, am Fuß des Hammerknuden oberhalb von Strand und Wellenbad in Sandvig

Nordostküste

 Restaurants: *Allinge:* Toldkammeret, Havnegade 19, ✆ 56 48 19 15, angenehmes Restaurant in historischem Speicherhaus, direkt am Hafen
Gudhjem: Bokulhus, Bokulvej 4, ✆ 56 48 52 97, vor allem wegen seiner Aussicht über das Städtchen geschätzt, gute Fischgerichte; Brøddân, Brøddegade 22, ✆ 56 48 50 22, rustikaleres Restaurant für jüngeres Publikum, mit Pub Mc Arthur, englisches Bier vom Faß, Livemusik; Casa Blanca, Kirkevej 10, ✆ 56 48 50 20, einfacheres, aber gediegenes Restaurant im gleichnamigen Hotel
Rø: Restaurant Rø, Røvej 51, ✆ 56 48 40 38, rustikales und gemütliches, gutbürgerliches Restaurant, Sa Livemusik
Tejn: Skipperkroen, Sdr. Strandvej 3, ✆ 56 48 11 85, uriges Restaurant am alten Hafen von Tejn, geschätzt für seine Fischspezialitäten

 Cafés: *Sandvig:* Den gamle Thestue, Hammershusvej 9 (am Markt), ✆ 56 48 07 87, verwinkeltes, äußerst gemütliches Café in einem 200 Jahre alten Häuschen, mit schönem Garten; Ella's Konditori (auch Restaurant), Strandgade 42, ✆ 56 48 03 29, das bekannteste Café der Insel gleicht eher einem (gemütlichen) Heimatmuseum als einem Café, sehr schöner Garten.

 Einkaufen: *Allinge:* Det Gamle Pakhus, Havnegade 2, Kunsthandwerk, ✆ 56 48 14 77
Gudhjem: Gårdbutik Bøgelund, Sightevej 6, hochwertige Handwerkssachen, landwirtschaftliche Produkte; Gudhjems Glasrøgeri, Pernille Bastrup, Ejnar Mikkelsensvej 13a, ✆ 56 44 54 68, Glasbläserei; Lene's Gavebod, Brøgade 11, ✆ 56 48 57 60, Keramik, Glas

Feste: Im Juli Norlandmarked in Allinge und Hafenfest in Gudhjem (3. Wochenende)

 Aktivitäten: *Golf:* Nordbornholms Golfklub (18-Loch-Anlage) beim Flugplatz von Rø, ✆ 56 48 40 50
Schwimmbäder: Bølgebadet (Wellenbad), am Strandbad in Sandvig, ✆ 56 48 05 10; Schwimmhalle am Gudhjemsvej in Gudhjem, ✆ 56 48 52 77
Segeln: Segler sind in den Häfen von Sandvig, Allinge, Tejn und Gudhjem willkommen.
Rundflüge: vom Flugplatz Rø, Information ✆ 56 48 42 01
Klippenfahrt: mit der ›Thor‹ ab Gudhjem, ✆ 56 48 51 65, 8.30–9 Uhr, sonst ›Sørens Snackbar‹, ✆ 56 48 54 01; Ausflüge mit dem Drei-Mast-Schoner ›Elida‹ rund um Hammeren bis Vang, ab Gudhjem, tel. Platzvorbestellung erforderlich, ✆ 56 48 00 01
Dia-Show über Bornholm: Kino Gudhjem, Brøddegade 10, ✆ 56 48 50 06, Vorstellungen in Deutsch 10, 12, 14 u. 16 Uhr; dort auch Dia-Show ›Der berühmte Maler Oluf Høst in Gudhjem‹, Vorstellungen in Deutsch 10.30, 12.30, 14.30 und 16.30 Uhr

 Strände: *Allinge:* schmaler, gepflegter Sandstrand mit voller Infrastruktur
Gudhjem: kleine Strände in der Bucht von Salene (Norden) und Melsted (Süden)
Sandkås: langer Sandstrand zwischen Felsbuchten
Sandvig: kleiner, kaum erwähnenswerter Sandstrand
An allen Stränden Baden bei auflandigem Wind wegen der Unterströmungen sehr gefährlich!

Fahrradverleih: Nordbornholms Cykelforretning, Pilegade 1, 3770 Allinge, ✆ 56 48 02 91

Tip: Das beste Eis auf ganz Bornholm gibt es am Hafen von Gudhjem bei Krølle-Bølle-Soft-ice.

Die Ertholmene

Rundgang Christiansø

Rundgang Frederiksø

Frederiksø

Ertholmene – Die Erbseninseln

Bei klarer Sicht sind Christiansø und Frederiksø, die beiden größten Erbseninseln, mit bloßem Auge von der Ostküste Bornholms aus zu erkennen. Im Sommer bringen Ausflugsschiffe ab Gudhjem, Allinge und Svaneke Urlauber auf die Inseln hinüber, die in den letzten 300 Jahren wegen ihrer strategisch günstigen Lage im äußersten Osten Dänemarks mit trutzigen Befestigungsanlagen überzogen wurden.

Ertholmene, die Erbseninseln, heißen die 20 km östlich vor Bornholms Küste liegenden Inselchen, weil sie so winzig sind. Christiansø mißt in der Länge nur 710 m und in der Breite 430 m, ist damit aber immerhin noch fünfmal größer als die Nachbarinsel Frederiksø. Eine 30 m lange, eiserne Drehbrücke von 1912 verbindet Christiansø mit Frederiksø. Natürlich ist sie eine Fußgängerbrücke, denn Autos hätten auf den beiden Inseln gar keinen Platz. Ein Schild warnt die Überquerenden der Fußgängerbrücke, dafür Sorge zu tragen, daß nicht mehr als 10 Personen gleichzeitig auf ihr gehen. Zu den ›Erbsen‹ in der Ostsee gehören auch noch die kleine Insel Græsholm, die als Vogelreservat nicht betreten werden darf, sowie ein paar Schären mit den Namen Lilleo Tat, Præsteskær, Tyveskær, Vesterskær und Østerskær, der östlichste Punkt Dänemarks.

Schon seit 150 Jahren, genau seit 1844, besteht ein Kontrakt zwischen der Königlich dänischen Post und der Verwaltung der Erbseninseln, der die Versorgung der Inselbewohner mit Post und lebensnotwendigen Gütern sicherstellt. Er muß alle fünf Jahre erneuert werden, was bislang auch immer wieder reibungslos geschah. Im Gegenzug schickten die Fischer von Christiansø und Frederiksø ihren Fischfang zum Verkauf nach Bornholm. Seit 30 Jahren macht sich fast täglich das Postschiff ›Peter‹ bei Wind und Wetter vom Hafen in Svaneke auf den Weg. Neben der Post und allerlei Waren nimmt es auch neugierige Urlauber mit hinüber. Im Sommer werden die Ausflugsfahrten ab Gudhjem durch die betagte M/S ›Chimera‹ und ab Allinge und Gudhjem durch den Einsatz der wesentlich schnelleren M/S ›Ertholm‹ verstärkt. Aber selbst im Sommer kann es vorkommen,

Ertholmene

Abendstimmung auf Christiansø, im Hintergrund der Store Tårn

daß die M/S ›Peter‹ tagelang im Hafen von Svaneke festliegt und auf ruhigere See warten muß, weil starker Ostwind ihr Auslaufen behindert. Das Einlaufen in den Hafen von Christiansø dagegen bereitet Kapitän und Mannschaft selbst bei Sturm keinerlei Schwierigkeiten, denn der Naturhafen ist sowohl von Norden als auch von Süden zugänglich.

Seit 1684 sind Christiansø und Frederiksø besiedelt, in jenem Jahr nämlich befahl König Christian V., die beiden Inseln zum Flottenstützpunkt auszubauen. Den Plan hegte er schon über 20 Jahre, denn die Admiralität benötigte dringend einen Flottenstützpunkt, um die Fahrten der Schweden zwischen dem Mutterland und Schwedisch-Pommern kontrollieren zu können. Besonders geeignet für diese Vorhaben erschienen Christiansø und Frederiksø, die damals noch Kirkholmen und Boholmen hießen, wegen ihrer natürlichen Häfen. Von den Fischern, die seit dem Mittelalter jeden August hinübersetzten, um Heringe zu fangen, wußte man, daß die Häfen auch bei steifer Brise angelaufen werden konnten.

Mit dem Ausbau des ersten vorgeschobenen Flottenstützpunktes der Welt wurde der norwegische Generalquartiermeister und Festungsarchitekt Oberst Anthon

Coucheron beauftragt – damals gehörte Norwegen zu Dänemark –, der mit zwei Kompagnien norwegischer Pioniersoldaten, verstärkt um Kräfte der Bornholmer Wehr, ans Werk ging. Als Baumaterial wurde Granit direkt auf der Insel gebrochen; die so entstandenen Steinbrüche sind seitdem Zisternen, die die Wasserversorgung der Bevölkerung sichern. Sie werden fälschlich ›Brunnen‹ genannt, denn es gibt auf Christiansø und Frederiksø kein Grundwasser.

Die Vertiefung des Hafenbeckens, um Kriegsschiffe aufnehmen zu können, der Bau von Befestigungstürmen, darunter der ›Store Tårn‹, der Große Turm, die Anlage von Bastionen, all das zahlte sich aus, denn niemals hat ein Gegner ernsthaft versucht, die beiden bewohnten Erbseninseln einzunehmen. Dabei wurden sie nur von einer kleinen Truppe geschützt, normalerweise waren 115 Mann stationiert. Einzig im Krieg gegen Schweden 1709–20 wurde die Besatzung auf knapp 400 und ein weiteres Mal im Englandkrieg 1808 auf 600 Mann aufgestockt. Das Leben auf engstem Raum hart für die dauerhaft stationierten Soldaten, auch wenn sie ihre Familien auf die Inseln mitbringen und sich in friedlichen Zeiten als Fischer betätigen durften. Für sie wurde eigens eine Brauerei installiert. Nicht überliefert ist, wie sich die Bewohner bei einer längeren Belagerung verpflegt hätten, lediglich einmal vermerkte ein Kommandant in seinem Tagebuch, daß der Buttervorrat für 15 Monate reiche.

Einmal wurde es dann aber doch ernst für die Ertholmene, als während der Napoleonischen Kriege (1801–1814) die Inseln Heimathafen von Kaperschiffen waren. Mit Billigung des dänischen Königs machten diese Jagd auf englische Handelsschiffe, denen sie die Ladung abnahmen. Die Engländer, denen die Piraterie ein Dorn im Auge war, beschlossen, es dem Kaperstützpunkt heimzuzahlen. Vier Stunden dauerte das Bombardement eines vor Christiansø kreuzenden britischen Flottenverbandes am 24. Oktober 1808, bei dem die Festungsinseln manchen Treffer einstecken mußten, während die Kanonenkugeln ihrer veralteten Batterien die feindliche Flotte noch nicht einmal erreichten. Die Schlacht ging für die Erbseninseln nur deshalb so glimpflich aus, weil sich die Engländer wegen aufkommenden Sturms zurückzogen.

Noch während des Krieges mit England wurde die Festung auf Christiansø verstärkt. Dabei meuterten 1809 die zum Ausbau abkommandierten 200 Kopenhagener Marinesoldaten: Sie sperrten die Offiziere ein, plünderten Häuser und Magazine, verließen die Insel und begaben sich in schwedische Dienste. Treue Bornholmer Soldaten nahmen ihren Platz in den Festungsbaustellen ein. In den 20er Jahren des vorigen Jahrhunderts wurde das rings um Christiansø verlaufende Mauersystem, das der Insel ein trutziges Aussehen verleiht, angelegt. Doch schon bald erwies sich die Verstärkung als Fehlinvestition. Die Erbseninseln verloren an strategischer Bedeutung und erhielten 1855 per königlicher Resolution als Flottenstützpunkt das Aus. Viele Soldaten kehrten später als Fischer nach Christiansø und Frederiksø zurück.

Ein halbes Jahrhundert später entdeckten Maler die bizarre Schönheit der Festungsinseln. Zu den ersten Besuchern mit Pinsel und Staffelei gehörte Holger Drachmann (1846–1908). Die Modernisten Karl Isakson (1878–1922) und Edvard Weie (1879–1943) kamen 1911/12 zum ersten Male gemeinsam nach Christiansø. Isaksons wie ein Aquarell anmutendes Ölbild ›Kirkegården på Christiansø‹ (Friedhof auf Christiansø) und Weies Gemälde ›Skovvej, Christiansø, Morgen‹ (Waldweg, Christiansø, Morgen) gehören zu den großartigen Werken der Bornholmer Landschaftsmalerei (s. S. 48 f.). Beide Bilder sind im Bornholms Kunstmuseum zu sehen. Bis zu seinem Tode im Jahre 1968 lebte und arbeitete der Maler Johan Fr. Tryde auf den Erbseninseln. Als letzter seiner Zunft ist Henning Køie, der Inselansichten in markanten Zeichenstrichen festhält, auf Frederiksø geblieben. Der hochbetagte Künstler malt zwar nicht mehr, Besucher können aber noch Reproduktionen seiner Werke erstehen.

Die Erbseninseln und alles, was auf ihnen je von Menschenhand geschaffen wurde, sind bis heute Staatseigentum. Genau wie vor 300 Jahren unterstehen sie dem Marine- bzw. Verteidigungsministerium und heute auch dem Sozialministerium. Sie gehören zu keiner Gemeinde und zu keinem Kreis (auch wenn sie postalisch zu Svaneke zählen), verwaltet werden die Erbseninseln vom Inselkommandanten, in Anlehnung an alte Zeiten auch ›Gouverneur‹ genannt. Er ist Verwaltungschef, Bürgermeister, Polizist und oberster Leuchtturmwärter in einer Person. Ihm unterstehen ein Arzt, zwei Lehrer, vier Leuchtturmwärter, ein Maurer, ein Maler, ein Schreiner und zwei Gemeindearbeiter. Außerdem kommandiert Gert Westergård Petersen die zehn Mann starke freiwillige Insel-Feuerwehr.

Überrascht sind die meisten Tagesbesucher vom Anblick der Festungsinseln, denn obwohl der militärische Zweck der meisten Bauten und Bollwerke nicht zu verkennen ist, stimmt die Insel mit den gemütlichen, farbenfrohen Wohnhäusern mit Gärtchen und den dicht an dicht vor Anker liegenden Fischerbooten heiter. Ein Morgenspaziergang über Christiansø, noch bevor das erste Ausflugsschiff anlegt, gehört zu den stimmungsvollsten Erlebnissen, die sich Bornholm-Urlauber gönnen können. Allerdings kommen nur die Besucher in den Genuß, die auf Christiansø auch übernachten. Und das sind nur wenige, bislang haben die sieben

Ertholmene

Gästezimmer der einzigen Gastwirtschaft aber immer gereicht. Als Tagesausflug gehört Christiansø ins Standardprogramm aller Bornholm-Besucher. Während der Hochsaison transportieren die Ausflugsschiffe pro Tag bis zu 1200 Besucher hin und her, 70 000 bis 80 000 sind es im ganzen Jahr. Außerdem laufen ein paar tausend Segler den Hafen von Christiansø an, der eine beliebte Zwischenstation auf dem Ostseetörn ist. Zu bestimmten Stunden kann es auf Christiansø zugehen wie auf den Hauptstraßen Rønnes. Die 114 Bewohner von Christiansø und Frederiksø – unter ihnen genausoviele Pensionäre wie kleine Kinder, nämlich je 25 – ertragen die tägliche Invasion mit Gleichmut. Die meisten ziehen sich zurück, wenn die Ausflügler über die Inseln schwappen.

Pächter John Nielsen bringen die Ausflügler ein gutes Geschäft. Er ist der Gastwirt der Gæstgiveri im ehemaligen Wohnhaus des Kommandanten und Kaufmann der Insel. Unentwegt öffnet und schließt sich die Tür der Gastwirtschaft von Christiansø, die schon seit 1843 existiert. Von den 16 Mitarbeitern, die seine Frau Anne Marie Kofoed und er im Sommer auf der Lohnliste führen, bedienen vier am benachbarten Kiosk, der früheren Waschküche des Kommandanten, und zwei im Kaufladen, ehemals ein Teil der Hauptwache. Der Laden ist zu einem kleinen Supermarkt gewachsen – was für ein Gegensatz zum Tante-Emma-Laden, den Edvard Weie 1912 auf seinem Bild ›*Købmandsboden på Christiansø*‹ (Kaufladen auf Christiansø), verewigt hat! Da für die Beantwortung der vielen Fragen der Sommergäste zu den Insel selten die Zeit reicht, hat der Wirt die Standard-Antworten auf die Servietten seines Restaurants drucken lassen.

Reich ist die Vogelwelt der Ertholmene. Auf der Vogelschutzinsel Græsholm, der sich auch Segler nur bis auf 100 m nähern dürfen, haben Alken und Trottellummen (für deren ›Lummensprung‹ die Nordseeinsel Helgoland berühmt ist!) ihre Brutstätten. Etwa 2000 Eiderenten brüten sowohl auf der Vogelschutzinsel Græsholm als auch auf Christiansø und Frederiksø. Ihnen ist zu verdanken, daß Græsholm schon 1702 unter Naturschutz gestellt wurde; denn als der damalige Inselkommandant das Recht erhielt, die Erlöse aus dem Verkauf der Eiderdaunen einzustreichen, war er selbstverständlich am Überleben möglichst vieler Jungvögel interessiert.

Eiderenten sind unvorsichtig und nisten direkt neben den Wegen. Deshalb werden Inselbesucher aufgefordert, nicht bei den Nestern stehenzubleiben: Werden die Eltern nämlich aufgeschreckt, schnappen sich die vielen Möwen sofort Eier oder Küken. Im Frühjahr und Herbst rasten auf den Erbseninseln auch gerne kleine Zugvögel auf ihrem Weg von und nach Norden. Die auf Christiansø stationier-

Vogelwart

te Vogelwarte mißt, wiegt und beringt jährlich Tausende von ihnen. Die feinen Fangnetze werden im Osten der Insel aufgehängt.

Rundgang Christiansø

Das Wahrzeichen der Erbseninseln ist der wuchtige **Store Tårn** auf Christiansø, das Hauptwerk der Festungsanlagen. Nur noch zwei 3 m starke Mauerringe sind von ihm erhalten. Zwischen den Mauern waren einst mehrere Etagen gezogen. Das oberste Stockwerk war mit Kanonen bestückt, im untersten wurden Waffen und Vorräte gelagert. Jahrzehntelang diente der Große Turm unverheirateten Soldaten als Schlafquartier; wie auf Kriegsschiffen wurden für sie einfach Hängematten aufgespannt. Über die Turmruine lugt der 1805 errichtete Leuchtturm hinaus, fast grazil wirkt er neben dem massiven Gemäuer. Gegen eine geringe Eintrittsgebühr kann man den Leuchtturm über eine sehr steile Treppe besteigen. Hat man sich durch die Dachluke hinausgequält, kann man einen herrlichen Rundblick über die Erbseninseln genießen. Sehenswert ist auch das Linsensystem des Leuchtturms, das 1879 eingebaut wurde. Er war der erste Spiegelleuchtturm Dänemarks.

Das erste Haus, das Ausflüglern auffällt, wenn sie vom Anleger die Treppe zum kleinen Paradeplatz

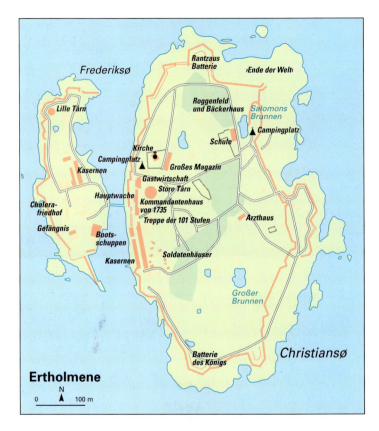

hochsteigen, ist das mit einem schönen Wappen geschmückte **Kommandantenhaus** von 1735, in dem auch heute noch der Inselgouverneur wohnt. Rechter Hand davor stehen die langgestreckten, zweistöckigen **Kasernen,** die von 1789 bis 1791 an Stelle der Mannschaftsbaracken errichtet wurden und in denen die verheirateten Soldaten mit ihren Familien sehr beengt lebten. Links vom Kommandantenhaus weist ein Schild das einzige zugängliche Gebäude aus, die **Gæstgiveri.** Oberhalb des Gasthauses steht auf einem Plateau die **Kirche.** Die Sonnenuhr auf dem Platz vor der Kirche, die aus dem Jahre 1765 stammt, trägt den Namen des sehr beliebten Königs Frederik V. (1746–66). Ihm zu Ehren wurde die kleinere Nachbarin-

Christiansø

sel Frederiksø benannt. König Frederik VII. (1848–63) stiftete die Orgel im Kircheninnern. Das Gebäude, in dem die Kirche seit 1821 untergebracht ist, war während des Englandkrieges als Waffenschmiede errichtet worden. Das kleine Kirchenhaus wurde zweimal, 1852 und 1927, umgestaltet. Beim zweiten Umbau ersetzte ein Glockenturm, der stilsicher den Altbornholmer Holztürmen nachempfunden wurde, die hölzerne Glockenaufhängung. Im langgestreckten Gebäude neben der Kirche, dem **Großen Magazin** von 1736, arbeitet das inseleigene Elektrizitätswerk. Werden die Nebelhörner auf Christiansø und Frederiksø eingeschaltet, steigt der Energiebedarf derart, daß die Bewohner dann an anderer Stelle mit dem Strom sparen müssen. Die Töpferei auf Frederiksø beispielsweise schaltet bei den ersten Tönen die elektrischen Brennöfen ab.

Ravelinen heißt das Gebäude, das der Kirche gegenüberliegt. In der früheren Artilleriewache, die ihr heutiges Aussehen im Jahre 1836 erhielt, haben der dänische Journalistenverband und der Schauspielerverband Domizile gemietet.

Kasernen

Christiansø

Christiansø

Ehemalige Soldatenhäuser

In den nördlichen Teil der Insel wurde das Roggenfeld mit dem **Bäckerhaus** plaziert. Die Annalen der Inseln verzeichnen im Jahre 1842 die erste Roggenernte auf Christiansø. Alle Häuser im Inselinnern, die nicht als Magazine fungierten, waren Zivilisten vorbehalten, die der Festung Dienstleistungen erbrachten. In der Nähe des Bäckerhauses steht das 1831 errichtete **Schulgebäude,** in dem auch heute noch die beiden Lehrer wohnen. Sie unterrichten die Inselkinder sieben Jahre lang, ab dem achten Schuljahr besuchen die Schüler ein Internat auf Seeland.

Hinter dem Schulgebäude liegt der idyllische **Salomons Brunnen,** in dem zu manchen Zeiten die Frösche um die Wette quaken. Er ist kein richtiger Brunnen, sondern eines der beiden Wasserreservoire der Insel. Die Wasserversorgung der Inseln ist problematisch, der Wasservorrat hängt unmittelbar vom Niederschlag ab, wobei Christiansø die zweitgeringste Niederschlagsmenge aller dänischen Orte vorweist. Ein zweites Reservoir liegt im Süden. Der **Große Brunnen** (Store Brond) trägt auch den vielsagenden Beinamen ›Gottes Vorsehung‹. Um Trinkwasser zu sparen, das durch eine Filteranlage fließt, wird für die Toiletten Meerwasser verwendet. Bei Salomons Brunnen gibt es einen kleinen **Zeltplatz,** einen

Steinwurf weiter nördlich trifft man auf den früheren Exerzierplatz, der heute Sportplatz ist. Hier öffnet sich die Festungsmauer ein Stück zur Küste, eine Ecke, die **Ende der Welt** heißt. Den Namen hatte sie aber schon, ehe sie zur Müllkippe auserkoren wurde!

Das schönste Privathaus auf Christiansø ist das im Fachwerkstil erbaute **Arzthaus,** einst Wohnhaus des Pfarrers, das im **Garten des Königs** steht. Der frühere Verwaltergarten ist im Laufe der Jahre zu einem kleinen Wald herangewachsen. Muß der Inselarzt einen Patienten ins Krankenhaus einweisen, übernimmt den Transport der Marinekutter ›Elephanten‹, der ständig im Hafen von Christansø liegt. Für die Überfahrt nach Bornholm benötigt er eineinhalb Stunden. In bedrohlichen Fällen wird ein Hubschrauber aus Kopenhagen geordert, der dann auf dem höchsten Punkt der Insel, dem 22 m hohen Mühlenhügel, landet.

Wer rund um die Insel wandert, trifft unweigerlich auf die Wallanlagen. An den strategisch wichtigen Punkten wurden Bastionen angelegt, von denen **Rantzaus Batterie** im Norden von Christiansø eine der mächtigsten ist. Ihre Kasematten sind intakt geblieben, und im Erdreich lassen sich noch die Schleifspuren der ehemaligen Lafetten erkennen. »Durch Gottes hilfreiche Hand kam diese Arbeit zustand', Anno 1735« ist an der **Batterie des Königs** im Süden zu lesen, die noch heute mit erstaunlich zierlich wirkenden Kanonen bestückt ist.

Viele Besucher erklimmen die Geschütze, um dort für ein Erinnerungsfoto zu posieren. Natürlich ist das nicht erlaubt, doch niemand hält sich an dieses Verbot. Strikt zu beachten ist jedoch die Vorschrift, nicht auf den Festungsmauern herumzuklettern. Bei aller Wuchtigkeit sind sie solchen Belastungen auf Dauer nicht gewachsen, denn zu ihrem Bau wurde kein Gramm Mörtel verwendet. Festungsbaumeister Coucheron ließ die riesigen Felsbrocken aufeinanderstapeln und alle Lücken mit kleinen Steinen ausfüllen.

Das Inselinnere durchziehen immer wieder Mauern, die nicht zur Befestigung, sondern als Windschutz errichtet wurden. Sie fassen kleine Gärten ein, in denen sogar Maulbeer- und Feigenbäume sowie Weinstöcke gedeihen. Ihr Anblick versetzt Besucher unversehens in den Süden Europas. Ein besonders schöner Spazierweg führt über die **Treppe der 101 Stufen.** Unverheiratete Soldaten wohnten nicht nur im Großen Turm, sondern auch in kleinen Backsteinhäusern, sogenannten **Soldatenhäusern,** die noch auf beiden Inseln stehen. Früher gab es insgesamt 44 auf Christiansø, auf Frederiksø waren es 22. Heute eignen sich die erhaltenen Bauten entweder als Lagerschuppen oder als Sommerquartiere für Künstler und andere bevorzugte Feriengäste, die eine Genehmigung des Ministeriums haben.

Rundgang Frederiksø

Frederiksø ist bei weitem nicht so idyllisch wie Christiansø, aber auf der kleineren Insel gibt es einige interessante Bauten, beispielsweise die vier langen **Bootsschuppen** mit ihren charakteristischen Holzgiebeln links unterhalb der Fußgängerbrücke. Früher nahmen sie die jeweils mit einer Kanone und mit 18 Mann Besatzung bestückten Ruderboote auf, später wurden in den Schuppen zeitweise Heringe gesalzen, heute benutzen sie die Fischer als Lagerschuppen. Im freistehenden Schuppen nebenan, dem Gigschuppen für die Schaluppe (Beiboot) des Kommandanten, floriert heute Ruth Dal Hansens Geschäft mit *kryddersild*. Nach einem seit Generationen gehegten Geheimrezept werden Heringsfilets in köstlicher Kräutermarinade, aber auch in Curry- oder Tomatensauce, ohne Konservierungsmittel eingelegt. Die Delikatessen, die Ruth Hansen in alle Welt verschickt, halten sich selbst nach dem Öffnen der Kunststoffdose ca. ein Jahr.

Das hinter den Bootshäusern liegende **Staatsgefängnis,** 1825 für politische Häftlinge errichtet, wird heute ebenfalls als Lager genutzt. Im Gefängnis saß jahrelang Dr. Jacob Jacobsen Dampe ein, der als politischer Reformator 1820 zum Tode verurteilt, dann aber zu lebenslänglicher Haft begnadigt worden war. 1841 wurde er in Freiheit entlassen und lebte bis zu seinem Tode 1867 in Rønne. Er hatte als liberaler Politiker eine revolutionäre Vereinigung zur Bekämpfung des Absolutismus gegründet. Als er in Haft genommen wurde, hatte Frederiksø schon viele Jahre als Deportationsort für Strafgefangene hinter sich. 1725 waren die ersten Gefangenen eingetroffen, die von den Inselbewohnern wegen ihrer schweren Eisenketten ›Eisensträflinge‹ genannt wurden. Sie hießen auch Sklaven, weil sie bis an ihr Lebensende Fronarbeit leisten mußten: Sie sprengten Granit, der als Baumaterial oder Schiffsballast benötigt wurde. Zusammen mit den Geisteskranken, die ebenfalls hierher verbannt wurden, waren die Gefangenen primitiv und menschenunwürdig untergebracht. Der letzte Häftling starb 1882. Von der Funktion der Insel als Quarantänestation zeugt der 1831 angelegte **Cholerafriedhof,** auf dem insgesamt 71 Opfer beerdigt sind. Ein schon 1684 eingeweihter Pestfriedhof lag auf Græsholm, wo auch der Galgen der Festung stand.

Auf dem Weg zum Lille Tårn, dem Kleinen Turm, kommen Besucher an einer **Kasernenanlage,** die ähnlich wie auf Christiansø durch eine Gasse geteilt wird, vorbei. Am Ende der schmalen Straße befand sich in einem gesonderten Bau die Mannschaftsbaracke, die ursprünglich doppelt so groß war wie heute. Ab 1820 beherbergte sie in ihrem linken Teil auch eine Schule, in den 70er Jahren des vorigen Jahrhunderts wurde sie zu einer Dün-

gerfabrik umfunktioniert, die Fischabfälle verarbeitete. Heute erfüllt das Gebäude geselliges Leben: Es ist Fest-, Versammlungs- und Tanzsaal. Die Bewohner nennen es *manen* (Mond), vielleicht nach einer halbkreisförmigen Tanzfläche, die früher hier im Freien lag, oder weil ihre Treffen immer bis weit in den Abend andauern ... Die Eingangstür ziert ein merkwürdiges Verbotsschild: Ein durchgestrichenes Symbol weist daraufhin, daß im Innern das Tragen der klappernden, von Dänen allgemein gern getragenen Clocks nicht erwünscht ist.

Direkt unterhalb des Lille Tårn betreiben Kirsten und Mogens das zweite Heringsgeschäft der Erbseninseln: Christiansøsild. Mit ihren ebenfalls nach Geheimrezepten in dritter Generation zubereiteten Heringsspezialitäten haben sie 1993 den Ehrenpreis der gastronomischen Akademie Dänemarks eingeheimst. In unmittelbarer Nachbarschaft verkauft Magna Anker in ihrem winzigen Laden Blusen, handgemachten Schmuck und selbstgemalte Karten.

Als Abschluß des Inselrundgangs lohnt der Besuch des Inselmuseums im **Kleinen Turm,** der von 1685–87 erbaut wurde, das Eintrittsgeld, obwohl die Exponate nur in Dänisch erläutert werden (Mitte Mai–Ende Sept. tägl. 12–16 Uhr). Ein anschauliches Modell zeigt die beiden Erbseninseln, wie sie 1850 ausgesehen haben; nicht weniger interessant dokumentiert ein Aufrißmodell das Kastell auf Christiansø im Bauzustand von 1685. Gewehre, Degen und Kanonen und eine Tafel mit den Namen aller Kommandanten von 1684 bis heute künden von der militärischen Vergangenheit der beiden Inseln. Wohnmobiliar, Gebrauchsgegenstände, Rettungseinrichtungen für Schiffe in Seenot, Feuerspritzen und alte medizinische Instrumente belegen, wie die Bewohner früher gelebt haben.

Hotel und Restaurant: Gæstgiveri, einzige Gastwirtschaft der Erbseninseln, in historischem Gebäude, urig und gemütlich, nur 7 Zimmer, Hotel nur von Mai–Sept. geöffnet, Reservierung wird empfohlen, ✆ 56 46 20 15

Camping: kleiner Zeltplatz für 20 Zelte, keine Facilitäten, Vorausbuchung erforderlich, Mobiltelefon tägl. 7–12.30 Uhr ✆ 34 96 05

Einkaufen: Ruths Kräuterheringe, ✆ 56 46 20 09; Kirsten & Mogens Kräuterheringe, ✆ 56 46 20 11, beide Frederiksø

Fähren: tägl. (außer Feiertage) Fahrten mit der schnellen M/S ›Ertholm‹ von Gudhjem und Allinge, ✆ 56 48 51 76; mit der betagten und langsamen ›Chimera‹ von Gudhjem (✆ s. o.); mit der M/S ›Peter‹ von Svaneke, ✆ 56 49 64 32

Lille Tårn

Die Bornholmer Riviera

Von Gudhjem nach Svaneke

Svaneke

Østermarie und Louisenlund

Von Svaneke nach Neksø

Neksø

Hafen von Neksø

Die Bornholmer Riviera – Entlang der Ostküste von Melsted nach Neksø

Von Gudhjem bis Svaneke verläuft eine Panoramastraße am landschaftlich schönsten Küstenabschnitt der Insel entlang. Badestrände und Felsküste wechseln einander ab, zwischen Wiesen und weiten Feldern liegen malerische Orte wie aus dem Bilderbuch. In Svaneke ist gar das ganze historische Ensemble unter Denkmalschutz gestellt. Ganz anders präsentiert sich Neksø: Ein moderner Fischereihafen und ein lebhaftes Geschäftszentrum prägen die Atmosphäre der Stadt.

Von Gudhjem nach Svaneke

Ein Strand aus feinem Sand, mit Kies und Steinen durchsetzt, zieht sich südlich von Gudhjem über mehrere 100 m bis Melsted hin. Im Hinterland geht er in leicht düniges Gelände über, in dem ein paar Bäume Schatten spenden. Am Ufersaum sammelt sich Tang, denn der Strand ist – wie alle Strände der Insel mit Ausnahme des Abschnitts vor dem Ostseebad in Sandvig naturbelassen, wird also, wenn überhaupt, nicht oft gereinigt. Wie üblich warnt auch hier ein Schild vor dem Baden bei Wind und Sturm. Am Parkplatz oberhalb des Strandes versorgt der obligate Kiosk die Badegäste mit Eis und gekühlten Getränken. In Melsted selbst, einem kleinen Örtchen, das nur aus ein paar schmucken Häusern und einem kleinen Hafen besteht, zieht der ockerfarbene Vierkanthof, der **Melstedgård,** viele Besucher an. Der typische, über 100 Jahre alte Inselhof wird vom Bornholms Museum als ›arbeitendes Landwirtschaftsmuseum‹ betrieben (s. S. 150 f.).

Ein besonders beliebter und auch besonders schöner Spaziergang durchquert ab Kobbebro bei Melsted das **Kobbeå-Tal** bis zum Wasserfall Stavehøl. In dem tiefen, engen Spaltental, in dem der Weg buchstäblich über Stock und Stein geht, stehen die Wände stellenweise fast senkrecht. Besonders schön ist im Frühjahr die blühende Blumenpracht im umliegenden Naturwald. Hat es im Winter Schnee gegeben, stürzen dann am Ende des

Von Gudhjem nach Svaneke

Weges die Wassermassen der Kobbeå aus 8 m Höhe in die Tiefe. Im Sommer verkümmert der Stavehøl-Wasserfall zu einem dünnen Rinnsal.

»Das brillante Licht, der Himmel und das ewig wechselnde Wetter, die Uferfelsen und ihre Reflexionen im Meer« sind das ›Material‹, aus dem Pete Hunner und Maibritt

Der Melstedgård

Im Melstedgård werden alte Traditionen gepflegt

Bereits 1950 wurde der Melstedgård, der heute vom Bornholms Museum als ›lebendes‹ Landwirtschaftsmuseum bewirtschaftet wird, als erster Bauernhof Dänemarks unter Denkmalschutz gestellt, denn er ist das Musterbeispiel eines Bornholmer Hofes. So riegeln vier umlaufende Gebäudeflügel den Innenhof, den *gård,* nach außen hin ab, das Dach ist mit Reet gedeckt, die Mauern aus Fachwerk. In der Mitte des Hofes befindet sich der alte Ziehbrunnen. Im Ost-, West- und Südflügel wurden die Tiere und die Gerätschaften untergebracht und die eingefahrene Ernte sowie Heu und Stroh gelagert. Im Nordflügel lag das Wohnhaus. Es stammt im Melstedgård aus dem Jahre 1786. Bauherr war Svend Thorsen, der 1778 als 18jähriger den Hof von seinen Eltern übernahm. Er heiratete Kirstine Pedersdatter, so erklären sich die im Wohnhaus immer wieder auftauchenden Initialen STS-KPD.

Von den rund 26 ha Land, die heute noch zum Hof gehören, werden 7 ha Wald, Weide und Ackerland auf traditionelle Weise bewirtschaftet. Schafe weiden neben dem Hof, Kühe, Schweine und Pferde stehen im Stall, und graufleckige Hühner, wie sie früher auf Bornholm überall gehalten wurden, bevölkern den Misthaufen. Selbst die alten Bienenstöcke beherbergen noch mehrere Schwärme. Im Garten mit seinen zwei Dutzend alten Obstbäumen wachsen Rote-Bete, Stachelbeeren, Meerrettich und viele Gewürze. Die Ernte wird in der Hofküche verarbeitet und im Museumslädchen verkauft.

Inzwischen ist das gesamte Anwesen, in dem auch der Ziehbrunnen noch funktioniert wie in alten Tagen, originalgetreu wiederhergestellt worden. Das Wohnhaus präsentiert sich in seinem Innern so, wie es nach der Erbauung 1860 ausgesehen hat, die Ausstattung allerdings stammt aus verschiedenen Quellen: Einen Teil der Einrichtung haben die Museumsleute mit dem Hof übernommen, andere Gegenstände kommen aus den Beständen des Bornholms Museums, sind Ankäufe oder Geschenke von Bornholmern und mindestens 100 Jahre alt.

Für Bornholmer Bauernhöfe charakteristisch ist auch die Aufteilung des Wohnhauses vom Melstedgård. Von der Diele gehen rechts ab der *sal*, der nur für bedeutende Feste geöffnet wurde, eine Gästekammer und der sogenannte *melsal*. Er müßte eigentlich *mellemsal* heißen, denn *mellem* bedeutet ›zwischen‹, und der Raum trennt zwei wichtige Räume voneinander – hier den Festsaal und da die große Diele, in der die Gäste empfangen wurden. Der *melsal* wurde als Schlaf- und Wohnraum genutzt und beherbergt wie der Festsaal ein Himmelbett. In der Gästekammer ist eine Schlafstatt untergebracht, die seitlich ausgezogen werden konnte, wenn zwei Personen darin Platz finden mußten. *Sal, melsal* und Gästekammer waren nicht beheizbar. In einer Kammer neben der Diele schliefen die älteren Kinder der Bauersleute, meist zu mehreren in einem Bett. Die *havestue*, die ›gute Stube‹, betraten Bewohner und Besucher nur bei gesellschaftlichen Anlässen. Hier steht heute u. a. eine Bornholmer Uhr aus dem Jahre 1867, wegen ihrer Rundungen ›Fräuleinuhr‹ genannt. Im Melstedgård führt die ›gute Stube‹ zum Garten hinaus, Terrasse und Treppe wurden 1860 angebaut.

An die ›gute Stube‹ grenzt die ›kleine Stube‹ an. Hier hielt sich die Familie im Alltag auf. Schlafzimmer wie der der ›kleinen Stube‹ gegenüberliegende Raum wurden in den Bauernhöfen Bornholms erst in der Mitte des 19. Jh. eingerichtet. Bis dahin schliefen die Bauersleute in der ›guten Stube‹ im Himmelbett oder in einem Alkoven. Die Speisekammer, eine große Küche, die Mägdekammer, die Mehlkammer und die Molkereikeller sind mit ihrer alten Ausstattung ebenfalls sehenswert. Im 1872 angefügten Innenhofflügel, einst Kuhstall, ist eine Ausstellung zur Geschichte des bäuerlichen Lebens auf Bornholm und zur Geschichte landwirtschaftlicher Geräte untergebracht. (Melstedgård, Melstedvej 25, Melsted, 3760 Gudhjem, ✆ 56 48 55 98, Mitte Mai–Mitte Okt. Di–Sa 10–17 Uhr)

Friis Jönsson, das über Bornholm und Dänemark hinaus bekannte Glasbläserpaar, ihre Inspiration beziehen. Sie haben ihr Glasstudio ›**Baltic Sea Glass**‹ in einer ehemaligen Hühnerfarm einen Kilometer südlich von Kobbebro mit Blick aufs Meer eingerichtet. Im umgestalteten, lichtdurchfluteten Gebäude können Besucher ihre farb- und formschönen Gebrauchs- und Kunstglaswerke in einer großen Verkaufsausstellung bewundern und den Glasbläsern beim ›Pusten‹ zusehen. Ist es für Urlauber schon faszinierend, das Herstellen von Gläserserien zu verfolgen, geraten die ›Unika-Abende‹, an denen Pete und Maibritt bei Sonnenuntergang zu Sphärenmusik vom Band oder unterstützt von populären Musikern große Unikate blasen, zu regelrechten Happenings, die Hunderte von Besuchern anlocken.

Vom **Hotel ›Vise Vesth Randkløve‹**, in dem die über Bornholm hinaus bekannten Brüder Thorkild und Peter Vesth die Leitung übernommen haben und hier jeden Abend Musik machen, gelangen Ausflügler nach kurzem Spaziergang zu einem gewaltigen Klippenzug mit dem Namen **Randkløveskår.** Der Weg von der Küstenstraße hinunter ans Meer lohnt sich: Riesige Granitblöcke bilden hier eine 50 m lange, nur 5–6 m breite und 15 m tiefe Spalte, ein grandioser Anblick! Direkt am Wasser formen die Klippen ein kleines Naturschwimmbecken, in dem sich mitunter Badende tummeln. Auf dem Rückweg lohnt ein Besuch in dem Kunsthandwerksladen am Hotel, in dem mehrere Bornholmer Kunsthandwerker ihre Arbeiten ausstellen.

Zwischen Bølshavn und dem beschaulichen Fischerörtchen Listed mit erstaunlich großem Fischerei- und Jachthafen steht am Straßenrand auf der Küstenseite eine weitere bemerkenswerte, kleine Bautasteingruppe. Der größte Stein heißt **Hellig Kvinde,** hl. Frau, die kleineren Steine sind ihre Kinder. Die Götter, so erzählt die Sage, erhörten das Flehen einer Mutter und verwandelten sie und ihre Kinder in Steine, um sie vor einer großen Gefahr zu retten.

Svaneke

Die wilden Schwäne, die früher die Bucht von Svaneke bevölkerten, waren die Namenspaten der Siedlung, die schon im 14. Jh. mit norddeutschen und polnischen Städten regen Handel trieb, 1409 zum ersten Mal schriftlich erwähnt wurde und zu ihrer Gründungszeit Swanwika, später Swanicke hieß. Das Wappen mit dem Schwan, der einen goldenen Ring im Schnabel trägt, tauchte erstmals 1584 auf. Zu jener Zeit war Svaneke schon

Listed

Svaneke

Stadt, denn der Erzbischof von Lund hatte dem Ort die Stadtprivilegien bereits 1555 verliehen. Im Gegensatz zu Gudhjem ist Svaneke immer Stadt geblieben, heute mit 1200 Einwohnern wohl die kleinste Dänemarks.

Historische Fachwerkhäuser, große, alte Kaufmannshöfe und der Hafen bestimmen das Bild Svanekes, das sich seit Jahrzehnten strikten Denkmalschutz zum obersten Gebot macht (s. S. 156). Früher wie heute spielt der Hafen für die städtische Wirtschaft eine bedeutende Rolle. Als er 1872 von einer Sturmflut völlig zerstört wurde, tat sich die Handels- und Fischerstadt schwer, sich von diesem Schlag zu erholen. 25 Jahre dauerte es, bis endlich ein neues Hafenbecken, das in den Fels gesprengt werden mußte, eingeweiht weden konnte. Heute ist die Hafenzeile mit den Hotels Østersøen und Siemsens Gaard in zwei alten Kaufmannshöfen, dem kleinen Abfertigungshäuschen für Schiffsfahrten nach Christiansø und dem Postschiff ›Peter‹ am Kai die malerischste Hafenszenerie der Insel.

1697 brannte ein verheerendes Feuer jedes zweite Haus der Stadt nieder. Die meisten der heutigen Fachwerkbauten sind um die 300 Jahre alt. Die industrielle Entwicklung, die um die Jahrhundertwende auch auf Bornholm einsetzte, ließ Svaneke fast unberührt, und auch die Inseleisenbahn zuckelte in einem weiten Bogen um die Stadt herum. Der Fremdenverkehr entdeckte

das Städtchen erst nach dem Zweiten Weltkrieg. Heute bietet es Besuchern Hotels und Cafés, Restaurants und Galerien, Antiquitätenhandlungen und Souvenirgeschäfte. Ferienwohnungen allerdings sind in Svaneke nur in Ausnahmefällen erlaubt, denn alle Häuser, so verlangt der Erhaltungsplan, müssen ständig bewohnt sein. Auch diese Maßnahme paßt ins Bild: Die noch relativ junge Einrichtung des Kunst- und Gewerbezentrums Svanekegården rettete ein altes Haus vor dem Abriß. Das Kulturhaus fördert durch Kunstausstellungen und andere Kulturveranstaltungen eine grenzüberschreitende Zusammenarbeit des gesamten Ostseeraums. Zur gewinnenden Atmosphäre der klei-

Svaneke

An der Hafenmole in Svaneke

Mitsingen und -summen, und eine Pferdestraßenbahn, die in Svaneke nicht nur zu den Marktstunden ihre Runden dreht, wird von groß und klein, die sich mit handgefertigten Bonbons aus Thomas Ibsens Bonbonfabrik am Markt versorgt haben, mit lautem Hallo begrüßt.

Der Marktplatz ist nicht der einzige idyllische Platz in der Stadt. Der bemerkenswerteste Platz liegt an der **Kirche.** Das Halbrund der alten Fachwerkhäuser harmoniert mit dem bonbonrosa gestrichenen Kirchenbau, dem man die vielen Umbauten nicht ansieht. Das spätgotische Kirchenschiff wurde 1881 verlängert, der Fachwerkkirchturm erhielt seine charakteristische, schindelgedeckte Spitze 1789. Weite Felder umschließen Friedhof und Kirche und reichen bis in die Stadt hinein. Nach menschlichem Ermessen wird dieses Idyll niemals verschwinden: Die Felder, so hat der Denkmalschutz bestimmt, dürfen nicht mit Häusern bebaut werden.

nen Stadt trägt ebenfalls bei, daß sich die Bewohner bei aller Geschäftstüchtigkeit, von der die vielen Angebote für Urlauber zeugen, vom Tourismus nicht überrollen ließen. So bleibt das Quellenfest zur Sonnenwende am 23. Juni ein Volksfest für die Stadtbewohner. Und auch der Markt an jedem Samstagmorgen ist nicht nur für Urlauber eingerichtet worden, sondern auch bei Einheimischen beliebt. Nur Handarbeiten, Selbstgemachtes nach Hausfrauenart und Selbstangebautes wird zum Verkauf zugelassen. Auf dem Marktplatz kommt schnell ein wenig Volksfeststimmung auf. Zeichner porträtieren Marktbesucher, ein Akkordeonspieler verleitet zum

Nicht historisch, sondern erst vor einigen Jahren zum Leben erweckt, ist der **Glastorvet,** ein kleines Plätzchen an der Brænderigænget zwischen Markt und Hafen. Es ist ein Kleinod für Urlauber, die auf der Suche nach einem hochwertigen Urlaubsmitbringsel sind. Zu Pernille Bülows Glasbläserei, die seit 1988 eine ehemalige Autowerkstatt mit ihren leuchtend-bunten Gläsern und

Svaneke
Eine Stadt bewahrt ihr Gesicht

Svaneke ist *die* Stadt auf Bornholm, deren altes Stadtbild am wenigsten durch neuzeitliche Bauten verändert wurde. Die hervorragende Erhaltung der historischen Bausubstanz hat Svaneke großenteils dem Verein ›Svanekes Venner‹ (Freunde Svanekes) zu verdanken, dem heute etwa 400 Mitglieder aus dem In- und Ausland angehören und der 1944 gegründet wurde. Ziel des Zusammenschlusses war schon damals, Hausbesitzer dazu zu bewegen, bei Modernisierungsmaßnahmen freiwillig möglichst weitgehend auf den Originalzustand des Hauses Rücksicht zu nehmen.

Nach der 400-Jahr-Feier der Stadt im Jahr 1955 erhielt der Verein so regen Zulauf, daß er sich einen mächtigen Verbündeten suchen konnte: das Nationalmuseum Kopenhagen, höchste Instanz des Landes in Sachen Denkmalschutz. Gemeinsam arbeiteten Kopenhagener Denkmalschützer und Bürger von Svaneke einen Erhaltungsplan aus. Er schuf die Rechtsgrundlage für eine folgenschwere Grundbucheintragung, die 1967 für alle Häuser vorgenommen wurde: Nur noch mit Erlaubnis der Stadtbehörden dürfen an den Häusern Veränderungen vorgenommen werden. Das gilt für die alten Kaufmannshöfe ebenso wie für die kleinen Einfamilienhäuser am Terrassenhang. Ein Erhaltungsausschuß, in dem auch Svanekes Venner sitzt, prüft die Anträge, verwirft, korrigiert und gibt grünes Licht.

Ein Erhaltungsplan erlaubt flexibleres Handeln als strenger Denkmalschutz. Die Stadtverwaltung hat Musterzeichnungen für Türen, Fenster, Schornsteine und für den Ausbau von Mansarden erarbeitet, die Hilfestellung bei Modernisierungsarbeiten leisten. Wurden früher Details an den Häusern – Türklinken, Fensterkreuze, Außentreppen – gedankenlos mit modernen, eigentlich nicht ins historische Bild passenden Materialien erneuert, achtet man heute darauf, daß beispielsweise neue Außentreppen aus passenden Granitsteinen gemauert werden und die Geländer aus Schmiedeeisen geformt sind. Damit dieser hohe Anspruch auch tatsächlich verwirklicht wird, hat der Verein der Freunde Svanekes 1983 eine eigene Stiftung gegründet, die Hausbesitzern mit Finanzspritzen die Wahl der richtigen Baumaterialien ermöglicht. Außerdem kauft der Verein alte Dachziegel auf und gibt sie für einen Spottpreis an Hausbesitzer weiter, die gerade ihr Dach ausbessern. Bauherren werden auch angehalten, zum Anstreichen der Fachwerkwände Kalkfarbe zu verwenden, damit die Außenwände atmen können, während Kunststoffarbe die Feuchtigkeit in die Wand zieht und den Verfall beschleunigt. Hausbesitzer, die ihr Häuschen besonders schön renoviert haben, erhalten vom Svanekes Venner ein kleines

Dankeschön: einen jungen Maulbeerbaum. So sollen auch die Maulbeerbäume, die einst Seeleute von ihren Reisen mitbrachten, im Stadtbild von Svaneke erhalten bleiben, denn für manchen der alten Bäume läuft mittlerweile die Lebenszeit ab. Sind neue Straßenschilder erforderlich, werden sie sorgfältig aus Emaille und in schöner Schnörkelschrift den alten nachgebildet. Selbst über Straßenlaternen macht sich der Erhaltungsausschuß Gedanken.

Derart praktizierte Ortsbildpflege fand international höchste Anerkennung. Das Städtchen Svaneke erhielt 1974 gemeinsam mit Colmar im Elsaß die erste ›Europamedaille für Denkmalpflege‹. Die vom Europarat angeregte Auszeichnung wird von der privaten Stiftung F. V. S. in Hamburg vergeben. Mittlerweile sind auch Sankt Petersburg und Lübeck Preisträger der Medaille. Für Svaneke und seine 1200 Einwohner durfte Dr. Flemming Larsen, der langjährige Vorsitzende der ›Svanekes Venner‹, die Ehrung entgegennehmen, die auch sein persönliches Engagement zur Stadtbewahrung würdigt.

Glaskunstwerken ausschmückt, haben sich Geschäfte für Textil, verspielte Keramik im englischen Stil (Susanne Rasborg) und Silberschmuck sowie ein Café gesellt. Um die Ecke wird bei Askepot in der Postgade alles verkauft, was der Meister aus Leder entwirft, ausgefallene, aber bequeme Schuhe, Stiefel, Taschen, Gürtel.

Gut besucht ist auch die **Räucherei** in der Fiskergade nördlich des Hafens, deren fünf Schornsteine eines der Wahrzeichen der Stadt mit dem Schwanen-Wappen sind. Die Kanonen auf den **Schanzen** an der Räucherei stammen vom Zeughausmuseum in Kopenhagen und wurden an Stelle der echten, verschwundenen Kanonen Svanekes erst kürzlich vom Verein der Freunde Svanekes hier aufgestellt.

Zwei weitere Wahrzeichen der Stadt stehen am nördlichen Stadtrand: Die hölzerne **Bockwindmühle** *(stubmølle)* direkt am Ortsausgang Richtung Bølshavn und in unmittelbarer Nachbarschaft der futuristische **Wasserturm.** Bei der *stubmølle* dreht sich das gesamte Mühlenhaus auf einem Pfahl. Sie wurde 1634 gezimmert und gilt als eine der ältesten Mühlen ihrer Art im ganzen Land. Für das zweite Wahrzeichen zeichnet der weltberühmte dänische Architekt Jørn Utzon verantwortlich, zu dessen wichtigsten Arbeiten auch die Oper von Sidney zählt. 1952 entwarf er den eigenwilligen, 28 m hohen Wasserturm in Form einer Bake, der immer noch als Seezeichen fungiert.

1978 wurde der anfänglich unter den Bewohnern Svanekes sehr umstrittene Turm aus Sicherheitsgründen für Besucher gesperrt, zehn Jahre später als Wasserturm außer Betrieb gesetzt und unter Denkmalschutz gestellt. Seit Jahren wird beratschlagt, was künftig mit ihm geschehen soll.

Neben seinen Architekturdenkmälern hat Svaneke auch einen bedeutenden Ehrenbürger. In der Oluf Høst Gade erinnert am Haus Nr. 2 eine Gedenktafel an den Maler, der seine Kindheit hier verbrachte. Høst wurde 1884 in Svaneke geboren, zog aber später nach Gudhjem, in die Geburtsstadt seiner Mutter, wo er bis zu seinem Tode lebte (s. S. 48 und 124). Anläßlich des Stadtjubiläums im Jahre 1955 wurde Oluf Høst noch zu Lebzeiten zum Ehrenbürger von Svaneke gekürt.

In der Umgebung von Svaneke: Østermarie und Louisenlund

Østermarie und die Bautasteinsammlung Louisenlund sind von Svaneke aus bequem zu erreichen. Der Abstecher läßt sich gut mit dem Besuch des Ökohofs **Grynebækken** (Østermarievej 46, Mai–Okt. Mo–Fr 13–17 Uhr) verbinden. Besucher, die willkommen sind, können sich u. a. über Kompostie-

Umgebung Svaneke

Louisenlund

rungsmethoden und den Bau von Kuppelgewächshäusern, über Abwasserreinigung und vieles mehr informieren. Pernille Bülow hat auf Grynebækken eine Dependance ihrer Glasbläserei vom Glastorvet eröffnet. Ebenfalls vom Østermarievej zweigt die Zufahrt zu dem wohl beliebtesten Bornholmer Ausflugsziel ab, dem Vergnügungspark Brændesgårdshaven (s. S. 160 f.).

In Höhe des Byfogedvej lädt der biologische **Kräuterhof** von Elizabeth Løvegal (›Brændesmark Urtegård‹, Haus Nr. 42) zur Besichtigung ein. Die Hausherrin züchtet über 250 – genau beschilderte – Kräuterpflanzen, aus denen sie natürliche Pflege- und Schönheitsmittel herstellt.

Ein Stück weiter Richtung Østermarie steht die **kuremølle** am Straßenrand (nur dienstagnachmittags geöffnet!). Die Holländermühle wurde 1861 an Stelle einer im Sturm umgestürzten Bockwindmühle von Christian Sommer erbaut, demselben Mann, der auch die Svanemølle an der gleichen Straße am Ortsausgang von Svaneke geschaffen hat. Einem 1978 gegründeten Mühlenverein ist zu verdanken, daß sie sorgfältig restauriert sogar Mehl mahlen könnte.

Schließlich sind es nur noch wenige 100 m bis **Louisenlund,** der größten Bautasteinsammlung Bornholms. Sie liegt gegenüber dem Abzweig nach Bølshavn versteckt in einem Wäldchen an der Straße Richtung Neksø.

Brændesgårdshaven
Ein Vergnügungspark der besonderen Art

Der Bornholmer Bauer Emil Ipsen hatte ein Herz für Kinder. Nachdem er 1901 im Alter von 30 Jahren den Brændesgård bei Ibsker gekauft hatte, baute er das Anwesen zu einem Park aus und ließ zahlreiche Spielgeräte aufstellen. Die Bornholmer strömten in Scharen herbei, um sein Werk wie ein Weltwunder zu bestaunen. Die über Jahrzehnte anhaltende Neugierde seiner Landsleute bewog Emil Ipsen 1933, die Anlage für das Publikum zu öffnen. Der Freizeitpark Brændesgårdshaven ist also über 60 Jahre alt! Emil Ipsen starb 1961, heute leitet sein Enkel Hans-Emil Ipsen mit seiner Frau Lillian den Vergnügungspark. Nichts erinnert hier an herkömmliche Freizeitparks, wie sie in Dänemark sehr beliebt sind: Brændesgårdshaven fehlen Sensationen. Weder Hochgeschwindigkeitsachterbahn noch Dreifach-Looping sorgen für Nervenkitzel. Wenn auf Plakaten Karussells und Autos angepriesen werden, ist ein Karussell zum Anschieben gemeint, und die Holzautos müssen die Fahrer durch eifriges Treten selbst in Bewegung setzen. Fast alle Geräte wurden schon vor 50 Jahren eigens für den Park entwickelt und in der eigenen Werkstatt gebaut. Das elektronische Zeitalter hat in Brændesgårdshaven keinen Einlaß gefunden. Die einzige Ausnahme ist die jüngste Anschaffung: Der ›Nautic Jet‹, ein mit Motorkraft betriebenes Boot, das an einer Seilwinde auf Schienen auf eine Rampe gezogen wird, um von dort in rasanter Fahrt und mit einem großen ›Platsch‹ in den Teich zu rutschen.

Der Vergnügungspark ist eines der beliebtesten Familienausflugsziele auf Bornholm. Hier können sich Kinder und Erwachsene unbeschwert austoben. Für kleinere Besucher wurde eine Seilbahn installiert, größere sausen in einer Schwebebahn über den See. Dieser ist immerhin 200 m lang und lädt zu idyllischen Bootsfahrten ein. Die 27 Ruderboote dürfen nur eine bestimmte Zeit genutzt werden, dann sind die nächsten Freizeitkapitäne an der Reihe. Gefragt ist auch das 6000 m^2 große ›Wasserland‹ mit Schwimmbassin, Planschbecken, Wasserrutschen und einem 125 m langen Wasserfall, den sich die Besucher in Gummiringen hinabstürzen. Ein Kletterparadies ist Dänemarks größtes ›Kletterland‹, ein Gewirr aus Klettertürmen, Hängebrücken, Stiegen, Sprossenleitern, Netzen und drei 30 m langen, superschnellen Tunnelrutschen.

Umgebung Svaneke

In Brændesgårdshaven wird Erholung groß geschrieben

Geschickt sind über das 55 000 m² große Gelände Ruhezonen verteilt, Liegewiesen fürs Familienpicknick und Spazierwege, Blumenrabatten und Europas größte Blumenuhr. Volieren für allerlei Vögel finden sich ebenso im Gelände wie Gehege für Bergziegen und Sikahirsche. Auch Gibbonaffen gehören zum Tierbestand, bei dem sich zur Freude aller Besucher im Frühjahr regelmäßig Nachwuchs einstellt. Beim kleinen Fluß Vaseå, der den Stausee speist, erinnert ein Steinrelief an den Gründer von Brændesgårdshaven. In das Flüßchen wurde eine Fischtreppe mit 13 Bassins eingebaut, damit Forellen und Lachse zu ihren Laichgründen weiter oben gelangen können.

Jedes Jahr wartet der Vergnügungspark mit einer kleinen Neuerung auf. Aber unangetastet bleibt die Regelung, daß Erwachsene und Kinder nur einmal Eintritt bezahlen, in dem alle Aktivitäten enthalten sind. Und auch der Auftritt des Zauberers Dr. Elvius im Unterhaltungsprogramm, das zweimal am Tag auf der Freilichtbühne gegeben wird, ist damit abgegolten. Zusätzliches Taschengeld kosten nur Speisen und Getränke in der Cafeteria oder im Restaurant ›Guldfisken‹, die vielen Souvenirs, die angeboten werden – und das Eis, das in Dänemark einen gelungenen Sommertag abrundet. (Brændesgårdshaven, Ibsker, 3740 Svaneke, ✆ 56 49 60 76, Mai–Mitte Sept. 10–18 Uhr, in der Hochsaison bis 20 Uhr)

Zu Louisenlund gehört eine Liebesgeschichte. König Frederik VII. kaufte 1850 das romantische, von einer Steinmauer eingefaßte Wäldchen mit den 70 Bautasteinen, benannte es nach seiner Geliebten und machte es ihr zum Geschenk. Louise Rasmussen hieß die Glückliche. Sie war Ballettänzerin und Hutmacherin, ehe sie zur Lebensgefährtin des Königs und Lehnsgräfin Danner aufstieg. Daß sie ihre Karriere vermutlich auch ihrer Schönheit verdankte, beweist ihr Porträt, das über dem Eingang zum Gasthof Louisekroen in Bølshavn hängt. Louisenlund ist noch nie archäologisch untersucht worden, warum die Bautasteine hier aufgestellt wurden, ist unbekannt.

In Østermarie bezeugt die alte **Østermariekirke,** der hl. Maria geweiht, die Abrißwut, die während der Erweckungsbewegung im vorigen Jahrhundert herrschte. So sollte das Gotteshaus abgerissen werden, obwohl es für die Ortsbevölkerung eigentlich groß genug war. Als der Abriß 1885 im Gange und der Westturm schon niedergerissen war, kamen die Dorfbewohner jedoch zur Besinnung und ließen beachtliche Reste des romanischen Baus stehen. Die Kirche, deren Ruine nun unter Denkmalschutz steht, wies eine architektonische Besonderheit auf: Eine Arkade teilte den Kirchenraum in zwei Schiffe

Rapsfelder bei Østermarie

Umgebung Svaneke

und trug zwei parallele Tonnengewölbe. In der 1891 eingeweihten neuen Kirche von Østermarie gleich nebenan ist ein gemaltes Epitaph für den Bornholmer Helden Jens Pedersen Kofoed (s. S. 75 und 91) aus dem Jahre 1680 sehenswert. Das restaurierte Gemälde zeigt den hochverehrten Freiheitskämpfer mit seinen beiden Frauen und 24 Kindern, zwölf Jungen und zwölf Mädchen, links und rechts von ihm aufgereiht wie die Orgelpfeifen.

Von Svaneke nach Neksø

Kurz ist der Weg von Svaneke in südwestlicher Richtung zur **Ibskirke,** der besterhaltenen romanischen Kirche Bornholms mit einem besonders massiven Westturm. Ladeluken im oberen Stockwerk des Turms deuten darauf hin, daß er in erster Linie als Magazin und nicht als Wehrturm diente. Derart breite Westtürme sind in Dänemark übrigens relativ selten, der Typus stammt aus Schonen und hat seinen Ursprung in Sachsen. Im Erdgeschoß weist der Kirchturm zwei parallel verlaufende Tonnengewölbe auf, die von einer Doppelarkade gestützt werden, auch die beiden folgenden Stockwerke sind mit solchen Doppelgewölben ausgestattet. Während das Kirchenschiff eine flache Balkendecke besitzt, schließt der Chor mit einem jener Tonnengewölbe ab, die Bornholmer Kirchen auszeichnen. In der Vorhalle ist ein romanisches Taufbecken aus gotländischem Kalkstein zu bewundern. Zum herausragenden Inventar der Kirche gehören die schöne gotische Marienfigur aus Eiche, die an der Westwand des Längsschiffes hängt, und vier Evangelisten aus Keramik, die Paul Høm 1964 geformt hat.

Zurück an der Küste führt kein Weg an der leuchtend weißen **Mühle von Årsdale** vorbei. Wer die 1877 erbaute Windmühle betritt, steht unversehens mit beiden Beinen in der Vergangenheit. Die gesamte Ausstattung des vierstöckigen Bauwerks ist aus Holz: die Walzstühle auf dem Brückenboden, wie das untere Stockwerk heißt, das Mehl- und Schrotwerk sowie die Mahlgangsgetriebe auf dem Gangboden, dem 2. Stockwerk, die Mühlengänge auf dem Sackboden (3. Stockwerk), in die das Getreide geschüttet wird, Flügelwelle und Kammrad im Kappboden, dem obersten Stockwerk. Jede Fläche, selbst Fensterbrett und Auftragsbuch, und jedes Teil, das sich nicht bewegt, ist mit Mehlstaub bedeckt. Weiße Partikel schwirren durch die Luft, wenn sich der riesige Organismus in Bewegung setzt. Dann ächzt und knarrt es, und wenn der Wind die Flügelbäume voll erfaßt hat, bebt der ganze Bau bedrohlich. Doch die Mühle von Årsdale hält stand, Hans Peter Mikkelsen, Großvater

Von Svaneke nach Neksø

Mühle von Årsdale

des heutigen Müllers, ließ sie äußerst solide bauen: Ein massiver Sockel aus Granit trägt das 15 m hohe Mauerwerk, das von einer zwiebelförmigen Mühlenkappe gekrönt wird.

Wie gut die Mühle nach 120 Jahren noch arbeitet, können Urlauber täglich während ihrer Öffnungszeiten (ganzjährig täglich von 10–17 Uhr) erleben, obwohl sie alles andere als ein Museum ist: Anthon Mikkelsen unterhält die letzte Windmühle in Dänemark, in der auch wirklich noch Korn gemahlen wird.

Da die Mühle von Årsdale oberhalb des Ortes direkt an der Küstenstraße liegt, kommen nur wenige Urlauber auf die Idee, nach **Årsdale** hineinzufahren. Dabei wäre ein kurzer Halt im Fischerdorf mit seinen weißen Häusern, dem originellen Vorgartenschmuck und der kleinen Räucherei in der Nähe des kleinen Hafens, in der Bornholmer ihre Heringe kaufen, ein Erlebnis, denn Årsdale ist einer der ursprünglichsten Orte auf der Insel.

Neksø

Neksø (auch Nexø) ist mit 4000 Einwohnern zweitgrößte Stadt auf Bornholm. Eine wechselvolle Geschichte ist der Grund, weshalb die Stadt neben sehenswerten alten Häusern so auffallend viele Neubauten und den modernsten Hafen der Insel besitzt. An schrecklichen Ereignissen hat es Neksø, seit 1346 im Besitz der Stadtrechte, nämlich nicht gemangelt. 1510 brandschatzten Lübecker die Ortschaft, 1645 fielen Schweden plündernd ein, und acht Jahre später brachte die Beulenpest auch hier die halbe Bevölkerung ins Grab. Im Jahre 1756 brannte eine Feuersbrunst weite Teile der Stadt nieder, 1872 überflutete eine Sturmflut den Steinbruch Neksøs und zerstörte auch den Hafen. 1879 wurde daraufhin der Hafen zum ersten Mal in weiten Teilen erweitert; 1892 erhielt der Neksøer Hafen das erste Trockendock Dänemarks, es wurde in den Sandstein gesprengt; die letzte Hafenerweiterung in den 70er Jahren verdoppelte die Kaifläche. Der jüngste Schicksalsschlag ist auf dem Minderbrond, dem Erinnerungsbrunnen auf dem Marktplatz, vermerkt: Am 7. und 8. Mai 1945 bombardierten sowjetische Kampfflugzeuge die Stadt und beschädigten fast alle Häuser, viele wurden völlig zerstört. Die größte Not linderten 75 Holzhäuser, die Schweden für die Obdachlosen nach Neksø sandte. Die ›Schwedische Stadt‹ ist heute noch bewohnt.

Im **Museum von Neksø** (Mitte Mai–Okt. Mo–Sa 10–16 Uhr) direkt am Hafen, an dem ein hervorragendes Fischrestaurant und die ebenso ausgezeichnete Brasserie Truberg liegen, ist alles ausgestellt, was mit dem Meer zu tun hat, leider aber nur in dänisch erklärt: Ankerwinden und Taucheranzüge, Rettungsbojen, Bootsmodelle und Fischfangutensilien sowie eine liebevoll rekonstruierte Fischerwohnung. Das gelbgestrichene Lagerhaus am Hafen wurde 1796 als Gerichts- und Wachhaus errichtet. Pensionierte alte Seebären betreuen das Museum.

Selbstverständlich hat Neksø, dessen Stadtwappen ein Bootshaken als Hinweis auf Fischerei und Seefahrt ziert, seine **Kirche** dem hl. Nikolaus geweiht, dem Schutzpatron der Seefahrer. Auch der Sakralbau wurde beim Bombardement durch die Russen beschädigt und 1945 wieder instand gesetzt. Seit der Kirchweihe – das Haupthaus stammt aus der Mitte des 15. Jh. – wurde das Gotteshaus immer wieder erweitert. Ein erster Turm wurde vermutlich im 16. Jh. errichtet, die zwiebelförmige Turmspitze aber erst 1910 hinzugefügt. Der im rechten Winkel angebaute Nord-

Neksø

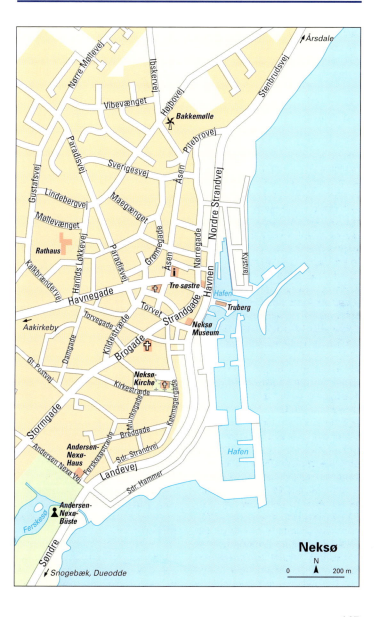

Stadtkirche in Neksø

flügel der Kirche geht auf das Jahr 1760 zurück. Die letzte große Renovierung geschah 1985.

Erholung vom städtischen Trubel bietet der Neksøer **Stadtpark** rund um den kleinen Ferskesø, einem Vogelreservat. Im Park liegt auch **Fandens Keglebane,** des Teufels Kegelbahn, ein Stein mit Zeichnungen und schalenförmigen Vertiefungen aus der Bronzezeit. 1969 wurde im Stadtpark eine **Büste des Dichters Martin Andersen Nexø** aufgestellt. An der Ecke Andersen Nexø-Vej/Ferskesøstræde, ziemlich am Ortsausgang, informiert in dem kleinen Wohnhaus, in dem der Schriftsteller aufwuchs, ein kleines Museum über sein Leben und Werk (Mai–Mitte Okt. Di–So 10–16 Uhr, s. auch S. 56).

Information: Neksø-Dueodde Turistbureau, Åsen 4, 3730 Neksø, ☎ 56 49 32 00, Fax 56 49 43 10; Svaneke Turistbureau, Storegade 24, 3740 Svaneke, ☎ 56 49 63 50, Fax 56 49 70 10

Hotels: *Melsted:* Melsted Badehotel, Melstedvej 27, ländliches Hotel, direkt am Strand, ☎ 56 48 51 00 *Neksø:* Neksø Sømandshjem Hotel, Købmagergade 27, ☎ 56 49 24 00, einfaches Hotel, nur zur Überbrückung

Neksø

Svaneke: Østersøen, Havnebryggen 5, ✆ 56 49 60 20, Fax 56 49 72 79, Ferienappartements in einem restaurierten Kaufmannshof, direkt am Hafen gelegen; Siemsens Gaard, Havnebryggen 9, ✆ 56496149, Fax 56 49 61 03, gepflegtes Hotel in historischem Kaufmannshof, am Hafen, sehr gutes Restaurant, schöne Caféterrasse

Jugendherberge: Svaneke Vandrerhjem, Reberbanevej 9, 3740 Svaneke, ✆ 56 49 73 83

Camping: *Nexø:* Nexø Familiecamping, Stenbrudsvej 26, ✆ 56 49 27 21, Fax 56 49 43 10, begrünte Anlage direkt am Meer (kein Strand) *Svaneke:* Hullehavn Camping, Sydskovvej 9, ✆ 56 49 63 63, Fax 56 49 63 63, in Wald- und Felslandschaft direkt am Meer, Badestrand in der Nähe; Møllebakken Familiecamping, Møllebakken 8, ✆ 56 49 64 62 (auch Fax), am Nordweststrand der Stadt

Restaurants: *Bølshavn:* Louisekroen, ✆ 56 49 62 03, vornehmbehagliches Steakhouse, nur bis 21 Uhr *Neksø:* Den Gyldne Hane, Brogade 9, ✆ 56 49 41 53, rustikales, preiswerteres Gasthaus; tre søstre, Havne 5, ✆ 56 49 33 93, in Atmosphäre und Speiseangebot eines der besten Restaurants der Insel, bietet nicht nur Fisch; Truberg Brasserie, Havnepromenaden 2, ✆ 56 49 20 90, mit Bildern der Künstlerin Kirsten Clemann ausgestattetes Café-Restaurant, hervorragende Küche, vor allem Fisch
Randkløve: Vise Vesth Randkløve, Randkløvevej 26, ✆ 56 47 03 03, rustikal eingerichtet, jeden Abend Live-Musik, auch Hotel
Svaneke: Pakhuset, Brænderigænget 3, ✆ 56 49 65 85, modernes, preiswertes, deshalb oft überfülltes Restaurant; Svanen, Storegade 1, ✆ 56 49 69 99, einfaches Restaurant am Hafen mit Weinstube

Café: Torvets Konditori, Torvet 7, 3730 Neksø, ✆ 56 49 21 32, einfaches Café, direkt am Marktplatz

Einkaufen: *Årsdale:* Hjorth's Røgeri, Brugsebakken 18 (am Hafen), ✆ 56 49 61 10, Räucherein
Gudhjem: Baltic Sea Glas, Pete Hunner und Maibritt Friis Jönsson, Melstedvej 47, ✆ 56 48 56 41, Glasbläserei
Saltuna: Hvide Hus, Randkløvevej 15, ✆ 56 47 03 33, Kunsthandwerk
Svaneke: Askepot, Postgade 15, ✆ 56 49 70 42, selbst entworfene Lederwaren; Brændesmark Urtegård (Kräuterhof), Elizabeth Løvegal, Svanekevej 42, ✆ 56 44 33 33, selbstgemachte Kosmetika; Pernille Bülow, Glastorvet, Brænderigænget 8, ✆ 56 49 66 72, Glasbläserin, auch Keramik, Schmuck etc.; Lauegård, Birgitte & Thorbjørn Jacobsen, Bølshavnevej 5, ✆ 56497402, Keramik, Malerei; Markt am Samstagvormittag: Kunsthandwerk, Lebensmittel und Selbstgebasteltes; Eli Rasmussen, Borgergade 1a, ✆ 56 49 61 70, Malerei; Røgeriet i Svaneke, Fiskergade 12, ✆ 56 49 63 24, Heringsräucherei; Svaneke Bolcher, Svaneke Torv 7, ✆ 56 49 62 82, Bonbons

Feste: 23. Juni Quellenfest in Svaneke

Sport: Tennis Klub, Stadionvej 23, 3730 Neksø, ✆ 56 49 43 88, Tennis für Touristen, Berechtigungsmarken beim Turistbureau und an verschiedenen Kiosken; Segler in Neksø und Svaneke willkommen.

Strände: *Melsted:* mehrere 100 m lang; *von Balka bis Dueodde:* herrliche, kilometerlange Strände im Süden von Neksø

Fahrradverleih: Boss Cykler, Kannikegårdsvej 10, 3730 Neksø, ✆ 56 49 44 74 und Søndergade 14, 3740 Svaneke, ✆ 56 49 75 74

Die Südküste

Die Strände von Balka bis Boderne

Das Hinterland der Südküste

Die Südküste von Boderne bis Rønne

Dueodde

Pulverstrände und Dünen – Bornholms Badeparadies entlang der Südküste von Neksø nach Rønne

Dünen und Badebuchten, Kirchen, Gräber und Bautasteine, weite Felder und stolze Bauernhöfe ergeben die Mischung, die den Reiz des Südens ausmacht. Die Strände im Süden der Insel zählen zu den attraktivsten des Landes, der Strand von Dueodde nimmt es gar mit allen Konkurrenten in Europa auf. Neben Badefreuden bietet der Inselsüden entdeckungslustigen Urlaubern viel Abwechslung: Abstecher zu romanischen Kirchen, zu Fischer- und Badeorten und zu frühgeschichtlichen Fundstätten.

Die Strände von Balka bis Boderne

Ein breiter Kiefernwaldgürtel, in dem Hunderte von Ferienhäusern und drei Hotels versteckt liegen, zieht sich von Neksø über Balka und Snogebæk bis nach Dueodde hin. Der bis zu 50 m breite **Balkastrand** ist ideal für Familien mit kleinen Kindern, denn er ist feinsandig, und das Ufer fällt ganz flach ins Meer ab. Nahtlos geht er in den schmalen und unattraktiven Strand von Snogebæk über. Der flache Dünenstreifen am Balkastrand reicht keine 100 m weit ins Landesinnere. Beide Strände haben einen Nachteil: Häufig wird Tang am Ufer angeschwemmt, der bei ungünstigem Wind mitunter tagelang einen üblen Geruch verbreitet.

Snogebæk selbst ist ein hübsches, weit gestreutes Fischer- und Feriendorf mit gepflegten Fachwerkhäusern, aber ohne richtiges Zentrum. Da das Ufer hier sehr flach ist, mußte der Anleger des Hafens 1888 weit draußen im Meer als Inselhafen angelegt werden. Zu ihm führt ein hölzerner Steg hinaus. Ein paar nette Pensionen und Hotels, einige ansprechende Restaurants und kleine Geschäfte machen Snogebæk zu einem beliebten Ausflugsziel an der Südküste. In der Snogebæk Glashytte, der ›Keimzelle‹ der Bornholmer Glasbläser-Szene, arbeiten der renommierte britische Glasbläser Charlie Meaker,

Strände von Balka bis Boderne

Snogebæk

der die Hütte in der ehemaligen Fischräucherei vor zwei Jahrzehnten gegründet hat, mit seinem Sohn Eric und ein paar anderen jungen Leuten aus aller Welt. Wer es beim Zuschauen nicht belassen will, kann bei Charlie Meaker (teuren) Unterricht nehmen – und feststellen, daß *glaspuster* ein körperlich anstrengender Beruf ist. Die Snogebæk Glashytte war auch erste Station des Amerikaners Pete Hunner (Baltic Sea Glass, s. S. 153), als er 1979 nach dem Besuch der Fachschule für Angewandte Kunst in Kopenhagen als Glasbläser nach Bornholm kam. Und auch die berufliche Karriere der damals erst 22jährigen Pernille Bülow begann hier, ehe sie einige Jahre später in Svaneke ihr eigenes Studio (Glastorvet, s. S. 155) eröffnete.

Überall zwischen Snogebæk und Pederskirke, weiter westlich an der Straße nach Rønne, weisen Schilder den Weg zum Sand- und Dünenparadies **Dueodde.** Eigentlich heißt nur die südlichste Landspitze Bornholms, auf der der große Leuchtturm steht, Dueodde, häufig wird aber die Bezeichnung auf das gesamte Wald-, Dünen-

Der Strand von Dueodde zählt zu den schönsten Stränden Europas ▷

Badeparadies von Giftgas bedroht?

Alle Jahre wieder schlagen deutsche Medien Alarm: Das nach dem Zweiten Weltkrieg versenkte Senfgas in der Ostsee in der Nähe der Ferieninsel Bornholm gefährdet Einwohner und Urlauber. In der Tat wurden von 1945–48 auf Anweisung und unter Aufsicht der Alliierten etwa 50 km nordöstlich der Insel in 100 m Tiefe 43 000 t Kriegsmaterial im Meer entsorgt, darunter etliche Tonnen deutscher Senfgas-(Gelbkreuz)-Granaten aus dem Ersten Weltkrieg, aber auch hochgiftige Kriegschemikalien aus den USA, aus Frankreich und Großbritannien. Insgesamt liegen 300 000 t registrierter Kampfstoffe auf dem Meeresgrund der Ostsee (davon 130 000 t im Skagerrak). Aber es sind mehr! Doch bisher verweigern die Russen jede Auskunft über die ihrerseits verklappten Kampfstoffmengen.

Ab und zu werden Behälter und Geschoßhülsen durch Rost undicht. Das für seine Strenge bekannte, dänische Umweltministerium beteuert aber immer wieder, daß sich das Senfgas, das auf dem Meeresgrund aus den Bomben sickert, zu unschädlichen Stoffen auflöst. Austretendes Senfgas sei außerdem schwerer als Ostseewasser und bleibe deshalb auf dem Meeresgrund liegen. Da es vor allem rund um Bornholm keine nennenswerten Grundströmungen gibt, kann es nicht an Land geschwemmt werden und stellt deshalb keine akute Gefahr für Strandgäste dar. Hin und wieder geht aber dennoch eine Senfgas-Granate einem Trawler ins Netz. Doch Bornholmer Fischer wissen, wie sie sich zu verhalten haben: Sind Netz und Fang nicht kontaminiert, werfen sie die unerwünschte Beute kurzerhand zurück ins Meer. Besteht der Verdacht, daß aus der Granate schon Senfgas ausgetreten ist, werden Granate, Netze und Fang von einem Spezialtrupp des Bornholmer Technischen Hilfswerks sachgerecht vernichtet. Die Fischer, deren Boote sorgfältig entgiftet werden, erhalten vom Staat eine Entschädigung. Zum letzten Male trugen in den 70er Jahren Fischer von den fernen Färöer Inseln Verätzungen davon, weil sie nicht wußten, was ihnen da beim Fischen vor Bornholm ins Netz gegangen war. Nur ein einziges Mal, vor fünf Jahren, wurde nach äußerst heftigen Winterstürmen eine einzelne Granate an einem Strand gefunden. Obwohl niemand zu Schaden kam, war der Fund wieder Anlaß zu Presseberichten mit dem Tenor: Das Paradies ist in Gefahr ...

Strände von Balka bis Boderne

und Strandgebiet im Süden übertragen, das eigentlich Strandmarken heißt. Vom 47 m hohen Dueodde-Leuchtturm haben Besucher nach 196 Treppenstufen einen unvergeßlichen Blick auf eine der schönsten Strandpartien der Insel. Sie erstreckt sich als schneeweißer Gürtel, bis zu 300 m breit, 10 km am Südzipfel der Insel entlang. Die bis zu 15 m hohen Dünen setzen sich, kleiner und kleiner werdend, mehrere 100 m weit ins Hinterland fort und bilden natürliche Sandburgen, die vielen Strandbesuchern ein windgeschütztes – und hüllenloses – Sonnenbaden ermöglichen. Kein Wunder also, daß der Strand von Dueodde an Sonnentagen stark frequentiert, der Parkplatz überfüllt und der Kiosk ständig umlagert ist. Doch nach einem kurzen Spaziergang erreichen Badende immer noch Fleckchen, die nicht überlaufen sind. Auch Dueodde ist vor allem ein Paradies für Familien. Selbst kleinste Wasserratten können weit ins Wasser laufen, ehe das Ufergewässer tiefer wird. Allerdings müssen Strandbesucher vom Parkplatz Dueodde oder von anderen Parkmöglichkeiten entlang des Strandmarksvej bzw. der anderen Richtung Süden führenden Stichstraßen einen längeren Fußweg durch den Dünengürtel zurücklegen, bis sie den Strand und das Meer erreichen. Der Sand ist so fein, daß er unter den Füßen knirscht wie Schnee.

Wegen ihrer Schönheit und Eigentümlichkeit wurden die Dünen

Slusegård-Wassermühle

Strände von Balka bis Boderne

Die Südküste

von Dueodde schon 1936 unter Naturschutz gestellt. Konsequenz daraus ist, daß seitdem die Naturkräfte ungehindert walten dürfen, weder Wanderdünen, noch der Gefahr von Küstenabbruch wird Einhalt geboten. So konnte vor über einem Jahrzehnt das kaum Vorstellbare geschehen: Der Strand war nach schweren Stürmen auf einen schmalen Streifen zusammengeschmolzen. Es dauerte mehrere Jahre, bis das Meer wieder so viel Sand anspülte, daß die Zeitungen melden konnten: »Bornholm hat seinen Traumstrand wieder!«

Schöne Ferienhäuser liegen versteckt in Strandmarken und im waldigen Hinterland von **Østre und Vestre Sømarken,** die sich im Westen an Dueodde anschließen. Østre Sømarken ist ein netter Fischerort mit kleinem Inselhafen und Räucherei. Eine schöne Strandwanderung führt von Dueodde über die Mündung des Øle Å dorthin. Ein kurzes Stück den Øle Å flußaufwärts kann man zur **Wassermühle Slusegård** spazieren, die auch über den Strandmarksvej zu erreichen ist. Die oberschlächtige Mühle wurde im Jahre 1800 erbaut

Strände von Balka bis Boderne

und Ende der 50er Jahre restauriert. Oberschlächtige Mühlen – eine zweite steht bei Vang – waren eigentlich nicht in Nordeuropa, sondern in den Alpenregionen zu Hause. Bei diesem Mühlentyp trifft das Wasser von oben auf die Schaufeln des Rades. Die Denkmalschützer setzten bei der Sanierung der Mühle auch das benachbarte Forellenhaus wieder instand, eine wahre Rarität und einzigartig in Dänemark: In dem kleinen Fachwerkhaus, durch den das Flüßchen rauscht, wurden früher die großen Meeresforellen gefangen, die zum Laichen flußaufwärts schwammen. Mühle und Forellenhaus an der Mündung des Øle Å sind einer der beschaulichsten Flecken auf ganz Bornholm.

Richtung Westen dehnt sich der Strandgürtel von Vestre Sømarken bis Boderne aus. Wälder, in denen Ferienhäuser liegen, Heidelandschaft, Dünen und schmale, aber schöne Strände bestimmen hier das Landschaftsbild. Zwischen Sømarken und Boderne ragt die Landzunge **Raghammer Odde,** auf der das Militär ab und zu Schießübungen abhält, ins Meer. Hier lag übrigens früher einmal der Hafen von Aakirkeby, der aber im Laufe der Jahrhunderte völlig versandete. Während der militärischen Übungen ist das Areal deutlich sichtbar abgesperrt. Dennoch verfügt **Boderne** über einen Badestrand, 20 m breit, feinsandig und mit flach abfallendem Ufer. Der Flecken Boderne besteht aus kaum mehr als einem Hotel, Pia Stærmoses sehr schöner, inselweit bekannter Boutique, einem Kiosk und Fischerhütten an einem unattraktiven Hafen. Die kleinen, karminrot gestrichenen Holzbuden am Hafen gaben Boderne seinen Namen, denn er bedeutet nichts anderes als Buden.

Das Hinterland der Südküste

Wer im Süden nicht nur Strandvergnügen sucht, kann an der Straße von Snogebæk nach Rønne verschiedene interessante Kirchen und eine Burg besichtigen, oder nördlich von Boderne eine Wanderung unternehmen. Als erstes lohnt die dem Apostel Paulus geweihte **Povlskirke** einen Halt. Sie ist die jüngste der romanischen Kirchen auf der Insel und fällt in manchem Detail aus dem Rahmen, sie wird z. B. als einzige Kirche auf Bornholm von keinem Turm überragt. Dafür besitzt sie aber einen besonders schönen, freistehenden Glockenturm (1540). Chor, Apsis und Kirchenschiff wurden um 1250 errichtet, während Vorhalle und Sakristei Anbauten neueren Datums sind. Die Kirchenvorhalle wurde 1875 umgebaut, das Kirchenschiff vier Jahre zuvor 4 m nach Westen verlängert. Das Südportal zwischen Vorhalle und Schiff ist in seiner ursprünglichen Form erhalten. Von der reichen Freskomalerei der Kirche konnten vier Szenen aus dem Jahre 1560 an der Nordseite konserviert werden, eine weitere von 1480 an der Südwand. Die Fresken wirken ausgesprochen matt im Vergleich zur überraschenden Farbigkeit des Kirchengestühls, blaugestrichene Bänke mit roten Seitenabschlüssen. Auch die Kanzel (wahrscheinlich 1550–80) ist ausgesprochen bunt bemalt. Einzig der Taufstein, 1250 aus gotländischem Sandstein gehauen, blieb vom Farbtopf verschont. Schlicht ist die ebenfalls aus dem 13. Jh. stammende Paulusfigur im Chorbogen. Der Heiligenschein trägt in Runenschrift den Namen des Heiligen, das Buch in seiner Hand den Namen des Künstlers.

Zwischen Povlskirche und Pedersker liegt der 40 m hohe Rispebjerg mit der gut erhaltenen, eisenzeitlichen Fluchtburg **Ringborgen** (400–800 n. Chr.). Die Ringburg nutzte geschickt den Wasserlauf des Øle Å, der sich hier tief in einen Hang eingeschnitten hat. Der 16 m hohe Steilhang schließt die Burg nach Norden und Westen hin ab. Nach Osten und Süden sichert ein 3 m hoher Wall mit wasserlosem Graben den großen Burgplatz. Von 1658 bis 1867 hielt die Bornholmer Miliz auf Ringborgen ihre Übungen ab. Der Zugang zur Burg ist etwas kompliziert: Man muß genau gegenüber der Povlskirke von der Hauptstraße Richtung Norden abbiegen, nach 200 m links dem Slotsvej folgen, sich bei dessen Einmündung in den Slettegårdsvej links halten und nach einigen 100 m auf der linken Seite die schmale Zufahrt zum Borregård wählen; dort beginnt der beschilderte Weg zur Ringburg.

Außerhalb des Ortes Pedersker steht an der Hauptstraße die **Pederskirke**. Sie ist eines der wenigen alten Bornholmer Gotteshäuser, die im Inneren recht unorganisch wirken, eine Folge der häufigen Umbauten, mit denen immer wieder das Verblenden oder Zumauern von Fenstern und das Durchbrechen neuer Fensteröffnungen verbunden waren. Ausgesprochen schön ist das südliche Portal zwischen Vorhalle und Kirchenschiff, dessen Tympanon – das Feld über dem Portal – auf Konsolen steht, eine Bornholmer Besonderheit. Schiff, Chor und Apsis der Pederskirke sind romanischen Ursprungs, während der niedrige, wuchtige Turm sich im 16. Jh. dazugesellte. Es fällt auf, daß Turm sowie Chor und Apsis ein wenig im schiefen Winkel zum Kirchenschiff versetzt sind.

Nördlich von Boderne lädt das **Læså-Tal** zu einer Wanderung ein. Der Læså entspringt im Vallensgård Mose (Moor) am südwestlichen Rand des Waldgebietes Almindingen und fließt bei Boderne ins Meer. Das Flüßchen hat entlang seines Verlaufs ein Gesteinsschichtprofil freigelegt, an dem sich der geologische Aufbau Bornholms wie auf einer Schautafel ablesen läßt (Geologen sprechen vom Læså-Profil). Da der Læså unter Naturschutz steht, sind nur an einigen Strecken Wanderungen möglich, z. B. verbindet ein Wanderweg den Vasegård mit dem Vejrmøllegård. Der Abstecher lohnt sich: Es gibt kaum einen schöneren und interessanteren Spazierweg auf Bornholm! (Zufahrt zum Vasegård: 1 km hinter Abzweig nach Boderne von der Straße Snogebæk-Rønne nach rechts in die Limensgade, von dort nach links in den Duegårdsvej, der zum Vasegård führt.)

Die Küste von Boderne bis Rønne

Von Boderne bis Rønne erstreckt sich eine Steilküste aus Arnagerkalk und Grünsandstein, zu deren Füßen stellenweise schöne Sandstrände liegen. Kurz vor Arnager wird auf der linken Seite die Landzunge **Sose Odde** angezeigt, von deren Parkplatz am Ende des Sosevejs aus in halber Höhe des Abhangs eine 130 m lange Schanze zu sehen ist. Die Bucht von Sose war Schauplatz des größten Schiffsunglücks in der Geschichte Dänemarks: 1678 strandete hier ein schwedischer Geleitzug, 19 der 24 Schiffe gingen dabei unter, 1000 Männer ertranken, 3000 wurden gefangengenommen.

Hinter Sose Odde zweigt der Hovedgårdsvej rechts von der Hauptstraße ab zum **Lundestenen,** Bornholms besterhaltenem Ganggrab (Fußweg ab Tornegård). Neun solcher Ganggräber (*jættestue*, s. auch S. 44) wurden auf der Insel gefunden. Angelegt wurden sie in der jüngeren Steinzeit, also zwischen 4200 und 1800 v. Chr. Lundestenen wurde aus 14 großen Tragsteinen und 3 Decksteinen errichtet, auch ein Teil des Erdhügels ist noch erhalten. Die riesigen Steine wurden wahrscheinlich auf Baumstämmen zum Aufstellungsort gerollt. Mußten größere Felsbrocken gespalten werden, wurden Holzpfähle in den Stein getrieben und solange mit Wasser begossen, bis der Stein durch das aufquellende Holz zerbarst. In der Grabkammer, der größten auf Bornholm, hoben Archäologen 1939 eine tiefe Schicht von Knochen, Scherben von Tongefäßen, Werkzeugen aus Feuerstein und Bernsteinperlen aus. In den westlichen Deckstein sind schalenförmige Vertiefungen eingehauen, höchstwahrscheinlich Zeichen aus der Bronzezeit (1800–500 v. Chr.).

Vom Lundestenen ist es nicht weit zur **Nylarskirke,** der vierten Rundkirche Bornholms. Nicht dem hl. Laurentius (Lars), wie der Name vermuten läßt, sondern dem heiligen Nikolaus wurde sie geweiht. Der Bau kommt ohne Stützpfeiler an der Außenmauer aus. Der typische frei stehende Fachwerk-Glok-

Nylarskirke

Von Boderne nach Rønne

Mittelsäule der Nylarskirke

kenturm ist im unteren Teil aus Feldsteinen gemauert. Im Waffenhaus (s. auch S. 115), das im vorigen Jahrhundert erneuert wurde, stehen zwei besonders gut erhaltene Runensteine. Die Ausmalung der Kirche ist nur noch fragmentarisch vorhanden. Ihre spätromanischen Fresken, die kapitellartig den oberen Teil der ansonsten unverputzten Mittelsäule zieren, gelten als die ältesten der Insel. Das Entstehungsdatum der Szenen wird auf 1250 bis 1300 geschätzt, sie zeigen Adam und Eva von der Schöpfung bis zum Sündenfall, die Vertreibung aus dem Paradies konnte nicht mehr restauriert werden. Romanisch ist auch der Taufstein, der auf der Insel gefertigt wurde. Das Taufbecken aus dem 16. Jh. ist eine Nürnberger Arbeit.

Von den beiden Zahlen 1692 und 1741 in Kirchenschiff und Apsis darf man sich nicht irritieren lassen, denn sie markieren keineswegs die Entstehungszeit der Bauten, sondern lediglich deren Renovierung. Ein interessantes Detail schmückt die Apsis: Fünf eingemauerte Tonkrüge, deren Öffnungen nach innen weisen, dienen dazu, die Akustik des kleinen Kirchenraums zu verbessern. Rätsel

Von Boderne nach Rønne

Figur an einem Ferienhaus in Stampen

gibt ein kleiner Schacht auf, der vom ersten Stockwerk in den Kirchenraum hinunterführt (jetzt aber unten verschlossen ist): Ist er eine Pechnase, zur Verteidigung gegen Eindringlinge oder eine Art Aufzugschacht für Proviant im Falle einer Belagerung?

Arnager ist die vorletzte Station der Reise entlang Bornholms Südküste. Das nette kleine Fischerdorf, das vermutlich schon im 16. Jh. gegründet wurde, ist das älteste Dorf auf der Insel der Einzelgehöfte. 1884 erhielt der Ort den Inselhafen, der wegen der Versandungsgefahr extrem weit draußen angelegt wurde: Die Verbindungsbrücke aus Holz ist 200 m lang! Das im Wasser liegende Arnager Rev schützt den Hafen vor Stürmen. Am Ortseingang, direkt in der Einflugschneise des kleinen Inselflughafens weist ein Schild auf ein leicht zu findendes Ganggrab hin. Als die Anlage 1937 entdeckt wurde, war sie zerstört und mußte restauriert werden. Sie enthielt noch die Gebeine von 15 Bestatteten, Tongefäße, Steinwerkzeuge und Bernsteinperlen.

Sozusagen grüner Vorort von Rønne ist die Siedlung **Stampen** an der Møllebugt direkt westlich des Flughafens. Den gediegenen Sommerhäuschen mit ihrem eigenen, leicht abgeblätterten Charme, den schmalen Wegen und dem üppigen Baumbestand ist anzusehen, daß sie schon etliche Sommer hinter sich haben. Das Sommerhausgebiet wurde für die Bornholmer in den 30er Jahren angelegt. Noch heute nutzen die meisten Häuser die Bornholmer selbst, nur wenige werden an Feriengäste vermietet.

Die Sommerfrischler von Stampen haben ihre Bade-Oase direkt vor der Tür. Zwar ist der Strand unterhalb eines dicht bewaldeten Steilhangs schmal, dafür aber lang, feinsandig und nie überfüllt. Von der Welt abgeschnitten sind Urlauber hier nicht, denn ab und zu taucht plötzlich ein Flugzeug am Himmel auf, das geradewegs die Bucht ansteuert, um auf dem Flughafen zu landen, und in weiter Ferne peilen Fähren und Kreuzfahrtschiffe den Hafen von Rønne an.

Von Boderne nach Rønne

Information: Sydbornholms Turistbureau, Torvet 2, 3720 Aakirkeby, ✆ 56 97 45 20, Fax 56 97 58 90

Hotels: *Boderne:* Rosengården, Bodernevej 28, ✆ 56 97 49 50, Fax 56 97 49 48, 1 km vom Strand entfernt, einfacheres, aber gemütliches Landhotel; Strandhotel, ✆ 56 97 49 33, Fax 56 97 49 00, einfaches, aber zufriedenstellendes Hotel (mit Café, Spezialität: österreichischer Kuchen), strandnah
Dueodde: Dueodde Badehotel, Sirenevej 2, ✆ 56 48 86 49, Fax 56 48 89 59 (Winter: 56 95 31 47), großes, freundliches Hotel (auch Café, kleine Gerichte) direkt am Strand
Snogebæk: Pension Blomstergaarden, Dueoddevej 2–4, ✆/Fax 56 48 88 06, einfache Pension in einem schönen, landestypischen Gebäudeensemble

Jugendherberge: Dueodde Vandrerhjem, Skrokkegårdsvej 17, ✆ 56 48 81 19, Fax 56 48 81 12, im Waldgebiet, direkt am Strand

Camping: *Dueodde:* Bornholms Familiecamping, Krogegårdsvejen, ✆ 56 48 81 50, Fax 56 48 81 51, kleiner Platz im Wald, direkt am Strand; Møllers Dueodde Camping, Duegårdsvej 2, ✆ 56 48 81 49, Fax 56 48 81 69, im Wald, direkt am Strand; s. auch unter Jugendherberge

Restaurants und Cafés: *Dueodde:* Granpavillonen (Tannenpavillon), Fyrvej 5, ✆ 56 48 81 75, einfaches, aber zünftiges Restaurant mit landestypischer Küche
Snogebæk: Den Lille Havfrue, Hovedgaden 5, ✆ 56 48 80 55, eines der beliebtesten Restaurants der Insel (nachmittags Café, hell, freundliche Bedienung, hohe (nicht immer gerechtfertigte) Preise; Traktørstedet Æblehaven, Hovedgaden 15, ✆ 56 48 88 85, kleines, freundliches Restaurant in altem Fachwerkhaus; s. auch unter Hotels

Einkaufen: Cykelklemmen, Bækkedalsvej 2, 3730 Neksø (auf halbem Weg zwischen Snogebæk und Pedersker), ✆ 56 48 80 13, Kunstgewerbe (Massenware); Pia Stærmose, Boderne 2, Boderne, ✆ 56 97 42 26, Kunsthandwerk, Textilien; Arnager Røgeri, Arnagervej 4, Arnager, ✆ 56 97 22 00, Räucherei; Bakkarøgeriet, Østre Sømarksvej 29, Østre Sømarken, ✆ 56 97 71 20, Räucherei; Snogebæk Røgeri, Hovedgaden 6, Snogebæk, ✆ 56 48 80 11, Räucherei; Snogebæk Glashytte, Hovedgaden 4, Snogebæk, ✆ 56 48 88 00, Glasbläserei

Feste: 3. Juliwochenende Hafenfest in Snogebæk, letztes Juliwochenende Hafenfest in Arnager

Aktivitäten: Dueodde Golfplatz (18 Löcher), auf halber Strecke zwischen Pedersker und Snogebæk, zwischen Dyndeby und Udegårdsvej am Strandmarksvej, ✆ 56 49 24 04
Windsurfing am Balkastrand von Mitte Juni–Anfang September (Surfschule, Brettverleih), telefonisch erreichbar tagsüber ✆ 30 24 79 92, am Abend 56 95 00 77

Strände: *Balka:* bis zu 50 m breit, flach, kinderfreundlich, Tang
Snogebæk: schmal, Tang
Dueodde: kilometerlang, breit, feinsandig, herrliche Dünenlandschaft
Østre und Vestre Sømarken bis Boderne: kilometerlange, schmalere, aber feine Sandstrände, z. T. Dünen
Stampen: 2 km feiner Sandstrand

Fahrradverleih: Boss Cykler, Kannikegårdsvej 10, Balka, ✆ 56 49 44 74; Sømarkens Cykeludlejning, s. Bakkarøgeriet, Østre Sømarken, ✆ 56 97 70 13

Tip: Flüge entlang der Küste ab Bornholms Flughafen, ✆ 56 95 35 73

Die Inselmitte

Almindingen

Aakirkeby –
Die alte Hauptstadt

Von Aakirkeby
nach Neksø

Bodilskirke

Durch das grüne Herz der Insel – Von Almindingen über Aakirkeby nach Paradisbakkerne

Wanderwege erschließen den Wald von Almindingen, das größte Waldgebiet der Insel. Sie führen zu verwunschenen Mooren, verlassenen Burgen und wundersamen Wackelsteinen. Im grünen Herz der Insel, wo sich fünf Inselstraßen treffen, liegt seit eh und je der Treffpunkt der Bornholmer, der Tierschauplatz auf der Trabrennbahn. Auch Paradisbakkerne, die Paradieshügel im Osten der Insel, laden zum Wandern ein. In Aakirkeby, der früheren Inselhauptstadt, steht die mächtigste Kirche Bornholms.

Die Straße von Rønne nach Almindingen passiert nach ca. 2 km ein kunsthistorisches Kleinod, die **Knudskirke.** Das kleine mittelalterliche Gotteshaus im Basilikastil ist wohl die kleinste Kirche auf der Insel. Im vergleichsweise massiven Westturm aus Feldsteinen hängen die beiden Glocken, von denen die eine 1460 gegossen wurde. Der Turm, einst wohl auch als Wehrturm genutzt, wurde wie Kirchenschiff, Chor und Apsis im romanischen Stil vom Ende des 12. Jh. erbaut, die südliche Vorhalle später angefügt. Grob behauen, ohne jede Verzierung zeigt sich der Taufstein der Kirche, der ebenso zur Erstausstattung gehört wie die nördliche Seitentür aus geschnitzter Eiche, die eine Kostbarkeit ist!

Der holzgeschnitzte Altar stammt vom Ende des 16. Jh. und hat – eine Bornholmer Eigenart – zwei Bildfelder. Naiv wie deren Bemalung wirken auch die Figurenköpfe der buntbemalten Kanzel.

Almindingen

12 Kilometer landeinwärts erreicht man Almindingen, das abgesehen von den großen Straßen, die den Forst in alle Himmelsrichtungen durchschneiden, ein herrlich ruhiges Spaziergebiet ist. Kaum vorstellbar, daß das Waldgebiet, größtes der Insel und drittgrößtes Dänemarks, früher einmal Hochheide

Almindingen

Almindingen

(hojlyng) war. Hier im Zentrum der Insel stand es allen Bauern als gemeinsames Weideland *(allmende)* zur Verfügung. Aus dem Begriff ›allmende‹ wurde der Name des Staatsforsts abgeleitet. Für seine Aufforstung sorgte Anfang des 19. Jh. Oberförster Hans Rømer, der heute, was Wunder, auf Bornholm als weitsichtiger Mann gefeiert wird. Zu seinen Lebzeiten war er bei den Bauern allerdings verhaßt, da er zwischen 1800 und 1809 das damals nur 828 ha große Gelände zum Schutz gegen das Weidevieh mit einer 8 km langen Steinmauer einfrieden ließ, deren Reste noch heute an verschiedenen Stellen zu sehen sind. Von 1809–27 forcierte Rømer die Aufforstung. Er starb 1836. Sein Nachfolger, Oberförster Carl Fasting, verdreifachte die Fläche von Almindingen durch die Eingliederung und Bepflanzung der umliegenden Heidegebiete. Anschließend ließ Fasting eine 21 km lange Steinmauer um Almindingen bauen. Auch hiervon sind Fragmente erhalten.

Heute wird Almindingen von zahlreichen Wanderwegen durchzogen. Ein besonders schöner Rundwanderweg trägt den verlockenden Titel ›Die versteckten Seen‹ und beginnt beim Parkplatz gegenüber dem Forsthaus Segen, 12,5 km von Rønne entfernt. Der etwa 3 km lange, gelb markierte Wanderweg

◁ Gehöft in Almindingen

Almindingen

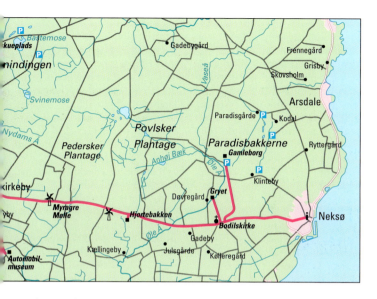

ist eben und leicht zu gehen. An seinem Beginn liegt ein **Arboretum,** ein Baumgarten, mit seltenen und sehenswerten Bäumen. Durch das Arboretum leiten verschiedene Pfade, einer davon zu einem kleinen Waldmoor. Am Gulbakkevej liegt der erste der versteckten Seen: der klare, von Birken und Tannen umstandene Waldsee **Store Grankule.** Einige Spazierminuten weiter teilt sich der markierte Wanderweg, der Weg Richtung Westen hat einige frühgeschichtliche Steingräber zum Ziel, der Weg Richtung Osten führt zum langgestreckten, kleinen See **Duedalsvandet,** zu dem man über eine Treppe hinabgelangt. Das kleine Tal, auf dessen Grund der See ruht, hieß einst nicht Duedal, sondern Dødedalen – das Totental. Von hier aus wendet sich der Wanderweg in einem großen Linksbogen wieder nach Norden, nach einigen 100 m passiert er ein wissenschaftliches Versuchsgebiet: Von einem Sturm im Herbst 1967 entwurzelte Buchen wurden liegengelassen, um zu erforschen, was passiert, wenn ein Wald nach einem Orkan sich selbst überlassen bleibt. Hinter dem Versuchsgebiet trifft der Rundweg auf den zum Rytterknægten hinaufführenden Kongemindevej, erreicht links herum wieder die Landstraße Rønne–Svaneke und endet wiederum links herum nach einigen 100 m am Parkplatz beim Forstamt Segen, dem Ausgangspunkt der Tour.

Wer mit dem Auto den Kongemindevej hinauf zum **Rytterknæg-**

Almindingen

ten (wörtlich übersetzt ›Reiterknecht‹, bezeichnet aber einen Knappen), der höchsten Erhebung der Insel, fährt, findet auch dort einen Parkplatz. Auf dem 162 m hohen ›Berg‹ thront, weithin sichtbar, ein Aussichtsturm mit dem bezeichnenden Namen Kongemindet – Königsgedenken. Er wurde 1856 in Erinnerung an König Frederik VII. errichtet, der der Insel im Sommer 1851 einen Besuch abstattete. Ursprünglich maß der aus Granitblöcken gemauerte Turm nur 13 m in der Höhe, da aber die Bäume auf dem Rytterknægten mit der Zeit die Aussicht versperrten, wurde dem Turm 1899 ein 9 m hohes Eisengerüst aufgesetzt. Und obwohl die Aussicht von dort oben herrlich ist, gilt Fotografierverbot! In den Wäldern rings um den Turm verstecken sich riesige, militärische Radaranlagen. Bornholm ist (immer noch) ein wichtiger Abhörposten der Nato Richtung Osten. Die größten Radarantennen überragen die Baumwipfel, besonders deutlich sind sie aus der Ferne von der Straße von Aakirkeby nach Almindingen auszumachen.

Der Parkplatz auf dem Rytterknægten ist Ausgangspunkt für eine abwechslungsreiche Wanderung auf markierten Wegen zum **Ekkodalen,** dem Echotal. Der ebenfalls gelb markierte Wanderweg ist 4 km lang, Wanderer benötigen ein wenig Kondition und festes Schuhwerk. Der erste Teil des Ausflugs führt auf dem Rågelundsvej abwärts, am Ende des Weges darf man nicht links oder rechts in den Krakvej einbiegen, sondern muß geradeaus auf schmaleren, idyllischen Wegen der Markierung folgen, um zum Ekkodalen zu gelangen. Das Echotal ist Bornholms längstes und gewaltigstes Spaltental, Teil eines 12 km langen Spaltentalsystems, das bis zur Küste bei Gudhjem reicht. Ekkodalen wird durch besonders hohe, bis zu 20 m aufragende Schluchtwände und die üppige Vegetation im Talboden und auf den Talrändern geprägt.

Wer das Echo im Echotal erproben will, wird enttäuscht sein, weil es nur an wenigen Stellen zu hören ist. Aber mitunter erhält er Antwort aus 30 Kinderkehlen, denn der Wanderweg gehört zum Pflichtprogramm vieler Schülergruppen, die auf Bornholm ihre Ferien verbringen. Man kann gleich zu Beginn des Tales an der Fuglesangsrenden (Vogelgesangsrinne) den Felsen hinaufsteigen, um die Wanderung am Schluchtrand fortzusetzen; doch der teilweise von Geländern gesicherte steile Aufstieg ist sehr beschwerlich – und der Weg auf dem Talboden viel zu schön, um ihn jetzt schon zu verlassen! Knapp 1 km weiter endet der Talweg beim Punkt Jægergrotten, wo sich ein leicht gehbarer Weg zum Rand der Schlucht hinaufschlängelt. Oben werden Wanderer durch atemberaubende Ausblicke auf das Tal, auf das am Südrand liegende Vallensgård-Moor und bis weit nach Südbornholm hinein belohnt. Auf Treppen geht es nun hinunter

Almindingen

zum Kong Frederik IX's Vej, der in den Springbakkevej mündet; hier liegen linker Hand am Waldsaum das Forsthaus **Springbakkehus** und ein Parkplatz, der für viele Bornholm-Urlauber bevorzugter Ausgangspunkt einer Wanderung durch Ekkodalen ist. Wendet man sich auf dem Springbakkevej nach rechts, leitet die gelbe Markierung auf einfachen, unspektakulären Wegen zurück zum Rytterknægten.

Zur Landstraße zurückgekehrt, übersieht man leicht den etwa 1 km östlich der Abzweigung Ritterknægten liegenden kleinen Parkplatz am rechten Straßenrand, von dem man in einer kleinen Kletterpartie – die Mühe lohnt sich! – zur **Lilleborg** gelangt. Der Dänische König, der dem Erzbischof von Lund beim Vertrag von 1149 drei der vier Amtsbezirke Bornholms überlassen mußte und nur das Amt Rønne behalten durfte, ließ die Lilleborg etwa 1150 zum Schutz gegen den Erzbischof anlegen. Der Name ist irreführend, denn eine kleine Burg war sie keineswegs: Die Grundfläche betrug 75 × 40 m, eingefaßt von einer mit einem hohen Turm bewehrten Ringmauer, das Hauptgebäude war zweistöckig, 26 m lang und 8 m breit. Ausgrabungen belegen, daß die von allen Seiten von Wasser umgebene Burg prächtig ausgestattet war. So wurde beispielsweise zum ersten Male in Dänemark Fensterglas verwendet. Fürst Jaromar von Rügen, ein Verbündeter des Erzbischofs, überfiel die Burg 100 Jahre später und ließ sie niederbrennen. Die Archäologen entdeckten auf dem Schlachtfeld Spuren schwerer Kämpfe. Die überlieferte Sage klingt weitaus friedlicher: Burg und Bewohner seien im See versunken, weil am Hofe ein allzu ausschweifendes Leben geführt wurde... Die im Vergleich zur Burg Hammershus spärlichen Ruinen des übrigens ältesten mittelalterlichen Baudenkmals auf Bornholm, stehen malerisch oberhalb des Borresø, eines sagenumwobenen Waldsees.

Die Lilleborg ist auch eine Etappe auf dem dritten, wiederum gelb gekennzeichneten Wanderweg durch das grüne Herz der Insel, der an einem Parkplatz an der Straße Rønne–Svaneke bei Kilometerstein 14 (kurz vor der Abzweigung nach Christianshøj) beginnt. Der Ausflug erstreckt sich über 5 km, ist aber keineswegs beschwerlich, da er größtenteils auf breiten, ebenen Wegen verläuft. Schon nach wenigen Minuten erreicht man **Græssøn**, einen Waldsee mit einer kleinen Enteninsel in der Mitte. Ein Stück weiter weist ein Schild links nach Rømersminde; der Abstecher zur früheren **Rømerschen Baumschule** mit einem Gedenkstein für den Förster Hans Rømer ist nur kurz. Wieder auf dem Hauptweg zeigt einige 100 m weiter ein Stein die Richtung zur **Gamleborg** an, der größten Bornholmer Flucht- und Verteidigungsburg mit stattlichen Ausmaßen. Die 270 m lange und 110 m breite Gamleborg be-

Almindingen

weist, daß auf Bornholm schon vor der Lilleborg und erst recht vor Hammershus Burganlagen existierten, denn sie war schon in der Wikingerzeit, etwa 800 n. Chr., angelegt und im 12. Jh. verstärkt worden. Doch waren die frühen Burgen wie die Gamleborg in Almindingen, eine gleichnamige im Gebiet Paradisbakkerne (s. S. 204) und die Ringborg beim Rispebjerg bei Pedersker (s. S. 180) nicht aus Mauern erbaut, sondern natürliche Wallanlagen, die durch Stein- und Erdaufschüttungen in Fluchtburgen verwandelt wurden. Wann die Almindinger Gamleborg aufgegeben wurde, ist nicht erforscht, vermutlich wurde sie durch den Bau der nur 700 m entfernt liegenden Lilleborg überflüssig.

Hinter der Gamleborg steuert der Wanderweg den kleinen See **Dyresølen**, Wildsuhle, an – der Wald von Almindingen ist reich an Rehwild. Richtung Norden geht es wieder zurück, nächste Station ist der **Borresø** am Fuß der Lilleborg, der auf einem Holzsteg überquert wird.

Jenseits der Hauptstraße biegt der Wanderweg nach 300 m nach rechts in einen stattlichen Buchenwald ein, und kurze Zeit später liegen links der kleine Waldsee **Kohullet,** das Kuhloch, und rechts der von Eichen gesäumte Moorsee **Langemose.** Am nördlichsten Punkt des Wanderweges – an dem noch ein kleiner Abstecher zum Waldsee **Puggekullekæret** unternommen werden kann – liegt der **Rokkesten,** einer von mehreren Bornholmer Wackelsteinen. Allerdings hat der massive Findling aus der Eiszeit das Wackeln längst verlernt. In der

Almindingen

Nähe steht ein zweiter Findling namens **Munk** (Mönch), der sich noch nie bewegen ließ. Auf dem Rückweg vom Rokkesten zum Ausgangspunkt der Wanderung lohnt auf halbem Weg ein nur 50 m langer Abstecher zum **Åremyre,** einem wunderschönen von Seerosen bedeckten Moorsee, an dem Tische und Bänke zum Picknick einladen.

Die nächste Abfahrt von der Hauptstraße durch Almindingen gilt **Christianshøj,** einem Ausflugslokal par excellence im Zentrum des Almindinger Waldes auf dem Hügel Jomfrubjerget. Den Pavillon neben der Gastwirtschaft errichtete übrigens noch Oberförster Rømer. Beim gemütlichen, im inseltypischen Fachwerkstil erbauten Restaurant, in dem auch Königin Margrethe II. bei ihrem letzten Bornholm-Besuch im Jahre 1993 speiste, liegt ein Festplatz, der seit altersher Treffpunkt der Bornholmer ist. In seiner Mitte steht Prinsestotten, die Prinzensäule, die 1825 in Erinnerung an den Besuch des Prinzen Christian Frederik (später König Christian VIII.) im Sommer des Vorjahres aufgestellt wurde. Die schlichte Davidstatue auf dem Plateau, an der sich die beiden Zufahrten nach Christianshøj treffen, gilt vier Widerstandskämpfern aus dem letzten Krieg. Gestiftet wurde die vom Kopenhagener Bildhauer Johannes Bjerg geschaffene Skulptur vom Freiheitsfonds, einer Einrichtung zur Unterstützung der Nachkommen von Widerstandskämpfern. Eigentlich, so sagen die Bornholmer, ist das in den 50er Jahren entstandene Denkmal nicht nur den vier namentlich auf dem Sockel verewigten Opfern gewidmet, sondern allen getöteten Bornholmer Widerstandskämpfern, deren Zahl niemand kennt.

Bei der Weiterfahrt auf der Landstraße fällt an der nächsten Gabelung, bei der die Straße von Aakirkeby auf die Straße Rønne–Svaneke trifft, das idyllisch gelegene, im Bornholmer Rostrot gestrichene Forsthaus **Koldekildehus** auf, dessen Name von der benachbarten Koldekilde herrührt. Koldekilde war eine der mystisch verehrten Quellen Bornholms, der heilsame Wirkung zugeschrieben wurde und die über Jahrhunderte Treff- und

Davidstatue, Christianshoj

Die Tierschau in Almindingen

Traditioneller Festplatz der Bornholmer ist die Trabrennbahn mit dem *Dyrskueplads*, dem Tierschauplatz, mitten im Almindinger Wald. Seit 1851 dient das Gelände als Schauplatz der Tierschau, früher einmal Höhepunkt im Festkalender der Insel. Ganz Bornholm kam zusammen, um sich die neuesten Tierzuchtergebnisse vorführen zu lassen, sich im Kreis der Familie zu amüsieren, Bekanntschaften zu machen und Freundschaften aufzufrischen. Auch heute ist die Tierschau kein Spektakel für Touristen, sondern nach wie vor ein Fest der Einheimischen.

Die Veranstaltung wird ihrem Namen immer noch gerecht, denn sie ist nach wie vor eine Schau der Tiere: Pferde und Rinder, Schafe, Kaninchen und Federvieh werden ausgestellt. In einer eigenen Abteilung stellen Kinder ihre Lieblinge aus. Auch Reitvorführungen stehen auf dem Programm, Gespannfahrten und Hindernisrennen. Dabei gehen die Bornholmer aus sich heraus, wie man es sonst nur selten erlebt. Beim traditionellen Galopprennen der Ponys ginge es in Neapel oder auf Sizilien kaum temperamentvoller zu.

Die Tierschau in Almindingen bietet aber noch mehr. Sie ist eine Ausstellung landwirtschaftlicher Maschinen, ein Anlaß zum Auftritt für die Bornholmer Garde und andere Trommler- und Pfeifergruppen, ein Rummelplatz mit den üblichen Karussels und ein Fest für Kinder, die auf einer Bühne pausenlos mit Programm unterhalten werden. Sie dürfen selbstverständlich unbeschwert herumtollen und jeden Teil des Geländes betreten, sogar die Ställe. Verbotsschilder aufzustellen, käme den Bornholmern gar nicht in den Sinn. Auch außerhalb des Tierschauwochenendes geht es auf dem Gelände hoch her, denn von April bis Mitte November werden auf Dänemarks wohl kleinster, aber auch schönster Trabrennbahn Rennen veranstaltet.

Feierstätte war. Noch heute pilgern die Bornholmer zur Quelle, um hier ausgelassen am Sankt Hans-Abend die Sonnwende zu feiern.

Bevor die Route Richtung Süden Aakirkeby ansteuert, bietet sich noch ein Abstecher auf der Landstraße Richtung Svaneke an **Trabrennbahn und Tierschauplatz** vorbei zum **Bastemose** am östlichen Rand von Almindingen an. Das Moor – eines der über 20 Moore des Staatsforstes – ist Hort wertvoller Pflanzen und Brutstätte vieler Vögel und läßt sich am besten vom Aussichtsturm beim Parkplatz ge-

Almindingen

nießen. Festes Schuhwerk vorausgesetzt (das bei Wanderungen durch Almindingen ohnehin in den Kofferraum gehört!), läßt es sich auch umwandern, rechts herum auf dem Botanikerstien (Botanikerpfad), links herum auf dem Ornithologenstien (Ornithologenpfad). Zwischen Straße und Moor lenkte der meist fotografierte Baum der Insel alle Blicke auf sich: eine Fichte mit sieben Stämmen, **Fregaten** (Fregatte) getauft. Leider entwurzelte sie ein Sturm, und nun, zu Boden gedrückt und tot, ist der ›Siebenmaster‹, wie die Bornholmer den ungewöhnlichen Baum auch genannt haben, längst nicht mehr so eindrucksvoll.

Es gibt wohl kaum einen stimmungsvolleren Ausklang für die Spaziergänge durch den wildromantischen Wald von Almindingen als den Besuch bei der Künstlerin Kirstin Clemann. In ihrem Haus am Almindingensvej einige 100 m östlich an der Einmündung des Aløsevej hat sie sich ihre eigene Welt geschaffen. Der Märchenzauber der Natur findet in den phantasievollen Keramikbildnissen der Künstlerin seine Fortsetzung: Frauengestalten mit Spitzmund, großen Augen und markanten Locken, Männer in knappsitzenden Anzügen, häufig Clowns, Tiere und Engel. In den letzten Jahren widmet sich Kirsten Clemann der Malerei mindestens genausoviel wie dem Modellieren. Auch die Märchengestalten auf ihren Bildern könnten wie die zauberhaften Keramiken den Sagen rund um den Wald von Almindingen entsprungen sein ...

Die Route führt nun nach Aakirkeby und weiter nach Neksø. Es ist aber durchaus genauso angebracht, sie nach einem Besuch der Trabrennbahn und dem Bastemose Richtung Svaneke über Østermarie

Trabrennbahn

und Louisenlund (s. S. 159) fortzusetzen. Auch können Paradisbakkerne und Aakirkeby sehr gut von Neksø aus besucht werden.

Aakirkeby, die alte Hauptstadt

Aakirkeby, deren Name sich aus den Begriffen Bach ›aa‹ (in der Nähe liegen Læså und Grødby Å), Kirche ›kirke‹ und Stadt ›by‹ zusammensetzt, ist die einzige Stadt der Insel, die nicht am Wasser liegt. Ihr geschichtlicher Ursprung versickert im Dunkeln, es wird vermutet, daß hier schon in heidnischer Vorzeit ein Kultplatz lag. Die Ortschaft wuchs im Mittelalter um die Aakirke herum, die der Bischof von Lund als Hauptkirche der Insel mit Bedacht im Landesinneren plazieren ließ, wo sich die großen Wege über die Insel kreuzten und wo bei der nahen, königlichen Burg Lilleborg das Landthing, der Land- und Gerichtstag, abgehalten wurde. Die Thingstätte läßt sich heute übrigens nicht mehr nachweisen. Auch der erste Name der Kirche nahm Bezug auf das Landthing, denn zu Beginn war die Kirche Johannes dem Täufer geweiht und hieß Sankt Hans Kirke. Das Landthing fand jeweils am Samstag vor dem Sankt Hans Tag (23. Juni) statt. 1706 ließ ein Pfarrer die vergoldete Holzfigur des Hl. Johannes, die die Kirche bis dahin schmückte, aus Ärger darüber entfernen, daß katholische Kriegsgefangene in der Kirche zu dem Heiligen gebetet hatten. Ob auch der Namenswechsel der Kirche in dieselbe Zeit fällt, ist nicht überliefert.

Im Mittelalter wuchs Aakirkeby zum Hauptsitz der kirchlichen Regierung heran. Zeitgleich mit Neksø erhielt es 1356 vom Erzbischof von Lund die Stadtrechte. 1510 wurde der Binnenort von den Lübeckern überfallen, ausgeraubt und niedergebrannt. Die Gemeinde litt entsetzlich unter der Pest, 1618 und 1694 erlag ihr ein Großteil der Bürger. Und so wie Neksø wurde auch Aakirkeby von Feuersbrünsten heimgesucht, 1684 brannte jedes zweite Haus ab. Bis 1776 blieb Aakirkeby Sitz des Landgerichts, obwohl die Verwaltung der Insel schon längst nach Hammershus und später nach Rønne verlegt worden war. Zu jener Zeit war die Stadt nicht nur politisch bedeutungslos, sondern auch völlig verarmt. Jeder zehnte Bürger, so ist überliefert, verdiente damals seinen Lebensunterhalt mit Betteln.

Heute präsentiert sich Aakirkeby als schmuckes Städtchen mit 1600 Einwohnern, das sich wegen des reichen Blumenschmucks an Häusern und Plätzen ›Blumenstadt‹ nennt. Es wirkt mit seinen zahlreichen Geschäften, einer Galerie, einigen Gewerbebetrieben, modernen Bauten neben zahlreichen schönen alten Fachwerkhäusern, an denen Bornholms Städte so reich sind, auf Besucher unspektakulär kleinstädtisch. Das Stadtbild wird noch immer von den großen Landstraßen geprägt, die in Nord-Süd- und Ost-West-Richtung durch die Innenstadt verlaufen. Zu den wenigen Sehenswürdigkeiten zählt die **Valsemølle** am Südwestrand, deren Flügel sich jedoch nicht mehr drehen, der Mühlenbetrieb arbeitet in einem Anbau mit modernen Maschinen. Die Geschichte der prächtigen Mühle läßt sich bis in die Mitte des 17. Jh. zurückverfolgen. Ein anderes Kleinod blüht im Schatten der berühmten Aakirke und wird von Besuchern der Stadt meist übersehen: die 1932 aus roten Ziegeln gemauerte katholische **Rosenkranskirke** in der Gregersgade zählt zu den schönsten modernen Kirchen des Landes. Ihre Ausstattung ist international: Die Fresken gestaltete die finnische Künstlerin Birgitta Reckelsen, acht eiserne Kronleuchter wurden in Assisi geschmiedet, der Altar – der Tisch aus Marmor, das Altarbild aus Eiche – wurde in Gent gefertigt, die farbigen Fenster sind eine Brüsseler Arbeit.

Schließlich ist die **Aakirke** (Mo–Sa 9–12, 14–17 Uhr) die bedeutendste Sehenswürdigkeit Aakirkebys. Wissenschaftler vermuten, daß sie nicht nur die größte, sondern auch die älteste Inselkirche ist. Ihre Entstehung geht auf die Zeit zwischen 1150 und 1250 zurück. Chor und Apsis sind am ältesten, in ihnen wurden schon Gottesdienste abgehalten, während am Kirchenschiff noch gebaut wurde. Das Rippengewölbe im Chor wurde erst im 14. Jh. geschaffen. Da auch das Schiff ein Gewölbe erhalten sollte, wurde es durch eine mit Fresken verzierte Arkadenmauer geteilt, die vermutlich zwei parallele Tonnengewölbe – wie bei der Kirche in Østermarie – tragen sollte. Die Gewölbe wurden nie verwirklicht, die vermeintlich überflüssige Arkadenmauer, die mit wertvollen Fresken verziert war, sowie eine zweite Arkade zwischen Männer- und Fraueneingang, die wahrscheinlich eine Empore für Würdenträger trug, fielen 1874 einer rigiden Restaurierung zum Opfer. Im Zuge der ›Verschönerungsarbeiten‹, die die damals auf Bornholm offensichtlich verbreitete Geringschätzung mittelalterlicher Baukunst widerspiegeln, mußte auch der einzeln stehende Glockenturm weichen. Seitdem hängen seine drei Glocken, die älteste aus dem Jahre 1584, im Hauptturm. Dort werden auch die Ohrenschützer für die Läutjungen aufbewahrt.

Der weithin sichtbare Turm der Aakirke mit dem markanten Zwillingsdach ist zu einem Bornholmer Wahrzeichen geworden. Auch er wurde – mit noch stärkeren Mauern als die Bornholmer Rundkirchen und wuchtiger als die Burg Hammershus! – als Verteidigungsturm konzipiert, obwohl keine Chronik erwähnt, ob er jemals eine Bewährungsprobe zu bestehen hatte. Von seinem wesentlich kleineren, wahrscheinlich nur halb so hohen Vorläufer sind zwar noch Reste auszumachen, doch erfolgte der Neubau schon früh, denn er zeigt ebenfalls romanische Züge. Der Turm kann besichtigt werden, allerdings sind steile Treppen zu erklimmen. Viele Besucher meinten leider, sich auf den Glocken verewigen zu müssen und ritzten ihre Namen in das kostbare alte Metall.

In der romanischen Vorhalle der Aakirke fällt neben zwei Runensteinen ein Grabdenkmal auf, das früher in den Fußboden im Chor eingelassen war und dort im Laufe der Jahre stark litt. Es markierte die Grabstelle des Lübecker Hauptmanns Schweder Kettingk, der von 1556–73 Vogt auf Bornholm war, und seiner beiden Frauen.

Jacob Kremberg heißt der südschwedische Künstler, der um 1600 Altar und Kanzel der Aakirke schnitzte. Die Kanzel wurde mehrfach bemalt, zuletzt ein wenig bunt im Jahre 1855. Die größte Kostbarkeit unter dem Dach der Aakirke ist der Taufstein, den Meister Sighraf, ein Steinmetz aus Gotland, im 12. Jh. aus heimischem Sandstein meißelte: Elf Arkaden stellen Szenen aus dem Leben Jesu dar, von Mariä Verkündigung bis zur Kreuzigung. Jedes Feld wird in Runenschrift noch einmal erklärt (z. B. »Dieses sind die drei Könige, die zuerst dem lieben Gott opferten«), am Ende steht der Name des Bildhauers. Man vermutet, daß die Männer-, Widder- und Löwenköpfe auf dem Sockel des Taufbeckens den gleichen Zweck erfüllten wie die steinerne Fratze über der Eingangstür, nämlich, das Böse von der Kirche und ihren Besuchern fernzuhalten.

Nicht nur Autofans sollten unbedingt einen Abstecher zu Bornholms Automobilmuseum (✆ 56 97 45 95, Juni–Okt. Mo-Sa 13–17 Uhr) unternehmen, das auf der linken Seite an der südlichen Ausfallstraße von Aakirkeby Richtung Pedersker, dem Grammegårdsvej, liegt. Drei Dutzend bestens gepflegter Oldtimer, auch Fahrräder, Mopeds, Motorräder und eine kleine Sammlung von alten Radio- und Fernsehgeräten, Kameras, Filmprojektoren und Schreibmaschinen hat der Besitzer der Reparaturwerkstatt Sønderborg Auto hier zu einer richtig gemütlichen Sammlung zusammengetragen. Schmuckstück ist eine original eingerichtete Autowerkstatt aus den 20er Jahren.

Von Aakirkeby nach Neksø

Am Rønnevej, der Ost-West-Verbindung Richtung Neksø, gibt es etwa 1 km hinter Aakirkeby an der Kreuzung Ølenevej auf der rechten Seite eine Ansammlung von Bautasteinen, zu der ein 200 m langer Fußweg abzweigt. **Hjortebakken** besteht aus zehn großen Bautasteinen und neun kleinen, letztere im

Kreis aufgestellt, die einen sogenannten Domarring bilden, wie er in Dänemark einzig auf Bornholm, in Schweden aber häufig anzutreffen ist. Der aus dem Schwedischen stammende Begriff bezeichnet eigentlich eine Thing- oder Gerichtsstätte, aber bei Hjortebakken sind die Archäologen nicht sicher, ob es sich in der Tat um eine prähistorische Gerichtsstätte handelt. Es gilt als wahrscheinlicher, daß die Bautasteine eine Grabanlage aus der Eisenzeit markieren. Denn bei einer Untersuchung wurde tatsächlich einmal ein Grab gefunden, dessen Alter jedoch unbestimmt blieb.

Einige Kilometer weiter östlich steht am linken Wegesrand die **Bodilskirke.** Eigentlich ist Bodil ein dänischer Mädchenname, aber die Kirche ist keiner weiblichen Heiligen, sondern dem hl. Botulf geweiht, einem englischen Heiligen, dessen Name wohl im Laufe der Zeit verballhornt wurde. Der kleine, kompakte Kirchenbau entstand in mehreren Etappen. Schiff, Chor und Apsis sind wie der mächtige Westturm romanischen Ursprungs und stammen aus der Zeit um 1200, die Waffenhalle wurde im Spätmittelalter, der Erweiterungsbau an der Nordseite erst 1911 hinzugefügt. Letzterer ist Ergebnis eines Kompromisses. Als den Gemeindemitgliedern um die Jahrhundertwende ihre Kirche zu klein erschien, dachten sie an Abriß zugunsten eines größeren Neubaus – damit wäre der Bodilskirche ein Schicksal beschieden gewesen, wie es anderen romanischen Kirchen auf der Insel auch widerfahren ist. Schließlich aber konnten sich die besonneneren Bürger durchsetzen, die Gemeinde ließ den Plan fallen und entschloß sich zur Vergrößerung der Kirche. Auffallend ist, daß der Westturm breiter ist als das Kirchenschiff, weil er zur Verteidigung und auch als Speicher bestimmt war. Die Bodilskirke ist schnell besichtigt, denn die Ausstattung umfaßt nur wenig mehr als einen romanischen Taufstein aus Gotland, eine geschnitzte Kanzel aus der Renaissancezeit, eine Pesttafel, wie sie häufig auf Bornholm anzutreffen ist, und in der Vorhalle aufgestellte bzw. in die Kirchenaußenwände eingemauerte Runensteine. Besucher sollten aber nicht versäumen, einen Blick auf den Glockenturm neben der Kirche zu werfen. Dabei werden sie an der Außenwand in 3 m Höhe eine Art Felsnase entdecken: Fandens Hat, des Teufels Hut. Der Sage nach ärgerte sich der Teufel über das Glockengeläut oder den Pastor der Kirche derart, daß er fluchend seinen Hut nach dem Pastor warf. Nur durch einen Sprung über die Kirchenmauer auf die geweihte Erde konnte sich der Priester retten. Des Teufels Hut landete am Glockenturm und blieb dort stecken – noch heute für jedermann sichtbar. Warum der Feldstein wirklich dort angebracht wurde, weiß heute niemand mehr ... Unmittelbar hinter der Bodilskirke

Krølle Bølle & Co.

Kaum ein Bornholmurlauber, der ein Krølle Bølle-Eis schleckt, vermutet hinter dem lustigen Markennamen ein Wesen, das den Bornholmern nicht ganz geheuer ist. Krølle Bølle ist nämlich ein Kobold oder Troll. Und nicht alle Trolle, die in Bornholmer Sagen vorkommen, sind immer so angenehme Zeitgenossen wie Krølle Bølle! Eine Überlieferung erzählt z. B. von einem Kobold, der im Flüßchen Læså im Süden der Insel wohnt. Alle sieben Jahre verlangt er nach einem Menschenleben, und wenn zu diesem Zeitpunkt niemand ertrinkt, wird der Gnom ungeduldig und ruft: »Die Zeit ist um, die Zeit ist um …« Die Bornholmer behaupten, daß er damit bisher immer Erfolg gehabt habe!

›Krølle Bølle‹ hingegen ist ein netter Bursche. ›Krølle‹ heißt Locke, ›Bølle‹ ist so etwas wie ein Strolch. Der ›Lockenstrolch‹ trägt nämlich eine Locke auf dem Kopf und eine am Schwanz, nachzulesen im Kinderbuch ›Bobbaraekus Filiaekus‹ (1947). Das auch in Deutsch erschienene Buch berichtet von den Abenteuern des kleinen Trolls, der seine Eltern Bobbaraekus und Bobbasina im Langebjerg verläßt, um die Welt der Bornholmer zu entdecken, dabei fürchterliche Prügel bezieht und schließlich ohne Schwanz und Locke vor den Menschen wieder in den heimischen Langebjerg flüchtet.

Nicht ganz so populär wie Krølle Bølle – obwohl ihr Konterfei Abertausende von Bornholmer Joghurtpackungen ziert – ist Bisseline, letzte Nachfahrin aus dem Elfen-Koboldgeschlecht, das Anno Domini 1872 bei der großen Sturmflut umkam. Nach hundertjährigem Schlaf macht auch sie sich zu einer Entdeckungsreise über die Insel auf. Dabei, so wird in dem ebenfalls auf deutsch herausgebrachten Buch ›Bisseline von Bornholm‹ erzählt, gibt sich die nur daumengroße Elfe den Menschen zu erkennen, die ihr sehr sympathisch sind.

›Unterirdische‹ hat dagegen noch kein Bornholmer je zu Gesicht bekommen. Aber ein paar Informationen gelten als gesichert. ›Unterirdische‹ sind klein, kleiden sich in alter Bornholmer Bauerntracht und tragen rote Hütchen auf dem Kopf. Sie leben vor allem unter Hügeln im unterirdischen Reich von König Ellestingeren und werden bei ihrem Tun nicht gerne gestört. Dann können sie fuchsteufelswild werden! Zahlreiche Erzählungen belegen, wie schlecht es denen ergeht, die sich mit ›Unterirdischen‹ anlegen. Doch normalerweise sind sie den Menschen freundlich gesinnt und helfen ihnen, wo es nur geht. So wirkten sie einst beim Bau der Burg Hammershus mit und beteiligten sich über Jahrhunderte hinweg immer wieder an der Verteidigung der Insel, wenn wieder einmal eine schwedische Flotte nahte. Andererseits können die ›Unterirdischen‹ es nicht lassen, den Bornholmern ihre Kinder unterzuschieben – an solche Wechselbälger glauben angeblich alte Bornholmer noch heute.

Manche Leute sagen, daß sich Charakterzüge der Bornholmer in den Geschichten von den ›Unterirdischen‹ wiederfinden lassen, ihre Gutmütigkeit, wenn Not am Mann ist, aber auch ihr Mißtrauen allem Fremden gegenüber. Wer sich mit dieser Erklärung nicht zufriedengibt, sollte einmal bei Frühnebel oder in der Dämmerung in einem der märchenhaft schönen Spaltentäler Bornholms spazierengehen – angeblich die besten Tageszeiten, um den winzigen Wichten zu begegnen. Man ahnt, daß sie da sind, aber zu Gesicht bekommen auch Urlauber sie nicht. Nur ein Inselbewohner besaß die Gabe, das Volk der ›Unterirdischen‹ sehen zu können: Bonavedda, Abkömmling aus einer Liebschaft zwischen einem Bornholmer Gutsbesitzer und einer Meerjungfrau. Er verbrachte sein Leben damit, die ›Unterirdischen‹ zu ärgern und seine Kräfte mit ihnen zu messen. Eines nachts, so erzählt die Sage, luden ihn die ›Unterirdischen‹ zum Trinkgelage. Den Trinkbecher in der Hand, schöpfte er den Verdacht, daß sie einen Anschlag auf ihn vorhatten und warf den Becher hinter sich. Der Inhalt traf sein Pferd, das dabei Verätzungen erlitt. In wilder Flucht rettete sich Bonavedda vor den aufgebrachten Erdgnomen auf das Gelände der Pederskirke: Auf geweihtem Boden ist jedermann vor den ›Unterirdischen‹ sicher. Aus Dankbarkeit stiftete Bonavedda den Trinkbecher der Kirche, wo er noch bis 1880 – in den Inventarlisten ist's nachzulesen – zu sehen war, dann aber bei einer Kirchenrenovierung für immer verschwand.

Von Aakirkeby nach Neksø

biegt links – Richtung Norden – der Bjergegårdsvej ab, und gut 1 km später taucht das **Wäldchen Gryet** mit Bornholms verwunschenster Ansammlung von Bautasteinen auf. Etwa 60 Bautasteine haben einmal in Gryet aufrecht gestanden, ungefähr die Hälfte ist heute umgestürzt.

Bleibt zum Schluß der Erkundung des grünen Bornholms noch ein Spaziergang durch **Paradisbakkerne,** die Paradieshügel. Welch passender Name! In dem Wandergebiet, dessen Zufahrt 3 km vor Neksø links vom Rønnevej abgeht, fühlen sich Besucher wahrhaftig in den Garten Eden versetzt. Naturbelassene Wälder, unter Naturschutz stehende Hochheide, Teiche, Seen, Moore und tiefe Spaltentäler sorgen unentwegt für Abwechslung auf drei Wanderwegen unterschiedlicher Länge. Es sind keine ganz einfachen, sondern schon ein wenig anstrengende Wanderungen. Da man sich in dem von Klüften und Seen durchzogenen Gelände leicht verirren kann, sollten sich ortsunkundige Wanderer unbedingt an die Wanderwegs-Markierungen halten. Ein beliebtes Wanderziel ist die auf einem 21 m hohen Fels im Südwesten der Paradisbakkerne gelegene **Gamleborg.** 400 Jahre lang, von 400–800 n. Chr., wurde die 187 m lange und 80 m breite Fluchtburg genutzt. Im Südosten des Wandergebietes liegt der **Rokkesten,** der prominenteste der Bornholmer Wackelsteine. Früher soll ein kleiner Finger genügt haben, um den 25 t schweren Findling zum Wakkeln zu bringen, heute läßt er sich nur mit Hilfe eines Hebels um wenige Millimeter bewegen.

Information: Sydbornholms Turistbureau, Torvet 2, 3720 Aakirkeby, ✆ 56 97 45 20, Fax 56 97 58 90

Hotel: Pension Ny Søborg, Lykkesvej 20, Aakirkeby, einfaches Hotel, für junge Leute, Gemeinschaftsküche, Dusche und WC auf dem Gang, ✆ 56 97 40 40, Fax 56 97 58 40

Camping: Aakirkeby Camping, Haregade 23, Aakirkeby, ✆ 56 97 55 51, kleiner Platz im Grünen, 1 km vom Stadtzentrum entfernt

Restaurant: *Aakirkeby:* Tanterne (angeschlossen: Oliver Pub), Smedegade 24, ✆ 56 97 49 76, einfaches Restaurant mit akzeptabler Küche (Fisch)
Almindingen: Christianshøjkroen (auch Café), Segenvej 48, ✆ 56 97 40 13, wunderschön gelegener, historischer Landgasthof, Spezialität: Wild

Einkaufen: *Aakirkeby:* Vibeke Barfoed, Askeløkkevejen 9, ✆ 56 97 83 16, Eisenkunst; Karen Dam, Hegnedevejen 15, Textilien; *Almindingen:* Kirsten Clemann, Almindingensvej 84, ✆ 56 47 06 92, Keramikkunst, Malerei

Feste: Tierschau (Volksfest) am letzten Juni-Wochenende; Trabrennen April–Mitte November, Trabrennbahn in Almindingen; Mitte Juli Blumenfest in Aakirkeby

Fahrradverleih: Aakirkeby Cykelværksted, Torvet 24, Aakirkeby, ✆ 56 97 43 36

Tips und Adressen

Reisevorbereitungen
Informationsstellen 206
Einreise- und
Zollbestimmungen 206
Reisezeit 207
Gesundheitsvorsorge 207
Ausrüstung. 207

Anreise
... mit der Fähre 207
... mit dem Flugzeug 209
... mit Bahn und Bus 209

Unterwegs auf Bornholm
... mit dem Auto 209
... mit dem Bus 210
... mit dem Fahrrad 211
... mit dem Taxi 211

Unterkunft 211
Hotels und Pensionen 211
Ferienhäuser 211
Campingplätze 212
Jugendherbergen. 212
Urlaub auf dem Bauernhof . . . 213
Sprachführer. 213

Informationen von A–Z
Angeln 216
Apotheken 216
Ärztliche Versorgung 216
Ausflüge mit BAT 217
Behinderte 217
Diplomatische Vertretungen . . 218

Einkaufen und Souvenirs 218
Feiertage 218
FKK. 218
Geführte Touren 219
Geld und Geldwechsel 219
Kinder 220
Kinos 220
Klettern. 220
Klippentouren 220
Märkte 221
Mobiltelefone 221
Notruf 221
Öffnungszeiten 221
Panoramatouren. 222
Pauschalangebote. 222
Polizei 222
Post, Postleitzahlen und Porto . 222
Radio und TV 223
Reiten 223
Schiffstouren nach Chritiansø. . 223
Schwimmen 223
Segeln 224
Surfen 224
Tauchen 224
Telefonieren 224
Tennis 225
Trinkgeld 225
Zeit 225
Zeitungen 225

Literaturtips 226
**Abbildungs- und
Quellennachweis** 226
Register 227

Reisevorbereitungen

Informationsstellen

...in Deutschland
Dänisches Fremdenverkehrsamt, Postfach 10 13 29, 20008 Hamburg, ✆ 040/32 78 03 (Mo–Do 10–16, Fr 10–14 Uhr), Fax 040/33 70 83
Prospekte können auch rund um die Uhr unter ✆ 0190/190 033 (1,20 DM pro Min.) oder über Internet (http://www.skandinavien.de/daenemark) angefordert werden.

...auf Bornholm
Bornholms Velkomstcenter, Nordre Kystvej 3, DK-3700 Rønne, ✆ 0045/56 95 95 00, Fax 0045/56 95 95 68
Das deutschsprachige Personal gibt gerne und freundlich telefonische Auskünfte und verschickt auf Anfrage Prospekte.

Einreise- und Zollbestimmungen

Für Urlauber aus der Bundesrepublik Deutschland, Österreich und der Schweiz, die sich nicht länger als drei Monate in Dänemark aufhalten wollen, genügt bei der Einreise der Personalausweis. Da Dänemark dem Schengener Abkommen nicht beigetreten ist, sind Grenzkontrollen üblich. Sind die Kinder nicht im Reisepaß der Eltern eingetragen, darf man den Kinderausweis nicht vergessen; für Kinder ab 10 Jahren mit Lichtbild! Bei der Anreise über Schweden gelten die gleichen Bestimmungen.

Bei der Einreise aus einem EU-Land dürfen alle Waren für den privaten Bedarf, die in einem anderen EU-Land eingekauft wurden, zoll- und abgabenfrei eingeführt werden. Im Unterschied zu vielen anderen EU-Staaten schreibt Dänemark aber eine Mengenbegrenzung vor, die bei 1,5 l hochprozentigem Alkohol und 300 Zigaretten (oder 150 Zigarillos/75 Zigarren/400 g Tabak) pro Pers. über 17 Jahren liegt. Für Waren, die zollfrei in Duty-free-Läden eingekauft wurden, bestehen wie bei der Einreise aus Nicht-EU-Ländern wesentlich strengere Bestimmungen. Die Duty-free-Läden sind verpflichtet, die Käufer darüber zu informieren.

Hunde und Katzen dürfen nur bei Vorlage einer Tollwutimpfbescheinigung, aus der hervorgeht, daß das Tier mindestens einen Monat, höchstens zwölf Monate vor der Reise geimpft worden ist, einreisen. Erfolgt die Anreise über Schweden, ist eine Mitnahme von Hunden und Katzen wegen der sehr umständlichen Einreisevorschriften praktisch nicht möglich, es sei denn, es wird die kurze Strecke Trelleborg-Ystad im Transit benutzt: Dann muß man die Fährtickets und die für Dänemark ohnehin erforderlichen Impfnachweise bereithalten.

Reisevorbereitungen/Anreise

Reisezeit

Beste Reisezeit sind die Monate Mai–Oktober, im Meer baden kann man etwa von Juni–September. Erfahrungsgemäß ist das Wetter im Herbst besonders stabil. Auch im Sommer kann es abends und nachts sehr stark abkühlen. Im Winter ist Bornholm ebenfalls sehr reizvoll, aber nach Weihnachten bleiben fast alle Hotels und Restaurants sowie viele Geschäfte geschlossen.

Gesundheitsvorsorge

Zwischen Dänemark und Deutschland bzw. Österreich besteht ein Sozialversicherungsabkommen. Zur Behandlung beim Arzt oder im Krankenhaus muß der Auslandskrankenschein E-111 vorgelegt werden, den die Pflichtkrankenkassen in Deutschland ausstellen. Da das Abkommen keinen Rücktransport im Krankheitsfall einschließt, ist der Abschluß einer zusätzlichen Auslandsreisekrankenversicherung empfehlenswert. Wichtig: Viele in Deutschland rezeptfreie Medikamente werden in Dänemark nur auf Verschreibung eines dänischen Arztes verkauft.

Ausrüstung

Ferienhäuser in Dänemark sind wie Zweithaushalte ausgestattet, Gäste müssen nur Bettwäsche und Küchenhandtücher mitbringen. Empfehlenswert ist auch die Mitnahme von Flaschenöffner und Korkenzieher.

Bornholm verfügt über unzählige gekennzeichnete und noch weitaus mehr ›wilde‹ Picknickplätze. Ein Picknickkorb mit entsprechender Ausstattung tut deshalb gute Dienste. Warme Jacken und Pullover, feste Schuhe, Wind- und Regenkleidung sowie Gummistiefel gehören auch bei Bornholm-Reisen im Hochsommer ins Reisegepäck. Praktisch ist auch ein Windschutz für den Strandbesuch.

Anreise

...mit der Fähre

Bis auf die MS First Lady sind alle Passagierschiffe nach Bornholm Autofähren, bei denen für die Hochsaison Passagen frühzeitig gebucht werden sollten. Inzwischen muß angegeben werden, ob Fahrräder auf dem Dach mitgeführt werden. Folgende Fährlinien bieten ihre Dienste an:

Saßnitz/Rügen-Rønne: MS Rügen, Reederei DFO Hansa Ferry, ganzjährig mindestens 2mal pro Woche, in der Sommersaison häufiger, Fahrzeit 3,5 Std., Preise für Hin- und Rückfahrt: Pkw inkl. 5 Pers. 280 DM, am Wochenende 420 DM (280 DM Nebensaison); Buchungen im Reisebüro oder direkt bei: DFO Hansa Ferry, Fährcenter Saßnitz, 18546 Saßnitz, ✆ 038392/641 80, Fax 038392/33 055.

MS First Lady, Reederei Cassen Eils, von Frühjahr–Herbst ab Saßnitz tgl. um 9 Uhr, zurück ab Rønne 16.30 Uhr, Fahrtdauer 3,5 Std., Aufenthalt auf Bornholm 4 Std., Preise für Hin- und Rückfahrt Erw. 90 DM, Kin. 4–11 J. 48 DM, Familien (Eltern mit eigenen Kindern bis 15 J.) 198 DM; Buchungen im Reisebüro, bei Reederei Cassen Eils, 27472 Cuxhaven, ✆ 04721/350 82–84 oder direkt am Schiff, Arkona-Reederei Saßnitz, ✆ 038392/224 55.

Ab Januar '98 wird der Fährhafen Saßnitz geschlossen. Der Fährverkehr erfolgt dann über den neu ausgebauten Fährhafen Mukran, der in ›Seehafen Saßnitz‹ umbenannt wird.

Neu Mukran/Rügen-Rønne: MS Peder Olsen, Reederei BornholmFerries (Bornholms Trafikken), ganzjährig mindestens 2mal pro Woche, in der Sommersaison häufiger, Fahrzeit 3,5 Std., Preise für Hin- und Rückfahrt: Pkw inkl. 5 Pers. 226 bzw. am Wochenende 358 DM (208 DM Nebensaison); Buchungen im Reisebüro oder direkt bei: BornholmFerries (Bornholms Trafikken), Fährcenter Neu Mukran, 18546 Mukran, ✆ 038392/352 26, Fax 038392/352 21.

Die Bundesstraße 105 zwischen Rostock und Stralsund und die von dort über den Rügendamm nach Saßnitz weiterführende Bundesstraße 96 (Abzweigung 96a nach Neu Mukran) sind einspurig und besonders am Wochenende stark befahren, weshalb für die Anfahrt reichlich Zeit einkalkuliert werden sollte. In beiden Richtungen kommt es zu Wartezeiten und Staus, da die Brücke am Rügendamm 5mal tgl. für 30 Min. für den Schiffsverkehr hochgezogen wird. Bei der Fährbuchung nach diesen Zeiten erkundigen! Die Beschilderung zu beiden Fährhäfen auf Rügen ist ausgezeichnet. Wer auf der Autobahn Richtung Rostock dem Hinweisschild ›Entlastungsstrecke‹ mit Fährsymbol folgt, meidet zwar Stralsund und den Rügendamm, fährt aber über enge Landstraßen (z. T. in schlechtem Zustand und dürftig beschildert) und setzt dann von Stahlbrode mit einer kleinen Autofähre nach Glewitz auf Rügen über; Weiterfahrt über Garz und Puttbus.

Wer in Neu Mukran die Fähre verpaßt, kann dort im einfachen Hotel ›Mukraner Hof‹ (✆ 038392/323 69) gegenüber der Hafenzufahrt übernachten.

Travemünde-Trelleborg-Ystad-Rønne: In diesem Fall werden zwei Fährverbindungen kombiniert. Die etwa 40 km lange Strecke zwischen Trelleborg und Ystad in Südschweden muß im eigenen Pkw zurückgelegt werden. Das Teilstück Travemünde-Trelleborg wird mit Fähren der TT-Line ganzjährig 2mal tgl., in der Sommersaison an mehreren Tagen 3mal tgl. befahren; Fahrzeit 7 Std. tags bzw. 9

Std. nachts. Auf der Teilstrecke Ystad-Rønne verkehren die Fähren ganzjährig 2mal tgl., in der Sommersaison häufiger; Fahrzeit 2,5 Std., Preis (Durchbuchungstarif) für Pkw inkl. 5 Pers. ab 232 DM; Buchungen im Reisebüro oder direkt bei TT-Line, Mattenwiete 8, 20457 Hamburg, ✆ 040/360 14 42-446, Fax 040/360 14 07.

Es besteht auch die umständliche Möglichkeit, über Kopenhagen anzureisen: Fährverbindung Puttgarden-Rødby (1 Std.) bzw. Rostock-Gedser (2 Std.), von dort mit dem eigenen Pkw bis Kopenhagen, Direktfähren **Kopenhagen-Rønne** von Bornholm-Ferries ganzjährig tgl., in der Sommersaison 2mal tgl., Fahrzeit 6 Std. tags und 7 Std. nachts.

...mit dem Flugzeug

Zwischen Rønne und mehreren deutschen Flughäfen bestehen im Sommer direkte Linienflugverbindungen. Da die anbietenden Fluggesellschaften sowie deren Abflug- bzw. Zielflughäfen häufig wechseln, ist es empfehlenswert, sich im Reisebüro zu erkundigen. Das ganze Jahr über bieten Lufthansa oder SAS von fast allen bundesdeutschen Flughäfen aus Linienverbindungen nach Kopenhagen an, von wo mit Danair (Maschinen der Maersk Air) 6-8mal tgl. Weiterflugmöglichkeiten nach Rønne bestehen. Darüber hinaus organisieren mehrere Reiseveranstalter Flugpauschalprogramme mit Linien- oder Chartermaschinen, über die jedes Reisebüro Auskunft erteilt. Der Fahrplan des Zubringerbusses vom Flughafen nach Rønne ist genau auf die An- und Abflugzeiten abgestimmt.

...mit Bahn und Bus

Preiswerte, aber relativ umständliche Anreisemöglichkeiten bestehen mit Bahn und Bus, die in jedem Fall mit Fährpassagen verbunden sind. Bahnreisende fahren bis Kopenhagen und nehmen dort zur Weiterfahrt nach Rønne entweder die Fähre, ein Flugzeug oder einen Schnellbus (Bornholmerbusse), der im Sommer zwischen Kopenhagen und Rønne (über die Fährverbindungen Kopenhagen-Malmö und Ystad-Rønne) eingerichtet ist.

Unterwegs auf Bornholm

...mit dem Auto

Die meisten dänischen Verkehrszeichen und -regeln sind mit den deutschen identisch. Auf Autobahnen, die es auf Bornholm jedoch nicht gibt, darf nicht mehr als 100 km/h gefahren werden. Auf Landstraßen beträgt die Höchstgeschwindigkeit 80 km/h, in Ortschaften 50 km/h. Pkw mit Anhänger dürfen auf Landstraßen und Autobahnen nur 70 km/h fahren. Es besteht Anschnallpflicht, Kindersitze sind vorgeschrieben. Tag und Nacht wird mit Abblendlicht gefahren. Motorradfahrer müssen einen Helm tragen. Der Kreisverkehr hat Vorfahrt, eine unterbrochene Linie aus weißen Dreiecken an Straßeneinmündungen bedeutet ›Vorfahrt beachten‹. An gelbmarkierten Bordsteinkanten und an durchgezogenen Sperrlinien besteht Parkverbot. Für die meisten Parkzonen benötigt man eine Parkscheibe. Die Promillegrenze liegt bei 0,8. Das Tankstellennetz (Benzin verbleit 98 Oktan, bleifrei *(blyfri)* 92, 95 und 98 Oktan) ist dicht, die meisten Tankstellen akzeptieren Kreditkarten. Die großen, internationalen Mietwagenfirmen sind am Flughafen und in Rønne vertreten. Bei Autopannen kann man Tag und Nacht den Falck-Dienst (Rettungsdienst/Feuerwehr) ✆ 56 95 18 08 anrufen. Der Wagen wird dann abgeschleppt oder gegen Barzahlung vor Ort repariert. Wer einen Unfall verursacht, sollte sich zur Klärung der Versicherungsfragen an folgende Stelle wenden:

Dansk Forening for International
Motorkøretøjforsikring
Amaliegade 10
DK-1256 Kopenhagen K
✆ 33 13 75 55.

...mit dem Bus

Außer den ortsinternen Buslinien, z. B. innerhalb von Rønne und Hasle, gibt es neun verschiedene Buslinien auf Bornholm, die allesamt von der Bornholmer Verkehrsgesellschaft BAT betrieben werden. Die Linien 1–7 starten von Rønne aus in alle Richtungen, wobei die Linie 7 einmal die ganze Insel umfährt. Die Linie 8 verkehrt zwischen Hasle und Aakirkeby, die Linie 9 zwischen Allinge/Sandvig und Aakirkeby. In Dänemark gibt es außerhalb der geschlossenen Ortschaften normalerweise keine Haltestellen, Busse können an gefahrlosen Stellen, also nicht in Kurven, per Handzeichen angehalten werden. Fahrscheine (außer Wochen- und Ausflugskarten) gibt es beim Fahrer.

Bornholm ist in 17 Tarifzonen unterteilt. Ein Einzelfahrschein *(Kontantbilletter)* kostet 7,50 Dkr pro Tarifzone, Kinder von 4–11 J. fahren zum halben Preis (das gilt für alle Tarife). Tageskarten *(1-dags-kort),* die von der Entwertung an 24 Stunden gültig sind, kosten für Erwachsene 90 Dkr. Zehnerkarten *(RaBATkort)* gibt es für 1–5 Zonen und als Kinderkarte für 1 Zone. Die Karten sind übertragbar und können bei entsprechender Entwertung von mehreren Personen gleichzeitig benutzt werden. Je nach Reichweite beträgt der Rabatt 10–30%. Die übertragbare 5-Tageskarte *(5-dages-kort)* erlaubt an 5 Tagen ab Zeitstempelung beliebig viele Fahrten, sie kostet 330 Dkr. Die Wochenkarte *(7-dages-kort)* zum Preis von 330 Dkr erlaubt ebenfalls eine unbegrenzte Zahl von Fahrten. Sie ist nicht übertragbar, der Name des Besitzers wird auf der Vorderseite eingetragen.

...mit dem Fahrrad

Bornholm ist für Radfahrer gut erschlossen und vorzüglich beschildert. Das Wegenetz führt teilweise über stillgelegte Gleistrassen der Eisenbahn, und selbst entlang der Landstraßen gibt es abgeteilte Fahrradstreifen. Die Autobusse verfügen über eine Vorrichtung zur Mitnahme von Fahrrädern. Bei der Erkundung der Insel mit dem Rad darf man die z. T. recht hügelige Landschaft nicht unterschätzen. Wer mit der Fähre anreist, kann sein eigenes Rad gegen eine Gebühr mitnehmen. Über die ganze Insel verstreut gibt es Fahrradverleihfirmen.

...mit dem Taxi

Taxi-Stände gibt es nur in Rønne und in Neksø. Ansonsten muß man die örtlichen Taxiunternehmen per Telefon beauftragen. Einige Rufnummern:
Aakirkeby, ⌀ 56 97 80 90
Allinge, ⌀ 56 48 08 32
Gudhjem, ⌀ 56 48 51 12
Hasle, ⌀ 56 96 42 91
Neksø, ⌀ 56 49 23 00
Rønne, ⌀ 56 95 23 01
Svaneke, ⌀ 56 49 44 00.

Unterkunft

Hotels und Pensionen

In Dänemark gibt es erst seit Sommer 1997 eine offizielle Hotelkategorisierung. Die Einteilung lag bei Redaktionsschluß noch nicht vor. Wegen der allgemein recht hohen Restaurantpreise empfiehlt es sich, Unterkünfte mit Halbpension zu buchen. Die meisten Hotels fügen sich in die Landschaft ein. Es gibt keine Bettenburgen, architektonische Bausünden bleiben die Ausnahme. Häufig wird fehlender Komfort durch dänische Gemütlichkeit und nostalgischen Charme wettgemacht, aber viele Häuser könnten eine Renovierung und Modernisierung dringend gebrauchen. Die meisten Hotels auf Bornholm öffnen zwischen Anfang April und Anfang Mai und schließen im Oktober.

Ferienhäuser

Die Mehrzahl der 3500 Ferienhäuser sind ursprünglich als Sommerhäuser für die Besitzer erbaut worden und entsprechend individuell eingerichtet. Die Ausstattung läßt kaum einen Wunsch offen. Luxushäuser mit Swimmingpool und Sauna sind selten. Man kann sowohl über deutsche Anbieter als auch über Bornholmer Touristenbüros buchen, dabei sollte man sich nach der Entfernung zum Nachbarhaus erkundigen: Vor allem in den Gebieten Balka, Snogebæk und Sømarken stehen die Häuser eng beieinander und bieten kaum Intimsphäre. Haustiere dürfen nur bei entsprechender Kennzeichnung im Katalog mitgebracht werden. Viele Häuser kühlen selbst im Sommer schnell aus, weshalb alle einen Kamin oder Öfen haben. Die in Dänemark üblichen Elektroheizungen zum schnellen Aufheizen sind teuer.

Campingplätze

Das Zelten und Campen mit Wohnmobil ist in Dänemark nur auf den offiziellen Campingplätzen gestattet. Auf Bornholm gibt es erheblich mehr Campingplätze als die offiziellen Broschüren ausweisen. Insgesamt stehen 20 Plätze und 10 einfache Zeltlager auf Bauernhöfen zur Auswahl. Sie sind in drei Kategorien eingeteilt: *** Luxusklasse, ** Mittelklasse, * einfacher Standard. Die Plätze dürfen nur von Inhabern eines internationalen Campingausweises benutzt werden, den man aber gegen eine geringe Gebühr bei der jeweiligen Campingplatzleitung erwerben kann. Nur der Lyngholt Familie Camping bei Allinge ist ganzjährig geöffnet, alle anderen Campingplätze öff-

nen Anfang oder Mitte Mai und schließen Mitte oder Ende September. Auf fast alle Plätze dürfen Hunde mitgebracht werden. (Adressen s. S. 81, 106, 128, 145, 169, 185, 204)

Jugendherbergen

Um in einer Jugendherberge auf Bornholm übernachten zu können, muß man im Besitz eines internationalen Jugendherbergsausweises sein. Wer ihn schon vor der Reise erwerben will, erfährt von der Hauptgeschäftsstelle des Deutschen Jugendherbergswerkes (✆ 05231/7401-0 oder schriftlich: Bismarckstr. 8, 32754 Detmold) die nächste Ausgabestelle. Es ist aber auch möglich, bei den jeweiligen Jugendherbergen eine Gästekarte zu kaufen. Auf Bornholm gibt es sechs Jugendherbergen, die alle sowohl Vollpension als auch eine Gastküche zur Selbstversorgung anbieten. Sämtliche Jugendherbergen, die im Gegensatz zu unseren sehr reglementierten Häusern eher Hotelbetrieben gleichen, sind außerdem mit Familienzimmern ausgestattet, für die eine vorherige Reservierung dringend zu empfehlen ist. Auskünfte erteilen die Bornholmer Touristenbüros.

Adressen: *Rønne* Vandrerhjem, Arsenalvej 12; *Hasle* Vandrerhjem, Fælledvej 28; *Gudhjem* Vandrerhjem, Ejner Mikkelsensvej 14; *Sandvig* Vandrerhjem, Hammershusvej 94; *Svaneke* Vandrerhjem, Reberbanevej 9; *Dueodde* Vandrerhjem, Skrokkegårdsvej 17

Urlaub auf dem Bauernhof

Immer mehr Bauern auf Bornholm vermieten Ferienwohnungen. Über zwei Dutzend Bauernhöfe gehören der Vereinigung *Landbrug & Aktiv Turisme* (Landwirtschaft & Aktive Ferien) an. Nicht auf allen Höfen werden Tiere gehalten, aber alle bieten ein gemeinsames, täglich wechselndes Aktiv-Programm für die ganze Familie an – vom ›Reiten auf eigene Faust‹ über Ziegenmelken oder gemeinsames Brotbacken im alten Steinofen bis zu Volkstanzdarbietungen, Hofführungen und Stallbesuchen. Auskünfte erteilt Bornmholms Velkomstcenter (s. Informationsstelle S. 206), das auch Ferienbauernhöfe vermittelt.

Sprachführer

Das Deutsche und das Dänische sind so etwas wie entfernte Verwandte. Deutschen Besuchern fällt es meist schon nach kurzer Zeit leicht, die Bedeutung von Schildern und Plakaten zu verstehen. Große Schwierigkeiten bereitet jedoch die Aussprache, die oft von der Schreibweise erheblich abweicht. Auf Bornholm gibt es überdies einen eigenen Dialekt mit Sprachunterschieden in den einzelnen Inselregionen, der allerdings in den letzten Jahren immer seltener gesprochen wird.

Ausspracheregeln: Die Schriftzeichen Æ, æ entsprechen dem deutschen [ä], Ø, ø dem deutschen [ö] und Å, å (oft auch Aa, aa geschrieben) dem offen ausgesprochenen deutschen [o] wie in *oft*. Einzige Ausnahme bildet ein Laut, den es im Deutschen nicht gibt und der dem englischen th, z. B. in *father* nahekommt. Dieser Laut wird hier durch [θ] wiedergegeben. Zu betonende Silben sind mit einem Akut gekennzeichnet.

Einfache Wendungen und Ausdrücke

ja	ja	[ja]
nein	nej	[nai]
bitte schön	vær så god	[wärsgo]
dankeschön	tak	[tak]
guten Morgen	god morgen	[gomórn]
guten Tag	god dag	[go dá]
guten Abend	god aften	[go áfdön]
auf Wiedersehen	farvel	[fawäl]

Sprachführer

Entschuldigen Sie…	Undskyld…	[onskül]
Sprechen Sie bitte etwas langsamer.	Vær venlig at tale lidt langsommere.	[wär wänli at talö let lángsomrö]
Mein Name ist…	Mit navn er…	[mit naun er]
Wieviel kostet?	Hvor meget koster?	[wor maieθ kóstör]
Ich möchte …	Jeg vil	[jai wel]
Wo ist?	Hvor er?	[wor är]
wann?	hvornår?	[wornor]
Ich wohne im Hotel…	Jeg bor på hotel…	[jai bor po hotäl]

Zahlen

eins	et oder en	[et, een]
zwei	to	[to]
drei	tre	[tre]
vier	fire	[firö]
fünf	fem	[fäm]
sechs	seks	[säks]
sieben	syv	[süu]
acht	otte	[otte]
neun	ni	[nii]
zehn	ti	[ti]
hundert	hundrede	[húnräθö]
tausend	tusinde	[túhsinnö]

Wochentage und Zeiten

Montag	mandag	[mánda]
Dienstag	tirsdag	[tirsda]
Mittwoch	onsdag	[ónsda]
Donnerstag	torsdag	[tórsda]
Freitag	fredag	[fréda]
Samstag	lørdag	[lörda]
Sonntag	søndag	[sönda]
Monat	måned	[monöθ]
Jahr	år	[or]
gestern	igår	[igór]
heute	idag	[idá]
morgen	i morgen	[i morn]
übermorgen	i overmorgen	[i aúermorön]
Frühling	forår	[fóror]
Sommer	sommer	[sómmör]
Herbst	efterår	[äfteror]
Winter	vinter	[wintör]

Sprachführer

Im Restaurant

Getränke	drikkevarer	[dräggewarär]
Mineralwasser	danskvand	[dansg wann]
Kaffee	kaffe	[káffö]
Tee	te	[te]
Kakao	kakao	[kakáo]
Saft	saft	[saft]
Bier	øl	[öl]
Weißwein	hvidvin	[wiθwin]
Rotwein	rødvin	[röθwin]
Fleisch	**kød**	**[köθ]**
Schweinebraten	flæskesteg	[fläsgestai]
Kalbsbraten	kalvesteg	[káwöstai]
Lammbraten	lammesteg	[lámmöstai]
Frikadellen	frikadeller	[fräggedällör]
Gulasch	gullash	[gúllasj]
Schinken	skinke	[sgéngö]
Wurst	pølse	[pölsö]
Hühnchen	kylling	[külling]
Fisch	**fisk**	**[fesk]**
Scholle	rødspætte	[röθspättö]
Lachs	laks	[laks]
Hering	sild	[sill]
Aal	ål	[ol]
Krabben	rejer	[ráiör]
Gemüse	**grøntsager**	**[Grönsaör]**
Kartoffeln	kartofler	[kartóflör]
Erbsen	ærter	[ärdör]
Rosenkohl	rosenkål	[rósönkol]
Blumenkohl	blomkål	[blómkol]
Mohrrüben	gulerødder	[gúlleröθör]
Obst	**frugt**	**[frogt]**
Äpfel	æble	[äblö]
Birnen	pære	[pärö]
Erdbeeren	jordbær	[jórbär]
Kirschen	kirsebær	[kirsbär]
Plflaumen	blommer	[blómmör]
Süßspeisen	**søde sager**	**[söde sagör]**
Eierkuchen	pandekager	[pánnökaör]
Kuchen	kager	[káör]
Rote Grütze	rødgrød	[röθ gröθ
mit Sahne	med fløde	mäd flöθö]

215

Informationen von A bis Z

Angeln

Hobbyangler müssen eine Angelkarte lösen, die es beispielsweise in den Postämtern, in den Touristenbüros und in den Ferienhaus-Service Centern gibt. Die Preise: Tageskarte 25 Dkr, Wochenkarte 75 Dkr, Jahreskarte 100 Dkr. Der Erlös aus den Angelkarten dient dem Fischbesatz, so werden die Lachsbestände in der Ostsee regelmäßig aufgefrischt. Verschiedene Unternehmen bieten Angelfahrten an. Beispielsweise startet Mitte Juni bis Ende August der Kutter ›R 61 Arkona‹ montags, dienstags und mittwochs ab Snogebæk und donnerstags, freitags und samstags ab Gudhjem zu 3- und 4stündigen Sportanglertouren, an denen auch Kinder teilnehmen dürfen und für die auch Angelgeräte vermietet werden (✆ Mobil 30 22 54 63). Boote von 14 Fuß/4 Ps–21 Fuß/150 PS sowie Angel- und Trollingausrüstung verleihen u. a. Melsted Off Shore Trolling Marine (Melstedvej 39, 3760 Gudhjem, ✆ 56 48 52 11, Fax 56 48 52 52) und Arnager Bootsvermietung (Rønnevej 127, Nylars, ✆ und Fax 56 97 23 71). Aktuelle Auskünfte über Schutzzeiten und -zonen erteilt die Bornholmer Fischereikontrolle unter ✆ 56 49 30 33. Für ernsthafte Interessenten vertreiben Bornholms Velkomstcenter und die anderen Touristenbüros den Führer ›Angeln auf Bornholm‹, 48 S., 40 Dkr.

Apotheken

Die Apotheken (Allinge, Søndergade 2, ✆ 56 48 00 48; Neksø, Strandgade 7, ✆ 56 49 20 19; Rønne, St. Torvegade 12, ✆ 56 95 01 30) sind zu den üblichen Geschäftszeiten geöffnet. Über den Notfalldienst nachts und am Wochenende geben Hinweisschilder an den Apotheken Auskunft, die Dienstbereitschaft kann auch unter ✆ 56 95 01 30 erfragt werden.

Ärztliche Versorgung

Bornholm ist medizinisch gut versorgt, in allen größeren Orten unterhalten Ärzte und Zahnärzte ihre Praxen. Adreßlisten findet man in der Urlauberzeitschrift ›Denne Uges‹ und in den Touristenbüros. Außerhalb der normalen Praxiszeit ist eine durchgehend geöffnete Notaufnahme im Zentralkrankenhaus *(Centralsygehus)* in Rønne (Sygehusvej 9, gut ausgeschildert von der Søndre Allé, ✆ 56 95 11 65) eingerichtet, die bis 22 Uhr von zwei Ärzten, von 22–8 Uhr von einem Arzt besetzt ist. Darüber hinaus können Patienten nach vorheriger telefonischer Absprache (✆ 56 95 50 54) den Notarzt in seiner Sprechstunde im Krankenhaus aufsuchen. Unter derselben Telefonnummer wird auch Auskunft über den zahnärztlichen Notdienst gegeben, der jeden Sonnabend, Sonn- und Feiertag bis 16 Uhr in Bereitschaft ist.

Ausflüge mit BAT

Die Bornholmer Nahverkehrsgesellschaft BAT führt 5 Thementouren durch. Die Busse starten jeweils um 10 Uhr morgens am BAT-City-Terminal *Det røde Pakhus*, Snellemark 30, Rønne, ✆ 56 95 21 21. Auf den Touren haben Tages- und 5-Tageskarten sowie Wochenkarten Gültigkeit, die auch schon zur Anfahrt nach Rønne benutzt werden dürfen. Verzehr, z. B. in Heringsräuchereien, muß selbst bezahlt werden.

Kunsthåndværkerture (Kunsthandwerkertouren): in Zusammenarbeit mit örtlichen Kunsthandwerkern von Ende Juni–Mitte/Ende Oktober mit wechselnden Routen; Abfahrt in der Hochsaison Di–Fr und in der Nachsaison Mi und Fr, unterwegs besteht Zusteigemöglichkeit, Dauer ca. 5 Std. Pro Tour werden etwa sieben Werkstätten und Ateliers sowie eine Heringsräucherei besucht. Prospekte mit ausführlichen Beschreibungen liegen in Touristenbüros, Hotels usw. aus.

Bondegårdsbussen (Bauernhofbus): in Zusammenarbeit mit dem landwirtschaftlichen Entwicklungs- und Innovationscenter (LUIC) von Ende Juni–Anfang August jeden Mi Rundfahrten zu 5 ausgewählten Bornholmer Bauernhöfen; Dauer 5 Std.

Den grønne Bus (Der grüne Bus): in Zusammenarbeit mit der Technischen Verwaltung des Amtes Bornholm von Ende Juni–Mitte August jeden Do, geführte Touren zu interessanten Beispielen des Landschafts-, Natur- und Umweltschutzes, Dauer 6 Std.

Veteranbussen (Oldtimerbus): von Ende Juni–Mitte August jeden Fr Rundfahrt mit einem Oldtimerbus zu folgenden Betrieben: Bornholmer Uhrmacher, Sägewerk Frostegård, kleinste Schwarzbrotbäckerei Dänemarks und DBJ-Werkstatt (in der Bornholmer Eisenbahnwagen restauriert werden), Windmühle von Årsdale, Dauer 5 Std.

Havebussen (Gartenbus): von Ende Juni–Anfang August jeden Di Rundfahrt mit Führer zu 5 charakteristischen Gärten der Insel, Dauer 6 Std.

Daneben gibt BAT den Prospekt ›Over stog og sten‹ mit 5 Rundfahrtvorschlägen auf Bornholm in Verbindung mit dem normalen Busverkehr heraus. Die Touren können mit insgesamt 30 Wanderrouten kombiniert werden, die ebenfalls in dem Prospekt beschrieben werden.

Behinderte

In Dänemark bemüht man sich sehr um die Integration von Behinderten. Das Dänische Fremdenverkehrsamt verschickt entsprechende Broschüren und Adressenverzeichnisse. Für die Anreise ist es wichtig, die jeweiligen Transportunternehmen rechtzeitig zu informieren, damit einem nach besten Kräften geholfen werden kann. Auf Bornholm gibt es rollstuhlgerechte Hotels und Campingplätze, Auskünfte erteilt das Bornholms Velkomstcenter (s. S. 206).

Diplomatische Vertretungen

Deutsches Konsulat, Store Torv 12, 3700 Rønne, ⌀ 56 95 22 11, Konsul Erik Ipsen
Deutsche Botschaft, Stockholmsgade 57, 2100 Kopenhagen, ⌀ 31 26 16 22

Österreichische Botschaft, Grønningen 5, 2100 Kopenhagen, ⌀ 33 12 46 23

Schweizer Botschaft, Amaliegade 13, 2100 Kopenhagen, ⌀ 33 14 17 96

Einkaufen und Souvenirs

Dänemark und vor allem Bornholm genießen den Ruf, besonders teuer zu sein. Doch hat die EU-Mitgliedschaft erheblich zur Angleichung der Preise beigetragen, die Waren des täglichen Bedarfs sind, einigermaßen vernünftig (d. h. nicht am Strandkiosk am Wochenende) eingekauft, nicht mehr teurer als in Deutschland.

In kaum einem anderen Ziel Dänemarks werden so viele geschmackvolle Souvenirs angeboten wie auf Bornholm: vor allem Glas, Keramik, Textilkunst, Gemälde, handgezogene Kerzen und Gebrauchsgegenstände in typisch dänischem, d. h. formschön-praktischem Design. Allerdings ist gutes Kunsthandwerk teuer! Auch Antiquitäten werden zahlreich auf der Insel vertrieben.

Feiertage

1. Januar: Neujahrstag
März/April: Ostern; in Dänemark ist auch der Gründonnerstag Feiertag. Die meisten Geschäfte bleiben Ostersamstag geschlossen.
April/Mai: Store Bededag (Großer Bettag) am 4. Freitag nach Ostern
1. Mai: Tag der Arbeit, ab mittags frei
Mai: Christi Himmelfahrt am 2. Donnerstag vor Pfingsten
Mai/Juni: Pfingsten wird in Dänemark richtig gefeiert.
5. Juni: Grundlovsdag, Verfassungstag, ab mittags frei
23. Juni: Sankthansaften, Mittsommernacht, kein Feiertag, aber abends findet allerorten ein großes Fest mit Hexenverbrennung statt.
24.–26. Dezember: Weihnachten, Heiligabend erst ab mittags frei
31. Dezember: Nytårsaften, Neujahrsabend, ab mittags frei

FKK

Für Frauen ist es völlig unproblematisch, sich ›oben ohne‹ zu sonnen oder zu baden. Offizielle FKK-Strände gibt es auf Bornholm nicht, es ist jedoch an einigen Badestellen (z. B. Dueodde) üblich, sich dort auch nackt zu sonnen. Niemand wird daran Anstoß nehmen, solange Nacktbadende unter sich bleiben. Viele

Bornholmer mögen es aber nicht, wenn sich Nudisten ohne Taktgefühl völlig ungeniert zu nah um sie herum bewegen. Mit ein bißchen Fingerspitzengefühl findet jeder ein Plätzchen für die nahtlose Bräune.

Geführte Touren

Es gibt ein außerordentlich umfassendes Angebot an Ausflügen, Wanderungen und Tagestouren. Bornholmsstatsskovdistrikt (Forstverwaltung und Bornholms Amt) geben einen Tourenkalender mit über 70 Natur- und Kulturführungen heraus, darunter zahlreiche in deutscher Sprache. Besonders beliebt sind die Führungen, die die in Deutschland geborene Naturführerin Karin Johansson auf Nordbornholm leitet. Das gilt auch für die naturkundlichen Wanderungen mit dem ebenfalls deutschstämmigen Karsten Wagner. Den Tourenkalender gibt es kostenlos in den Touristenbüros, von denen einige selbst Führungen in deutscher Sprache organisieren. Besonders aktiv ist die Touristenvereinigung ›Syte‹, die Reittouren durch den Wald, Fahrradtouren ins Blaue, Fahrten mit dem Pferdewagen, Gartenbesuche, historische Stadtwanderungen durch Aakirkeby und Bornholmer Kochkurse in der Schule von Pedersker veranstaltet. Auskünfte und Anmeldungen:
Sybornholms Turistbureau,
Torvet 2, 3720 Aakirkeby,
✆ 56 97 45 20.

Geld und Geldwechsel

Die gültige Währungseinheit ist die dänische Krone (Dkr oder DKK). Eine Krone entspricht 100 Øre. Im Umlauf sind Scheine zu 1000, 500, 100 und 50 Kronen und Münzen zu 20, 10, 5, 2 und 1 Krone sowie zu 50 und 25 Øre. Wechselkurs (Mai 1997):
100 Dkr = ca. 27,30 DM
1 DM = ca. 3,66 Dkr

Dänische Kronen und ausländische Zahlungsmittel dürfen unbeschränkt ein- und ausgeführt werden. Da der Wechselkurs in Dänemark etwas günstiger ist als in Deutschland, Österreich und in der Schweiz, empfiehlt es sich, vor der Reise nur etwas Handgeld in Kronen umzutauschen. (Auf den Fähren kann man in allen Währungen bezahlen). Allerdings können dänische Banken große ausländische Banknoten ablehnen!

Eurocheques werden in Landeswährung (Dkr oder DKK) bis zu einem Höchstbetrag von 1500 Dkr pro Scheck akzeptiert und überall angenommen. Mit EC-Karte und Geheimnummer läßt es sich an Bankautomaten am unkompliziertesten abheben; die Höchstsumme liegt bei 1500 Dkr. Der ›Dialog‹ wird auch in Deutsch gehalten, zur Auszahlung gibt es eine Quittung. Kurs und Gebühren wirken sich besonders günstig auf die Urlaubskasse aus, wenn der Höchstbetrag abgehoben wird. Mit Euro- und Visacard kann man ebenfalls an Geldautomaten Kronen abheben. Gleich drei Bankautomaten sind am Store Torv in Rønne, nicht weit vom Fähranleger entfernt, in Betrieb. Viele

Hotels, Restaurants, Tankstellen und Geschäfte akzeptieren internationale Kreditkarten. Mit dem Postsparbuch können in Dänemark bei sämtlichen Postämtern dänische Kronen abgehoben werden, innerhalb von 30 Tagen jedoch höchstens 2000 DM. Banken sind Mo–Mi und Fr von 9.30–16 Uhr, Do 9.30–18 Uhr geöffnet; kleinere Geschäftsstellen haben kürzere Öffnungszeiten und sind oft mittags geschlossen. In den größeren Banken müssen Kunden eine Wartenummer ziehen, die dann durch Signal und optische Anzeige aufgerufen wird.

Kinder

Wer mit Kindern reist, wird auf Bornholm – wie überhaupt in Dänemark – nur angenehme Erfahrungen machen und überall Unterstützung finden. Auf Fähren und in öffentlichen Einrichtungen (Behörden, Banken etc.) sind Kinderspielecken selbstverständlich. Die Mitnahme von Kindern ist üblich und auch gern gesehen. Auf Raststätten gibt es jeweils zwei Wickelräume *(Puslerum)* – auch einen bei der Herrentoilette. In den Restaurants gibt es Kindermenüs und -stühle, und Kinderermäßigungen werden fast überall gewährt. Kinder werden nicht reglementiert, Bravsein um seiner selbst willen wird nicht erwartet. Kinder in der Öffentlichkeit laut zu schelten oder gar zu züchtigen, überschreitet die Toleranzgrenze der Dänen. Fehlt Urlaubern etwas aus der Babyausstattung, finden sie in Rønne zwei Fachgeschäfte (Snellemark Centret und Søndre Allé). Die Servicebüros der Ferienhausvermieter stellen Kinderbetten und -stühle gegen geringe Gebühr zur Verfügung.

Kinos

Es gibt drei Kinos *(Bio)* auf der Insel: in Rønne, in Svaneke und in Gudhjem. Ausländische Filme werden in Originalfassung mit dänischen Untertiteln gezeigt. Im Kino Gudhjem laufen auch eine sehenswerte Dia-Show über Bornholm (Vorstellungen in Deutsch 10, 12, 14 und 16 Uhr) sowie eine Dia-Show über den berühmten Maler Oluf Høst (Vorstellungen in Deutsch, 10.30, 12.30, 14.30 und 16.30 Uhr).

Klettern

Zwei Kletterschulen erteilen Kletterunterricht in den faszinierenden Klippen von Bornholm:
Klatre-Centeret, Nyvej 8, 3700 Rønne, ✆ 56 95 12 21 und
Klatreskolen på Bornholm, Nyker Hovedgade 33, 3700 Rønne, ✆ 56 96 30 80.

Klippentouren

Von Gudhjem aus werden mit der MS Thor in der Zeit von Mitte Juni–Mitte September 2–4mal tgl. Fahrten an der Küste entlang Richtung Norden bis zu den Helligdommen-Klippen durchgeführt. In der Hochsaison von

Informationen von A bis Z

Ende Juni–Mitte August wird auch täglich eine Abendfahrt angeboten. Während der Fahrt werden Erläuterungen in deutscher Sprache gegeben. Die Fahrkarten zum Preis von 50 Dkr für die Hin- und Rückfahrt (Kinder bis 12 J. 25 Dkr) löst man an Bord. Weitere Auskünfte von 8.30–9 Uhr unter ✆ 56 48 54 01, danach in Søren's Snackbar im Hafen in Gudhjem, ✆ 56 48 54 01.

Von Hammerhavn aus werden in der Hauptsaison Bootsfahrten entlang der steilen Klippenküste um Hammeren (und auch in eine 70 m tiefe Klippenhöhle hinein) veranstaltet. Die Boote Linda, Frem und Søfryd fahren je nach Bedarf. Eine 40minütige Fahrt kostet für Erw. 40 Dkr, für Kin. 20 Dkr, Auskünfte: ✆ 56 48 04 55.

Märkte

Drei regelmäßige Wochenmärkte werden auf Bornholm abgehalten: Mi und Sa findet der (recht bescheidene) Wochenmarkt am Store Torv in Rønne statt, auf dem die Bornholmer Landwirte, Fischer und Gärtner ihre frische Ware wie Obst, Gemüse, Fisch, Käse, Eier und Blumen anbieten. Wie auf einem Flohmarkt geht es jeden Samstagvormittag auf dem Marktplatz in Svaneke zu, wo außer Lebensmitteln auch Kunsthandwerk, Schmuck und Selbstgebasteltes verkauft werden. Di und Do vormittags gibt es auch einen Markt im Karetmagergården in Hasle.

Mobiltelefone

Mobiltelefone (D-Netz) und CB-Funkgeräte mit der Kennzeichnung ›CEPT/PR-27/DE‹ dürfen auf Bornholm benutzt werden. Für alle anderen Geräte muß bei folgender Stelle ein Antragsformular angefordert werden, das mindestens drei Wochen vor dem Urlaub ausgefüllt eingereicht werden muß: Telestyrelsen, Holsteinsgade 63, DK-2100 Kopenhagen Ø, ✆ 0045/33 43 03 33, Fax 0045/35 43 14 34.

Notruf

✆ 112 für Krankenwagen, Feuerwehr, Polizei und in Fällen von Umweltschäden; das Anwählen dieser Nummer ist von jeder Telefonzelle aus ohne Münzeinwurf möglich.

Öffnungszeiten

Im allgemeinen sind die Geschäfte Mo-Fr von 9.30 oder 10–18 Uhr, Sa bis 13 Uhr geöffnet. Supermärkte schließen häufig schon um 17 Uhr, haben dafür Fr länger geöffnet (von Ort zu Ort unterschiedlich). Die Netto-Supermärkte in Rønne und Neksø haben durchgehend Mo-Fr 9–19 Uhr und Sa 8–16 Uhr geöffnet. Der Supermarkt im Snellemark Centret in Rønne öffnet auch So 10–16 Uhr.

Eine für die Erstverpflegung ausreichende Auswahl an Nahrungsmitteln und Getränken verkaufen auch abends und So mehrere Tankstellen in Rønne (z. B. Q8 am Nordre Kystvej in der Nähe des Velkomstcenters, Statoil am Kreisel am Zahrtmannsvej). In der Saison haben auch mehrere Kioske abends und So geöffnet. In einigen Geschäften, z. B. in Bäckereien und Metzgereien, ist es üblich, Bedienungsmarken zu ziehen, die dann aufgerufen werden. Die Bäckereien öffnen schon morgens um 6 Uhr und verkaufen auch So halbtags frische Backwaren, dafür bleiben sie Mo geschlossen.

Panoramatouren

Panoramatouren unter fachkundiger Führung rund um Bornholm bietet Bornholms Trafikken von Anfang Juli–Mitte August jeden Mi an; Abfahrt mit der MF Peder Olsen in Rønne 16.15 Uhr, Ankunft 21.20 Uhr, Preis Erw. 150 Dkr, Kin. von 6–11 Jahren 75 Dkr, Reservierung unter ✆ 56 95 18 66.

Pauschalangebote

BornholmFerries bietet über die Tochtergesellschaft Bornholm-Tours preislich sehr interessante Arrangements an, die die Fährpassage mit dem Aufenthalt in Hotels, Appartements, Ferienparks und Jugendherbergen sowie auf Campingplätzen verbinden. Auch Aktivurlaub wird angeboten. Informationen bei BornholmFerries, 18546 Mukran, ✆ 038392/352 26, Fax 038392/352 21.

Polizei

Einige wichtige Polizeireviere:
Rønne, Zahrtmannsvej 44,
✆ 56 95 14 48, tgl. rund um die Uhr
Neksø, Købmagergade 9,
✆ 56 49 14 48, Mo–Fr 8–12, Do auch 16–18 Uhr
Allinge, Kirkepladsen 6,
✆ 56 48 14 48, Mo–Fr 8–12 Uhr, Do auch 16–18 Uhr
Aakirkeby, Torvet 5, ✆ 56 97 14 48, Mo–Fr 8–12 Uhr, Do auch 16–18 Uhr.
Im Sommer werden auch in folgenden Orten Polizeiwachen eingerichtet, die Mo–Fr 10–12 Uhr geöffnet sind: *Gudhjem,* Ejnar Mikkelsensvej 17, ✆ 56 48 56 48; *Hasle,* Toftelunden 5, ✆ 56 96 41 03; *Svaneke,* Borgergade 4, ✆ 56 49 72 92.

Post, Postleitzahlen und Porto

Die Postämter, die in kleineren Orten häufig den Brugsen-Märkten angeschlossen sind, haben sehr unterschiedliche Öffnungszeiten. Das Hauptpostamt am Lille Torv in Rønne (✆ 56 95 00 88) ist Mo–Fr 9.30–17 Uhr, Sa 9.30–12 Uhr geöffnet. Hier und in anderen größeren Orten müssen Postkunden eine Wartenummer ziehen, die dann durch Signal und optische Anzeige aufgerufen wird. Von hier werden auch Briefe und Postsendungen am schnellsten befördert.

Bornholmer Postleitzahlen: 3700 Rønne, 3720 Aakirkeby, 3730 Neksø,

Informationen von A bis Z

3740 Svaneke, 3751 Østermarie, 3760 Gudhjem, 3770 Allinge, 3782 Klemensker und 3790 Hasle.

Postkarten und Briefe bis 20 g kosten innerhalb Dänemarks 3,75 Dkr, nach Deutschland, Österreich und in die Schweiz 4 Dkr, von 20–50 g innerhalb Dänemarks 5 Dkr, nach Deutschland, Österreich und in die Schweiz 9,75 Dkr.

Radio und TV

Bornholms Stemme sendet von Mitte Mai–Mitte September tgl. von 8–9 Uhr Lokalbeiträge in deutscher Sprache. Je nach Standort wechseln die Ukw-Frequenzen: 92.8, 93.1, 94.3, 98.6 und 104.9 Mhz. Mit gewöhnlichen Antennen lassen sich folgende TV-Stationen empfangen: Danmarks Radio, TV2-Danmark, Schweden 1, Schweden 2 und Schweden TV4, bei günstiger Witterung auch ARD und polnisches TV. Auf TV2 sendet auch die Regionalstation TV2-Bornholm tgl. von 19.30–20 Uhr ein Bornholmer Nachrichten- und Magazinprogramm.

Reiten

Auf Bornholm existieren mehrere Reitschulen, die auch Pferde und Ponys verleihen, u. a.: Bobbegårdens Rideskole, Fårebyvej 4, 3720 Aakirkeby, ⌀ 56 97 50 30; Frennegård Stutteri, Årsdalevej 81, 3740 Svaneke, ⌀ 56 49 72 50; Larsens Rideskole, Smedegårdsvej 32, 3700 Rønne, ⌀ 56 95 24 05; Lyngholt Rideskole, Søndre Lyngvej 2, 3782 Klemensker, ⌀ 56 96 64 00; Skærpingegård Rideskole, Klemenskervej 61 B, 3760 Gudhjem, ⌀ 56 48 42 65 und 30 55 32 28 (Mobil). Weitere Anschriften halten die Touristenbüros bereit.

Schiffstouren nach Christiansø

Es gibt drei Fährverbindungen zu den Inseln Christiansø und Frederiksø:

1. Abfahrt von Svaneke ganzjährig von Mo–Sa (Winter nur Mo–Fr) mit dem Postschiff Peter um 10 Uhr, Rückfahrt von Christiansø 14.30 Uhr, Auskünfte unter ⌀ 56 49 64 32.

2. Abfahrt von Allinge im Sommer tgl. mit der MS Ertholm oder der MS Chimera um 13 Uhr, Rückfahrt von Christiansø 16.20 Uhr, Auskünfte unter ⌀ 56 48 51 76.

3. Abfahrt von Gudhjem im Sommer tgl. ebenfalls mit der MS Ertholm oder der MS Chimera um 10.20 Uhr, Rückfahrt von Christiansø 14.20 Uhr, in der Hochsaison zusätzliche Fahrten werktags 9.40 Uhr und 12.15 Uhr (ab Christiansø 13.45 Uhr und 16.10 Uhr), sonntags 12.30 Uhr (ab Christiansø 14.20 Uhr), Auskünfte unter ⌀ 56 49 64 32.

Schwimmen

Es gibt drei Schwimmhallen auf Bornholm: Rønne Svømmehal, Højvangen 1, 3700 Rønne, ⌀ 56 95 56 11,

Kinderbecken, Sprungbecken mit 5m-Turm, Wasserrutsche, Sauna, Solarium, 27° C warmes Wasser, Liegewiese, Cafeteria; Gudhjem Svømmehal, Sportsvænget 16, 3760 Gudhjem, ✆ 56 48 52 77, 27° C warmes Wasser, 40 m-Wasserrutsche, Wippe, Sauna, Solarium, Cafeteria; Østersøbadet Sandvig, Sandlinien, 3770 Allinge, ✆ 56 48 05 10, Wellenbad mit erwärmtem Meerwasser (wirbt auch unter *Bølgebadet*, Wellenbad), Freibecken mit Meerwasser, Sauna, Solarium, Cafeteria, Tennisplätze.

Segeln

Auf Bornholm kann man weder Jollen noch Jachten mieten. Wer die Insel mit dem eigenen Segelboot ansteuern will, findet Häfen mit Wasserversorgung, sanitären Einrichtungen und z. T. Restaurant. Die Häfen verfügen über eine kleine Werft, einen Kran und Treibstoffversorgung, z. B. Allinge, Gudhjem, Hammerhavn, Hasle, Neksø, Nørrekås und Søndre Bådehavn/Rønne, Svaneke und Tejn. Nur begrenzte Vertaumöglichkeiten bestehen in Arnager, Årsdale, Balka, Helligpeder, Listed, Melsted, Snogebæk, Teglkås und Vang. Bornholm ist kein leichtes Segelrevier; Bornholmer Behörden empfehlen dringend die Benutzung der Seekarte 189 wegen der Riffe: Hvide Odde nördlich und Hadderev (auch Haddingrev genannt) südlich von Rønne, Arnager Rev im Süden der Insel, Broens Rev im Südosten bei Snogebæk und die Gegend um Gudhjem.

Surfen

Gute Surfgebiete liegen bei Boderne, an beiden Flanken des Dueodde-Strandes, bei Balka und Snogebæk sowie bei Sandvig und Allinge. Windsurf-Schule am Balkastrand von Mitte Juni–Anfang September (auch Verleih), ✆ tagsüber 30 24 79 92, abends 56 95 00 77.

Tauchen

Unter Kennern gilt Bornholm als bestes Schnorchel-Revier des Landes. Bis zu einer Tauchtiefe von 10 m bieten die Küstenstrecke von Svaneke bis zum Hammerknuden und der Bereich rund um Jons Kapell besonders schöne Taucherlebnisse.

Telefonieren

Die Vorwahl für Bornholm von Deutschland: 0045 (plus 8stellige Teilnehmernummer ohne zusätzliche Ortsvorwahl). Die Vorwahl von Dänemark nach Deutschland: 0049 (plus Ortsvorwahl ohne 0 und Teilnehmernummer).

In zahlreichen Telefonzellen können nur Telefonkarten im Wert von 20, 50 oder 100 Dkr, die es in Postämtern und an Kiosken gibt, verwendet werden. Münztelefone akzeptieren 1-, 2-, 5- und 10-Kronen-Münzen. Für ein Auslandsgespräch beträgt der Minimum-Einwurf 5 Dkr. Kommt das Gespräch nicht zustande, werden die Münzen nicht mehr herausgegeben, das Guthaben bleibt aber für ein neues Gespräch erhalten. Die meisten Zellen haben eine eigene, in der Zelle angegebene Rufnummer und können auch vom Ausland aus angewählt werden.

Tennis

In den Tennisclubs von Sandvig (✆ 56 48 01 07), Rønne (✆ 56 49 20 19) und Neksø (✆ 56 49 20 19) können auch Nichtmitglieder stundenweise Plätze mieten. Darüber hinaus haben viele der größeren Hotels Tennisplätze und -hallen, die auf Anfrage teilweise auch dann benutzt werden können, wenn man nicht Hotelgast ist. Das Østersøbadet in Sandvig verfügt ebenfalls über Tennisplätze (Vorbestellungen: ✆ 56 48 05 10). Genauere Informationen geben die Touristenbüros.

Trinkgeld

Eigentlich sind Trinkgeldzahlungen in Dänemark weder im Hotel und Restaurant, noch bei Taxifahrten üblich, doch wird eine Aufrundung des Betrages gerne gesehen.

Zeit

Es gilt die Mitteleuropäische Zeit bzw. Sommerzeit.

Zeitungen

Deutsche Zeitungen werden in der Saison meist noch am Erscheinungstag angeboten. Reich ist auch das Angebot an deutschen Illustrierten.

Bitte schreiben Sie uns, wenn sich etwas geändert hat!
Alle Angaben in diesem Buch wurden von den Autoren nach bestem Wissen erstellt und von ihnen und dem Verlag mit größtmöglicher Sorgfalt überprüft. Doch sind Änderungen und Fehler leider nicht vollständig auszuschließen. Daher erfolgen die Angaben – wie wir im Sinne des Produkthaftungsrechts betonen müssen – ohne jegliche Verpflichtung oder Garantie des Verlags oder der Autoren. Beide übernehmen keinerlei Verantwortung und Haftung für etwaige inhaltliche Unstimmigkeiten. Wir bitten um Verständnis und werden Korrekturhinweise dankbar aufgreifen: DuMont Buchverlag, Postfach 10 10 45, 50 450 Köln.

Literaturtips

Martin Andersen-Nexø, Pelle der Eroberer, Aufbau-Verlag, Berlin 1966

Hans Henny Jahnn, Gesamtwerke, Hoffmann und Campe Verlag, Hamburg 1974

Thomas Scheuffelen, Hans Henny Jahnn im Exil, Chronik 1933 bis 1945, Diss., München 1972

Märchen:

Emanuel Eckardt, Der Mops von Bornholm, Insel Verlag, Frankfurt/Main 1985, Taschenbuch 866

Djorn Juni, Bisseline von Bornholm, Gornitzkas Trykkeri Verlag, Neksø 1987

Ludvig Mahler, Bobbarækus filiækus, Colbergs Forlag, Rønne 1981

Bornholmer Küche:

Ann Vibeke Knudsen, Die Bornholmer Küche, Hrsg. Bornholms Museum, Rønne 1992

Abbildungs- und Quellennachweis

Fritz Dressler, Worpswede Abb. S. 12, 20, 39, 44, 67, 71, 73, 87, 96, 117, 128, 146, 150, 165, 173, 183

Udo Haafke, Ratingen Abb. S. Umschlaginnenklappe vorne und hinten, S. 1, 8, 13, 24/25, 28, 37, 38, 42, 52/53, 62, 76/77, 80, 105, 116, 139, 140/41, 144, 154, 161, 168, 170, 177, 182, 184, 186, 194, 195, 200

Andreas Hub (laif), Köln Abb. S. Umschlagrückseite o., u., 10/11, 15/16, 22, 34/35, 45, 64, 82, 89, 92/93, 100/101, 106/107, 108, 113, 114, 118/119, 127, 130, 133, 152, 174/75, 189, 197

Hans Klüche, Bielefeld Titelbild, Abb. S. 54, 72, 112, 120, 137, 159

Hans Joachim Kürtz, Heikendorf Abb. S. 2/3, 163

Helga Lade, Frankfurt Abb. S. 21 (Lange)

Harald Mante, Dortmund Abb. S. 157

Karten und Pläne: Berndtson & Berndtson Production GmbH, Fürstenfeldbruck, © DuMont Buchverlag, Köln

Zitat auf S. 9 aus: Hans Henny Jahnn, Bornholmer Tagebuch, © Hoffmann und Campe, Hamburg 1977

Register

Aakirkeby 15, 27, 50, 51, 56, 60, 102, 180, **198 ff.**
Allinge 15, 39, 48, 55, 110, 111, **112 f.**
Almindingen 13, 23, 24, 60, 121, **188 ff.**
Ancher, Michael 49, 118
Andersen, Michael 55
Andersen Nexø, Martin **56,** 168
Anker, Povl 75, 91
Arboe, Poulsen Gebrüder 70
Arnager 44, **184**
Årsballe 114
Årsdale 121, 164, **165**
Atterdag, Valdemar König 26

Balka 94, **172**
Bastemose 196
Bautasteine 23, 46 f., 116, 119, 162, 200, 201, 204
Best, Dr. Werner 32
Blykobbe Å 86
Blykobbe Plantage 44, **84 f.**
Boderne 179, 180
Bodilskirke 50, **201**
Bølshavn 153, 162
Bornholms Kunstmuseum 15, 42 f., 58, **118,** 135
Bornholms Museum 51, 46, 47, **68 f.,** 70, 73, 148, 150
Borresø 193, 194
Brændesgårdshaven 160 f.
Brogårdsten 48, **97 f.**

Christensen, Ole 49
Christian II., König 26
Christian III., König 27
Christian IV., König 67, 79, 104
Christian V., König 29, 80, 133
Christian VIII., König 84, 195
Christian X., König 91
Christianshøj 195
Christiansø 21, 29, 33, 43, 48 ff., 69, 80, 120, 123, 132 ff., **137 ff.**

Døndalen 14, **116 f.**
Drachmann, Holger 73, 135
Duckwitz, Georg Ferdinand 32
Dueodde 12, 18, 106, **173 ff.,** 178
Dyre-og-Naturpark 95

Ekkodal 192 f.
Erbseninseln 15, 27, 43, 120, **132 f.**
Erlandsen, Jacob Erzbischof 24, 25
Ertholmene s. Erbseninseln

Finnedal 95
Frederik I., König 27
Frederik II., König 27, 192
Frederik III., König 27, 28, 75, 102
Frederik V., König 138
Frederik VII., König 139, 162
Frederik VIII. 195

Frederiksø 15, 29, 43, 120, 132 ff., **143 ff.**
Fuchs, Adolph 102

Gamleborg (Almindingen) 23, **193 f.**
Gamleborg (Paradisbakkerne) 204
Galen, Karl Erzbischof 26
Gines Minde 92
Græsholm 132, 136, 143
Grand, Jens Erzbischof 25
Gryet 48, **204**
Grynebækken 158
Gudhjem 15, 23, 55, 56, 88, **119 ff.,** 120
Gumløse, Nils 75, 91

Hammerodde 105
Hammeren 20, 40, **104**
Hammerhavn 104
Hammershus 14, 18, 24, 25, 26, 27, 29, 40, 42, 46, 50, 59, 69, 75, 76, 80, 86, **99 ff.**
Hammersø 14, 105, **106**
Hasle 15, 86, **87 ff.,** 94
Hellig Kvinde 153
Helligdoms-Klippen 33, 49, **117,** 118
Helligpeder **91,** 94
Herold, Vilhelm 58, **90 f.**
Hestestene 119
Hjorth, Lauritz 51, 54, 72
Hjortebakken 200 f.
Høm, Paul 49, 55, 97, 127, 164

Register

Høst, Oluf **48 f.,** 124, 158

Ibskirke 50, **164**
Ipsen, Emil 160
Isakson, Karl 48, 135

Jahnn, Hans Henny **57 ff.,** 126
Jons Kapel 92 f.
Juul, Esger Erzbischof 26

Kamelhovederne 104
Kampeløkken 55, 112
Kamptz, Gert von 30, 31
Klemensker 97
Klemenskirke 97
Klipping, Erik 25
Knudskirke 50, **188**
Kobbeå-Tal 148 f.
Kofoed, Jens Pedersen 65, 74, 91, 164
Kristoffer I., König 25
Kristoffer II., König 26
Krystalsøen 106

Læså **181,** 202
Leonora Christina, Schwester Frederiks III. 102
Lilleborg 24, 25, **193,** 194, 198
Listed 153
Louisenlund 48, **159 f.**
Lüdke, General 32
Lundestenen 182
Lystkov 86

Madsebakke 48, **112**
Melsted 125, **148**
Melstedgård 148, **150 f.**
Menved, Erik König 25, 26
Moseløkken 98

Neksø 15, 18, 27, 31, 33, 36, 56, 94, **166 ff.,** 198
Nykirke 50, **95 ff.,** 126
Nylarskirke 50, 126, **182 f.**

Ølene 45
Olsen, Laurs 67
Olsen, Peder 75, 91
Olskirke 50, **114 f.,** 126
Opalsøen 106
Øster Somarken 178
Østerlarskirke 50, **125 ff.**
Østermarie 19, **162 f.**
Østermariekirke **162 f.,** 199

Paradisbakkerne 194, **204**
Pederskirke 50, **181,** 203
Petersen, Aage Svendborg 71
Povlskirke 50, **180**
Printzensköld, Johan Oberst 28, 74, 75

Raghammer Odde 179
Randkløveskår 153
Ringborgen 180 f.
Ringebakkerne 93
Rispebjerg 180, 194
Rø 118
Rø Plantage 119
Rønne 14, 15, 18, 24, 25, 26, 27, 29, 31, 33, 44, 58, **66 ff.,** 88, 91
Rømer, Hans 190, 193, 195
Rubinsee 86
Rutsker 55, 75, 118
Rutsker Højling 118 f.
Rutskirke 50, **98**

Rytterknægten 14, 60, **191 f.,** 193

Salomons Kapel 105
Sandkås 110, **113**
Sandvig 88, 102, **110 f.,** 148
Saphirsee 86
Schweder Kettingk 94
Slotslyngen 95
Slusegård-Mühle **178 f.**
Smaragdsee 86
Snogebæk 55, **172 f.**
Sorte Muld 46 f.
Sose Odde 181
Stammershalle 115 f.
Stampen 184
Svaneke 15, 18, 51, 55, 46, 106, **153 ff.**

Teglkås 91
Tejn 110, 113
Tillehøjene 44, **84**
Trabrennbahn 196

Ulfeldt, Corfitz 102, 104
Utzon, Jørn 51, 158

Vang 93 f., 179
Vestre Somarken 178, 179

Weie, Edvard 48, 135, 136
Wolffsen, Caspar Henrik 78